Deseño de cuberta: Miguel Vigo
Fotografía da cuberta: María Xesús Fariña

Dr. Marañón, 12. 36211 Vigo
http://www.xerais.es
http://blog.xerais.es

ISBN: 978-84-9914-500-6
Depósito Legal: VG 37-2013

FEMINISMOS

Olga Castro
María Reimóndez

XERAIS

Ás nosas compañeiras do Feminario e en especial a Belén Martín Lucas, sempre a lucidez e o estímulo para seguirnos movendo xuntas. Grazas, por tantas cousas.

PRÓLOGO

No ano 1991 Susan Faludi gañou o prestixioso premio Pulitzer cunha incisiva análise da situación do feminismo na sociedade estadounidense (extensíbel certamente a outras sociedades occidentais) titulada *Reacción: a guerra non declarada contra as mulleres estadounidenses*. Faludi advertíanos entón de que os avances acadados polos movementos feministas desde os anos sesenta estaban a quedar sepultados baixo a implacábel gadoupa do neoliberalismo ultracapitalista que anunciou a fin da Historia a finais dos oitenta. Os exemplos evidentes do retroceso e deterioro da situación social das mulleres noutros países onde antes gozaran de dereitos que ninguén imaxinaba que fosen perder, como Irán ou Afganistán, fixéronnos tremer. Fronte aos discursos oficiais da igualdade e da conciliación e fronte ás promesas dun mundo máis xusto para mulleres e homes coas que medran as novas xeracións de mozas e mozos (que interiorizan como a norma xa acadada), as lentes violetas detectan, sen necesidade de profundos estudos, non só a persistencia da desigualdade entre as mulleres e homes por mor do seu xénero social, senón a ampliación en extensión e profundidade desa fenda no contexto globalizado actual. Os asasinatos machistas na nosa propia contorna democrática son a proba máis dolorosa e evidente da violencia constante contra as mulleres na orde simbólica e no corpo real.

O descoñecemento demasiado xeneralizado das contribucións fundamentais do pensamento feminista á conformación das sociedades contemporáneas impulsou a Olga Castro e María Reimóndez a propor este volume, que debuxa unha cartografía dos feminismos para revisar as achegas e logros dos diversos movementos feministas na mellora das sociedades en todo o mundo. A modo de peculiar guía de viaxes, coñeceremos da man de Castro e Reimóndez o traballo dos colectivos de mulleres, pensadoras e artistas, desde Galiza a Xapón, pasando polas repúblicas da antiga Unión Soviética, China, India ou África subsahariana, por mencionar algunhas das áreas incluídas. Este mapa dos feminismos na xeografía e a historia pon de manifesto a gran diversidade de estratexias contra a discriminación por xénero desenvolvidas en contextos culturais, políticos e sociais concretos.

O paradigma de dominación/submisión que caracteriza ao patriarcado adopta formas específicas diferentes nas distintas culturas que requiren de respostas tamén específicas; a diversidade dos contextos patriarcais produce con frecuencia intensos debates e mesmo contradicións entre os diversos feminismos, como é o caso representativo do feminismo islámico fronte ao feminismo laico occidental, por exemplo. As reflexións de Castro e Reimóndez convídannos a examinar o noso etnocentrismo para decatármonos das contribucións coas que as activistas e pensadoras doutras culturas melloran o noso mundo, á vez que tamén poñen en valor as teorías e prácticas feministas xeralmente excluídas dos manuais do feminismo, as cales tenden a limitarse ao occidental (europeo e norteamericano case sen excepción). Mención especial merece a sección dedicada aos feminismos en Galiza, necesariamente breve por mor da natureza enciclopédica deste libro, que intenta achegarse a un amplo público non especialista. Contra a noción moi estendida da 'novidade' que supón a tardía emerxencia dos movementos feministas organizados no noso país (posteriores ao franquismo), Castro e Reimóndez rastrexan a influencia do pensamento feminista nos arquivos históricos e literarios desde a época medieval ao traballo académico e asociativo actual, pasando polos momentos cruciais de creación e consolidación dos discursos nacionalistas galegos e as disputas arredor do imaxinario simbólico da nación en feminino.

Este amplo percorrido por todo o planeta revela tamén a persistente recorrencia dunha serie de conflitos característicos en todas as sociedades patriarcais, que as autoras abordan especificamente na segunda parte deste libro. Sen deixarse levar polo pesimismo ao que ben podería conducirnos a situación analizada por Faludi (desgraciadamente confirmada polos cambios sociais da globalización neoliberal e os fundamentalismos relixiosos no mundo), Castro e Reimóndez subliñan tanto os logros que a historia dos feminismos acadou en cada contexto e na política internacional, como tamén as propostas actuais de cambio para continuar tendo influencia na construción do mundo. Nesta sección faise patente que a mal chamada 'problemática da muller' é verdadeiramente a problemática de toda a humanidade: a destrución do medio, a exclusión social das persoas discapacitadas, os efectos devastadores da violencia en todas as súas formas, o modelo represivo dos fundamentalismos, a discriminación das persoas non heterosexuais, ou a exclusión no acceso ás novas tecnoloxías non afectan 'tan só' a unha metade da poboación mundial. A interrelación entre as ideoloxías patriarcais e capitalistas, baseadas nesa mencionada dinámica da dominación e explotación, explica en gran medida a reiteración destes patróns de exclusión en grupos sociais e espazos tan diversos como a propia terra e o ciberespazo. O fundamento patriarcal desta dinámica explica tamén a imprescindíbel actuación e teorización desde os feminismos en todas as disciplinas. Así, Castro e Reimóndez ocúpanse do estudo das contribucións dos feminismos nos diversos eidos do coñecemento na terceira parte da súa guía para navegantes.

A transversalidade das epistemoloxías feministas débese, evidentemente, á transversalidade mesma do sexismo, que non se limita a un só ámbito de actuación, senón que inflúe en todas e cada unha das nosas accións individuais e sociais. O feminismo como marco de análise (con todas as múltiples teorías e as súas propostas críticas e metodolóxicas concretas) é unha perspectiva, unha lente de cor violeta desde a que mirar e estudar, o microscopio que nos permite observar aquilo que está presente, mais que a nosa miopía inducida non nos permite discernir. As achegas desde os feminismos ás ciencias, á medicina, á economía, á educación, ás artes ou á historia, por exemplo, revelaron a lectura claramente patriarcal dos datos e das 'evidencias' científicas, falazmente consideradas 'obxectivas', que determinan as narrativas acerca do progreso da historia e do coñecemento. Desde as interpretacións sobre o comportamento dos animais calcadas dos patróns de xénero sexistas, ao deseño de fármacos tendo en conta soamente os corpos masculinos, a introdución das variantes de sexo e xénero nas disciplinas científicas ten exposta a limitación androcéntrica dos supostos universais. Máis coñecido é xa o caso da invisibilización das achegas das mulleres nos ámbitos artísticos, nos que o canon patriarcal é tan evidente, que abonda con mirar o número de mulleres nas academias da lingua, das artes ou da historia para decatarse do sexismo nos valores empregados para a avaliación da produción cultural dos uns e das outras.

Lonxe do carácter dogmático que pexorativamente se atribúe aos ensaios feministas, as autoras transmítennos o seu entusiasmo e a firmeza das súas conviccións, convidándonos nesta cartografía dos feminismos a unha lectura moi amena que nos ilustra en positivo sobre as contribucións do pensamento feminista na mellora das condicións da vida de todas as persoas. E buscan a complicidade de todas e todos nós nesta tarefa de construírmos outro mundo que si é posíbel.

Belén Martín Lucas
Feminario de Investigación Feminismos e Resistencias
(Teorías e Prácticas)
Universidade de Vigo

A MODO DE INTRODUCIÓN: FEMINISTA?

Se lle preguntásemos a calquera moza que vai hoxe á universidade en Galiza, ou a unha muller que traballa como condutora de autobús, ou á que preside unha empresa, ou á que vai votar, ou a un home que colle o permiso de paternidade se se consideran feministas, probabelmente a maioría diría que non. Porén, todas estas posibilidades e accións que hoxe forman parte da nosa normalidade non existirían sen o traballo complexo e custoso dos feminismos. Os feminismos, e veremos deseguido por que falamos en plural, son o movemento social que sen dúbida máis cambiou as estruturas sociais para a mellora da vida das persoas e tamén o que produciu unha teoría e práctica máis plural e transformadora. Son un movemento que afecta a todos os sectores da sociedade desde a súa base e que modifica a nosa maneira de entender o mundo desde a economía á mecánica, pasando pola relixión. Como declarou Gertrude Mongella, secretaria xeral da IV Conferencia Mundial das Mulleres de Beijing en 1995: «a revolución comezou e non hai volta atrás».

Daquela, por que cando mencionamos a palabra *feminista* atopamos tal rexeitamento? As persoas que declaran crer na igualdade pero que «non son feministas», acaso están en contra do dereito ao voto das mulleres, da igualdade salarial, do reparto das tarefas domésticas, do igual acceso a postos de responsabilidade, da ética dos coidados, da ecoloxía ou da desagregación por sexos dos datos económicos? Ou a que se refiren realmente con tan taxativa negación? Sen dúbida, o descoñecemento e o fondo calado da propaganda patriarcal fixo en moitos casos o seu traballo de forma excelente, ao representar as feministas como unhas excéntricas, ao amosar os feminismos como unha simple cuestión de opinión ou ao advertir de que o «feminismo é igual ao machismo pero ao revés», pretendendo que as mulleres queden por riba. Este tipo de ideas falsas están amplamente difundidas e non son en absoluto casuais. Unha maneira de fomentalas é promovendo a ignorancia sobre as importantes contribucións dos feminismos ás sociedades e tamén ridiculizando as ideas feministas como algo absurdo ou secundario. Dado que os feminismos teñen como obxectivo desvelar a desigualdade entre homes e mulleres e insistir na necesidade de cambiar as estruturas que a perpetúan, estas reaccións amosan a resistencia e o rexeitamento ao cambio.

Común a todas as sociedades, como veremos máis adiante, é o afán de desprestixio dos coñecementos das mulleres, algo que está presente na queima das bruxas ou na representación das sufraxistas coma unhas tolas. Na actualidade a tendencia prosegue, e mostra disto é que se ben nas escolas se estuda o marxismo, o existencialismo ou outras correntes filosóficas e artísticas, os feminismos quedan fóra do currículo. Deste xeito, impídese que a poboación comprenda a súa relevancia e entenda a necesidade de continuar co traballo para seguir provocando melloras nas vidas das persoas. Isto tamén invisibiliza os esforzos feitos no pasado e contribúe a que algunhas reivindicacións que se levan facendo no movemento desde hai séculos aínda non se conseguisen en ningún país. Por iso resulta tan importante presentar unha boa panorámica da diversidade e as contribucións dos distintos feminismos ao coñecemento e ás sociedades, integrando este coñecemento de forma visíbel e recoñecendo a súa orixe nos diferentes campos de estudo e eidos sociais. E este é xustamente o propósito principal deste libro.

Alén disto, o feito de que neste libro titulemos e falemos de *feminismos* en plural responde á rica biodiversidade real dos feminismos no mundo, e non á tan manida dicotomía occidental do feminismo da diferenza fronte ao feminismo da igualdade. Son moitas as persoas que aínda pensan que os dereitos das mulleres, os dereitos humanos, ou as ideas de xustiza social son un produto da sociedade occidental e que como tal foron exportadas a outras zonas do mundo. Neste libro queda demostrado de xeito evidente que este tipo de afirmacións, fomentadas desde occidente e tamén desde certos sectores (en concreto os patriarcais) das sociedades non occidentais, non son certas, e ademais agochan os inxentes esforzos, na teoría e na práctica, dos movementos feministas en todo o mundo. Os feminismos están vivos en todas as sociedades humanas rexidas polo patriarcado e estas, para desgraza mundial, semellan ser a totalidade, aínda que en diferentes maneiras de expresión. O que acontece é que non somos capaces de ver o traballo das feministas en diferentes lugares do mundo, en moitos casos por problemas de acceso lingüístico aos seus textos, pola limitación que facemos de espazo ás súas preocupacións en foros e debates en occidente e sobre todo, resumindo, pola perpetua mirada colonial que desde occidente mantemos, como menciona a teórica Chandra Talpade Mohanty no seu magnífico ensaio *Baixo a mirada occidental*. A pluralidade e a diversidade dos feminismos mantense unida, porén, polo recoñecemento da desigualdade entre homes e mulleres e pola busca de solucións e saídas a esta constatación. Son diversas as maneiras de entender ese marco xeral e aínda máis diversas as solucións concretas, pero todas están unidas por un entendemento de que sen superar ese marco que nos constrúe como homes e mulleres en desigualdade non hai alternativa de sociedade xusta. As mulleres somos, por moito que non o pareza no discurso político e social, o 50 por cento da humanidade. Como tal, non se pode falar de xustiza, como facían na Ilustración, sen ter en consideración a metade da humanidade. Por iso, para os feminismos non é suficiente que só algunhas mulleres teñan dereitos, senón que desde os seus inicios como corrente de pensamento os feminismos traballan no local e no mundial, buscando evidenciar tamén a influencia dos marcos máis amplos (o capitalismo, o comunismo, a axuda ao desenvolvemento, o discurso da ciencia, etc.) sobre as condicións de vida concretas das mulleres.

Este recoñecemento da diversidade e pluralidade dos feminismos, dos diferentes e ás veces conflitivos intereses de distintas correntes, son o mérito principalmente das feministas de minorías, dos países en vías de desenvolvemento ou dos feminismos lesbianos, que foron capaces de rachar aqueles discursos dos feminismos occidentais brancos dos anos 70 que falaban da *muller* como suxeito unitario e esencialista, ignorando que hai demasiadas diferenzas de clase, raza, etnia, lingua, orientación sexual, nacionalidade, etc., entre as propias mulleres que impiden falar dun todo de modo unívoco. As voces teñen que ser múltiples e todas elas escoitadas, debatidas e compartidas en pé de igualdade. Neste sentido, este libro pretende precisamente darlles voz aos feminismos dun xeito plural e desde diferentes lugares do mundo. Por razóns de contexto comezamos a nosa descrición das voces e dedicámoslle máis espazo a occidente, por ser o marco de referencia para Galiza, pero este lugar non pretende conferir máis importancia a esta zona xeográfica ca ao resto das que presentamos.

Este libro pretende ofrecer esa visión plural tanto das zonas xeográficas coma tamén das disciplinas dunha maneira hipersintética por razóns de espazo. Para cada un dos temas que aquí se tratan hai escritos centos de libros e tratados. O noso obxectivo é acender a curiosidade para que, grazas ás nosas breves pinceladas, quen nos lea poida buscar máis información sobre aquilo que lle resulte máis interesante. Non é este, pois, un libro exhaustivo, e serán abondos os ocos que por razóns de espazo e polas nosas limitacións como autoras quedarán fóra do marco de análise. Nesa panorámica, claro está, tentamos dar cabida ao maior número de voces, incluídas correntes ou pensamentos cos que persoalmente non estamos de acordo. Así mesmo, temos que recoñecer os problemas que supón acceder á situación dos feminismos nalgunhas partes do mundo onde o traballo das activistas e pensadoras transcorre na clandestinidade máis absoluta ou onde o afastamento lingüístico dificultaba realmente a tarefa. O labor de compilación enciclopédica que recolle este libro supuxo un grande esforzo, o cal, á súa vez, cremos que reforza os seus contidos. É este un libro feito desde o compromiso, e iso, ademais de ser un contexto, é para nós un valor fundamental.

Malia estas limitacións, consideramos que era preferíbel ofrecer unha síntese do panorama dos feminismos, por breve que for, ca continuarmos no silencio. Cómpre lembrar que este libro vén tamén encher un oco vergoñento en Galiza, onde se ben existen estudos feministas sobre aspectos concretos, unha creación literaria vizosa e un movemento social vivo, até este momento existía só un limitado número de fontes na nosa lingua para poder acceder a unha pequena ventá xeral desde a cal contemplar a diversidade do pensamento feminista actual.

Amais, o libro pretende tamén axudar a manter os ollos abertos ante os retrocesos e lembrar que as historias non son sempre lineares, como nos amosan con dor a situación das mulleres en Irán, Afganistán, os países da antiga URSS e a propia historia de Galiza tras a Guerra Civil, onde se perderon dereitos das mulleres de forma instantánea. Tamén nas nosas sociedades se están dando retrocesos, se cadra máis invisíbeis, coa imposición de modelos de feminidade e masculinidade que seguen bebendo do máis puro sexismo, e para visibilizalos cómpre escoitar as voces dos feminismos e as súas agudas e profundas análises sociais. A visión de conxunto tamén nos axuda a comprender que, como manifestou Gary Willis, o radicalismo de hoxe é o sentido común de mañá, e nese sentido algunhas cousas que nun momento semellaron disparatadas (como a educación das mulleres ou o dereito ao voto) agora son o desexábel e estabelecido. Estes cambios non son casuais, como xa vimos, senón que responden a unha loita incesante por cambiar as estruturas de pensamento, o único xeito de poder rematar cos fenómenos materiais nos que se presenta a discriminación (como a desigualdade salarial, o maior paro das mulleres, a violencia de xénero, etc.). A visión de conxunto tamén nos amosa que malia a diversidade e diferenzas son moitas as cousas que aproximan as sociedades en canto á discriminación das mulleres. Por iso, sobre todo como cidadás occidentais, cómpre ollar dun xeito máis crítico as nosas formas de ser e de estar no mundo, para non basear o noso benestar na opresión das demais mulleres do planeta.

Esa panorámica permítenos recoñecer que foron e seguen a ser moitas as mulleres que sacrifican o seu benestar (e en demasiados casos, as súas propias vidas) para conseguir estes avances. Este libro pretende ser tamén unha homenaxe a todas elas, ás que traballan desde o pensamento e ás que nos amosan, nas nosas familias e nas nosas contornas, maneiras alternativas de ser e de vivir. Se cadra o noso obxectivo é que, ao remate deste libro, se nos unan novas voces ao contestar con coñecemento de causa a manida pregunta cun: «por suposto, son feminista».

Bloque 1

OS FEMINISMOS

OS FEMINISMOS

Tentar estabelecer unha definición do que son os feminismos resulta unha tarefa altamente complexa. Primeiro, porque son centos de definicións as que se fixeron ao longo da historia sobre este movemento. E segundo, porque precisamente a diversidade e a falta de dogmatismo son unha característica fundamental dos movementos e teorías feministas en todo o mundo, o cal fai que as definicións se adapten ou nazan de circunstancias e perspectivas diferentes. Porén, dito isto, cómpre bosquexar polo menos unhas liñas definitorias mínimas que permitan logo tirar sentido das correntes en si mesmas.

Malia a diversidade, existen unha serie de trazos que si delimitan o que entendemos como feminismos na época actual. Por unha banda, o feito de seren movementos de carácter político que recoñecen a discriminación das mulleres como algo estrutural e que por tanto buscan unha transformación das estruturas das sociedades, e non só, como adoita pensarse, mellorar a situación das mulleres. Así, os feminismos analizan as sociedades a través de estudos que se centran en situacións concretas, moitas das cales permanecían até entón totalmente opacas (cousas agora tan evidentes como a desigualdade salarial, por pór un caso). Alén destes, tamén se nutren de estudos que recuperan a memoria das mulleres (para evitar a constante sensación de que a loita polos dereitos das mulleres é sempre algo recente ou limitado só a certas partes do mundo), así como das análises das construcións sociais de homes e mulleres. A partir destas análises preséntanse as alternativas.

Precisamente este último tipo de análise que impregna os estudos feministas, o da construción social de homes e mulleres, constitúe unha ferramenta moi interesante de definición dos feminismos que se sintetiza nunha única palabra: xénero. Este concepto resulta un dos piares fundamentais de maior avance para o pensamento feminista, e de feito considérase un dos cambios máis importantes do campo das humanidades e das ciencias sociais en xeral. O concepto do xénero fala da construción social das persoas segundo unhas características físicas (o sexo) e racha coa ditadura da antiga crenza de que «a bioloxía é o destino». Como xa intuíu Simone de Beauvoir en 1949, «unha non nace muller, faise». É dicir, o que nos fai muller ou home non son as características físicas en si mesmas, senón as consideracións que a sociedade constrúe sobre eses trazos físicos. Esa construción social é precisamente á que se refire o xénero, e aínda que non se expresou con esta palabra até os anos 70 do século XX en occidente, o certo é que a noción leva séculos nos feminismos de todo o mundo.

O concepto do xénero foi evolucionando, e iso supuxo que na actualidade se abrisen fendas entre diferentes tendencias feministas. Así, algunhas correntes feministas non o consideran e deciden volver a conceptos bioloxicistas, mentres que outras correntes sosteñen que non se pode ser feminista se non se utiliza o xénero como base, pois entón o único que se faría sería reinterpretar o patriarcado e reforzalo coa súa insistencia en encerrar mulleres e homes nas súas características físicas. Malia estas fendas, sen dúbida este concepto resulta aínda fundamental para, en primeiro lugar, poder entender a sociedade e a discriminación que formula e, en segundo lugar, para poder elaborar alternativas, que é outra das características fundamentais dos feminismos.

Este concepto do xénero, ademais, axuda a entender como as ideas que as sociedades teñen de ser home ou muller varían no tempo e varían coas diferentes culturas, e de aí a importancia que para os feminismos ten o traballo en rede e a interconexión das realidades das mulleres en diferentes países. O xénero tamén foi matizado e enriquecido con outras capas de análise como a raza, a clase social, a lingua, a nacionalidade ou a orientación sexual, que veñen a complicar a construción social e a identidade individual e colectiva. Igualmente, en época recente e sobre todo con orixe nos estudos queer e lesbianos, o propio concepto do que é biolóxico (o sexo) foi desmontado como unha construción social máis, como veremos na parte dedicada á sexualidade. É dicir, nin sequera o físico é algo estábel, senón que tamén ten un ou outro valor segundo o que as sociedades humanas constrúen ao seu redor.

Grazas ao xénero podemos entender o traballo dos feminismos como unha área diferente á dos movementos de mulleres. Os feminismos buscan unha análise das estruturas e un cambio destas, por iso resultan tan importantes cuestións como a linguaxe ou o uso das imaxes e doutras ferramentas a través das cales imos interiorizando os nosos papeis como homes e mulleres nas diferentes sociedades. O xénero, pois, non afecta só as mulleres, senón que constrúe tamén aos homes, e por tanto ambas as construcións son responsábeis de que o 50 por cento da humanidade viva en situación de discriminación.

Os movementos de mulleres, pola contra, tenden a centrarse en cuestións moi concretas (como foron por exemplo algunhas instancias fundamentais de avance nos dereitos das mulleres tales como o sufraxismo) pero non sempre analizan as estruturas subxacentes. Por pór un exemplo, os movementos europeos a prol da educación das mulleres que apareceron sobre todo no século XIX centrábanse na necesidade de educalas para ser boas nais e atender ben as familias. Por suposto que o resultado obtido deste movemento foi moi positivo (a posibilidade de que as mulleres accedesen a unha educación) pero os argumentos deste tipo non buscaban cambiar as estruturas sociais senón que reforzaban os papeis preestabelecidos polo patriarcado para as mulleres (cumprir mellor o seu papel de nais). Durante estes debates, por fortuna, houbo xa voces que defenderon que as mulleres debían recibir unha educación por tratarse simplemente dun dereito das persoas, e non cumpría ter que demostrar ningún valor engadido respecto dos homes para poderen ir ao colexio. Resulta especialmente lamentábel que este discurso, por curioso que pareza, siga vivo nas campañas de alfabetización de moitas organizacións non gobernamentais e institucións de cooperación ao desenvolvemento, que aínda tenden a xustificar que hai que «educar unha muller para educar unha familia».

Outra característica fundamental dos feminismos, que xa mencionamos brevemente, é a súa énfase nas alternativas. Os feminismos analizan a construción social e propoñen maneiras diferentes de estar nela. Aquí as voces, obviamente, son aínda máis variadas, dado que as construcións sociais do xénero son moi diversas e tamén as maneiras de enfrontarse a elas. Por exemplo, se observamos a cuestión dos dereitos reprodutivos, mentres que ás mulleres occidentais nos dan esmolas para que teñamos crianzas porque hai un descenso moi importante da natalidade nos nosos países, a situación revértese nos países do sur, onde se realizan esterilizacións forzosas ás mulleres no nome das políticas de control da natalidade. Así, as estratexias teñen que adaptarse ás diferentes formas que a discriminación atopa.

Sen dúbida, os feminismos son o movemento máis internacional e que mellor soubo articularse desde o local até os foros máis elevados. Grazas ao traballo en rede conseguíronse avances impensábeis, como que se recoñecese a violencia contra as mulleres como unha violación dos dereitos humanos tratada como tal no dereito internacional. Este paso é o resultado dun traballo fondo e arduo en facer ver o invisíbel e o que se presenta como *normal*, xa non só nos lugares concretos e dando solucións inmediatas (como casas de acollida ou reforzo nas medidas legais dos países) senón a través dun movemento organizado que foi capaz de pór sobre a mesa o carácter estrutural da violencia de xénero. En efecto, a violencia de xénero constrúese como algo político que comeza na propia discriminación máis básica de considerar que as mulleres e os homes temos diferentes papeis sociais que son estritos e limitados. A través de moitas mensaxes máis ou menos directas (que se poden constatar facilmente botando unha ollada á industria audiovisual), transmítense estes papeis, que contemplan que as mulleres debemos aturar, calar, someternos ou simplemente pacificar os homes, mentres que os homes supostamente teñen que competir, dominar e usar a violencia se é necesario para conseguir os seus obxectivos.

Os feminismos como movemento mundial foron capaces de definir estes sistemas sociais de discriminación co nome de patriarcado, un sistema que a grandes trazos privilexia os homes nunha gran cantidade de aspectos (aínda que non a todos os homes por igual, evidentemente) e as mulleres aparentemente noutros (pensemos por exemplo no suposto privilexio de que nalgúns países as mulleres non teñan que tomar parte –é dicir, loitar activamente– nas guerras. Ora ben, este suposto privilexio invisibilizou durante séculos os diferentes e importantes papeis das mulleres nos períodos bélicos, e sobre todo ocultou as consecuencias devastadoras das guerras sobre as mulleres). As análises feministas do xénero cuestionan a discriminación que se deriva deste sistema patriarcal, e tamén os supostos privilexios masculinos que enmascaran importantes eivas, como por exemplo a negación para os homes da tenrura ou a ética dos coidados. Ademais, estes privilexios están baseados no seguimento máis ou menos estrito das normas e patróns de xénero dominantes, que é o que aprendemos tanto homes coma mulleres desde a nosa infancia, e que é o que provoca as burlas ou insultos (cando non casos extremos de violencia física) ante aquelas persoas que escollen non seguir o patrón estabelecido. Así, son frecuentes as descricións de nenas como *macholos* cando realizan comportamentos non dignos do seu patrón de xénero, ou a denominación de *nenaza* para os nenos que non se axustan ao seu papel e teñen intereses vinculados co mundo que o patriarcado asigna ao feminino. A consecuencia desas mensaxes semella, curiosamente, ser moi semellante nos diferentes patriarcados e adoitamos resumila nas súas consecuencias para as mulleres como a carencia de acceso a recursos (sexan estes remuneración igualitaria ou acceso á educación), responsabilidade do traballo doméstico e non remunerado, transmisión dos valores sociais (na globalidade das sociedades responsabilízase ás nais da transmisión dos valores e por tanto das construcións sexistas, o cal responde ao tan reiterado comentario de que hai moitas mulleres machistas: o milagre é que as haxa feministas!) e ser obxecto de violencia sistemática como grupo (é dicir, a diferenza doutras formas de violencia, a violencia de xénero ocorre polo feito de que a vítima é muller). A expresión dos papeis é diferente, pero o fondo adoita ser semellante e xira arredor destas liñas que acabamos de describir.

O feito de que os papeis de xénero en si mesmos dependan da cultura fai que, se ben somos capaces de identificalos noutras culturas (e por tanto sinalar como países moi machistas algunhas zonas do mundo) resulta moi complexo visibilizalos no propio sistema cultural. Así, para moitas mulleres e homes dos países árabes as mulleres occidentais son explotadas polo uso que se fai dos seus corpos como obxectos sexuais, mentres que para moitas mulleres e homes occidentais as mulleres dos países árabes son explotadas porque levan veo. Ambas as dúas análises carecen de autocrítica e do recoñecemento das estruturas sociais que definen os papeis de xénero nestas dúas sociedades. Detrás de todos estes comportamentos subxace esa imposición de definicións pechadas e moi estritas de ser home ou muller, pero sobre todo de ser muller, dado que a través do papel tradicional de educadoras das mulleres na familia o patriarcado controla a reprodución deses propios papeis sociais e por iso son en moitos casos as mulleres as que enfatizan e exercen de policía do comportamento sobre todo das mozas. Grazas ao xénero podemos comprobar que as mulleres non somos só vítimas dos sistemas, senón que tamén os construímos. Estas construcións poden e deben cambiarse como escollas persoais e colectivas, debe recoñecerse tamén o papel de activismo e cambio social das mulleres, e deben analizarse os papeis de xénero dos homes, aspecto que comeza a albiscarse cos estudos da masculinidade pero que dista moito de estar desenvolvido ou asumido a nivel social. A destrución da ditadura dos papeis de xénero é fundamental para poder cambiar a discriminación, e desa revolución falan os feminismos.

Neste complexo desafío os diferentes feminismos foron atopando puntos de apoio tamén noutros movementos como o socialismo, os movementos independentistas durante a descolonización, os movementos campesiños e sindicais, o movemento gai-lesbiano, etc. No entanto, en todas as partes do mundo semella quedar patente que en demasiados casos estes movementos de liberación social seguen mantendo as estruturas do sexismo no interior das súas organizacións e tamén no seu discurso. As feministas traballamos dentro e fóra destes movementos, das institucións e dos espazos mixtos para cambiar as súas bases. Ademais, cómpre sinalar o movemento tan parello das teorías e prácticas feministas, cousa que non sucede do mesmo xeito en moitos outros movementos sociais. Nos feminismos existe unha análise permanente desta relación e enténdese a teoría como unha forma de transformación social na que basear unha praxe.

E isto non é algo que se faga sen resistencia. A resistencia aos cambios propostos é tamén diversa, e vai desde a desigualdade máis manifesta, expresada en leis e prácticas sancionadas en certas partes do mundo, (lembremos que o dereito ao voto para as mulleres segue estando moi lonxe de ser un dereito recoñecido universalmente, por pór un exemplo moi evidente) até a discriminación moito máis soterrada, e por veces complicada de visibilizar, dos países onde existe unha certa igualdade formal e onde con demasiada frecuencia se oe o manido comentario de «agora xa hai igualdade, que máis queredes as mulleres?» Se ollamos a nosa sociedade vemos esa resistencia claramente nas actitudes de moitas persoas, que consideran inaxeitadas as medidas de acción positiva estabelecidas para conseguir un acceso igualitario aos recursos por parte das mulleres, que atacan permanentemente as feministas e que propagan na opinión pública mentiras interesadas. Bo exemplo delas é a recorrente nova nos medios españois de que a maioría das denuncias por malos tratos son falsas. Ante isto, resulta sorprendente que se ben tamén existen denuncias por roubo que son falsas, obviamente ninguén cre que por sistema se denuncien roubos sen ser certos, e moito menos que haxa que variar unha lei que protexe a quen pon as denuncias verdadeiras.

Nas nosas sociedades o machismo (ou para falar de forma máis exacta, o patriarcado) aprendeu a adaptarse ás circunstancias e é capaz de adoptar novas caras para pasar desapercibido. Así, moitas mulleres afirman non seren discriminadas porque poden estudar na universidade, pero logo fanse cargo automaticamente da casa e da familia cando teñen parella, ou deixan un bo traballo para seguir a súa parella se ten que trasladarse, sen considerar ningún destes actos como consecuencia dunha construción patriarcal das identidades de xénero. O patriarcado necesita que a colectividade asuma como *normais* comportamentos e actitudes que en realidade distan moito de ser aceptábeis (até hai só uns anos era socialmente *normal* que un home batese na muller e que non se falase nunca en público, e moito menos se denunciase, a situación). Mesmo en ocasións estes comportamentos son contrarios aos discursos oficiais socialmente aceptábeis da actualidade, e así aínda que hoxe en día na nosa sociedade estea xa mal visto que a unha persoa lle chamen machista, seguen a existir moitas maneiras sutís de exercer estes comportamentos sen ter que gastar tal apelativo, como acabamos de ver. Os feminismos son capaces de cuestionar esa *normalidade* e facer ver que tras dela se agochan as grandes escravitudes do mundo, como realizar para outras persoas traballos sen remuneración (o traballo doméstico realizado só por un grupo social concreto), ou a maior guerra do mundo, o maior terrorismo que cada día cobra vítimas en absolutamente todos os países do mundo (a violencia de xénero). Unha vez que se levanta a terra que agocha o evidente, o importante é sacar á luz a súa raíz.

Bloque 2

AS VOCES MÚLTIPLES DOS FEMINISMOS

AS VOCES MÚLTIPLES DOS FEMINISMOS

A idea de que o feminismo é un fenómeno contemporáneo e occidental agroma en diferentes ocasións e contextos. Igualmente, as teorías que adoitamos manexar sobre os feminismos no noso contexto poucas veces teñen en conta a variedade de pensamentos desenvolvidos noutras partes do mundo. Estes fenómenos, resultado dunha nociva interacción entre o patriarcado e o imperialismo, impídennos ver a gran variedade de alternativas, historias e voces que realmente existen dentro dos feminismos, e que fan destes un dos movementos de pensamento máis ricos, autocríticos e diversos da actualidade. Resulta indispensábel para nós presentar unha panorámica ampla e rachar coa tendencia habitual das correntes de pensamento occidentais que a feminista Maitrayee Chaudhuri describe, cando di que «mentres que para as feministas occidentais tratar ou non os feminismos non occidentais é unha opción que poden elixir, esa elección tan clara non está dispoñíbel para as feministas non occidentais». Así, vemos que se ben as feministas dos países non occidentais coñecen as teorías feministas definidas aquí, non acontece o mesmo no sentido inverso.

Este fenómeno cómpre explicalo desde diferentes puntos de vista. Por unha banda cómpre entender o movemento de imposición de modelos occidentais tamén neste campo aínda que, como xa comentamos, os feminismos comezaron a ser críticos con esta cuestión nunha época bastante temperá. É dicir, pode haber aínda unha tendencia desde certos feminismos occidentais a tentar imporse como unha única voz, pero neste momento non resulta xa unha postura aceptábel e as feministas occidentais teñen que revisar constantemente a súa situación e alianzas para ter lexitimidade dentro do movemento feminista mundial. Unha mostra disto son os avances realizados na institucionalización das prioridades feministas a nivel, por exemplo, das Nacións Unidas nos últimos tempos, que se realizaron co liderado principal das activistas dos países do sur.

Mais cómpre non esquecer igualmente que outra das razóns polas cales as feministas dos países non occidentais coñecen os preceptos dos feminismos de occidente é porque os modelos de ser mulleres e homes dos seus países víronse fortemente influídos pola colonización, que veu reforzar nunha perversa sintonía o patriarcado local e o foráneo. Existen numerosos estudos neste sentido, como por exemplo aqueles que presentan a imposición do modelo de sexualidade puritana británica ás mulleres de países que carecían de tales referentes, o cal creou situacións híbridas e moi complexas de definición patriarcal dos papeis de homes e mulleres. Para desartellar os patriarcados actuais, xa que logo, as feministas de moitas áreas xeográficas e culturais deben dar conta destes procesos nos que os modelos de sociedade occidentais teñen un papel fundamental.

Finalmente, como parte tamén deste pernicioso proceso, as feministas que na actualidade actúan en todos os países do sur vense adoito acusadas na súa propia sociedade de non ser *fieis* á súa tradición, ou, de xeito máis claro, de estaren occidentalizadas, nunha elección imposíbel entre a pertenza á cultura propia ou a loita polos seus dereitos como seres humanos. Estas acusacións resultan sumamente daniñas, porque a maioría destes países si sofren unha opresión desde occidente no económico, político e no cultural. Mais os aspectos de colonización real (por exemplo o avance rampante do consumismo e o culto á estética que se dá en moitos países do sur a imitación do modelo sobre todo estadounidense) non son criticados habitualmente, senón que só se adoitan criticar aqueles que afectan aos dereitos das mulleres ou a cuestións relativas á orientación sexual, como veremos máis adiante. Estas argumentacións deben ser rebatidas, tanto desde os países do sur coma desde occidente. Desde os países do sur as feministas argumentan de formas moi diversas o inaxeitado de tales consideracións. Por pór un exemplo, o debate sobre os dereitos das mulleres en occidente nunca se presenta como un debate *cultural* (é dicir, nunca se lles di ás feministas que non teñen lexitimidade porque van en contra da súa cultura), aínda que efectivamente os feminismos occidentais tamén van en contra da cultura (da patriarcal, enténdase). En occidente semella incluso que non hai *cultura*, dado que esa cultura se considera o modelo, igual que tamén se considera modelo o masculino ou a raza branca (coma se ser branca non fose unha cor). En consecuencia, dise decote que a cultura e as tradicións téñenas os pobos bárbaros do sur, que aínda seguen os ditados de relixións e prácticas ancestrais (coma se o feito de que o ex presidente Bush comezase as súas xuntanzas de gabinete cunha oración cristiá, ou de que en Galiza a xente case pola igrexa, non fosen ditados de relixión e prácticas ancestrais). Nas acusacións patriarcais ás mulleres do sur semella ir implícita tamén a asunción de que occidente é de seu unha área xeográfica igualitaria. Xa a principios do século XX, como veremos, He Zhen da China desconfiaba de que occidente puidese dar exemplos sobre nada, cando a súa propia sociedade era igualmente sexista e patriarcal. Iso sabémolo perfectamente as feministas occidentais, que buscamos novas alianzas coas feministas do sur desde unha perspectiva crítica da nosa posición no mundo.

O debate que se escoita de cando en vez sobre que os feminismos son unha *imposición* occidental ás mulleres do sur resulta totalmente falaz e o único que fai é abafar as voces das feministas destes últimos países. Igualmente, as representacións que se fan en occidente das mulleres do sur como vítimas de prácticas tradicionais e culturais reforzan este tipo de percepcións. Así, as feministas dos países do sur non teñen que enfrontarse só ao patriarcado internamente, senón tamén á presión neocolonial de occidente que as empurra máis aínda cara ás marxes. De aí que sexa tan vital dar visibilidade ao seu traballo de recuperar a súa historia de loita polos dereitos das mulleres (moitas veces en épocas anteriores a occidente), renegar dun concepto de cultura estático e só aplicábel ao sur e buscar o que nos une dentro do que nos fai diversas, para amosar que a fin de contas o patriarcado adoita ser bastante parecido en moitas cousas, como xa comentamos. Así, o debate cultural sobre os feminismos pode resumirse en que efectivamente todos os feminismos, e non só os do sur, están en contra dunha cultura: a patriarcal. Mais esta non é, en absoluto, *A Cultura* con maiúsculas. E aínda moito menos é a cultura un ente illado, predeterminado e invariábel.

Malia o concepto *occidente* ser, pois, difuso e debatido, para os efectos desta análise xeral que realizaremos nas seguintes páxinas, entenderemos occidente como a serie de países afectados por unha historia común na que destacan experiencias históricas parellas (a Revolución Francesa ou Estadounidense, os procesos de invasión e colonización doutros países, a Grande Guerra, a Segunda Guerra Mundial, a Guerra Fría, etc.) e un certo entendemento semellante das sociedades, que culmina no momento actual de capitalismo liberal. Dado que nós, como galegas, pertencemos –coas nosas particularidades– a ese contexto, decidimos tratalo primeiro e de xeito máis profundo, sen pretender por iso darlle maior importancia ca ao resto de áreas xeográficas. Xustamente, o resto de áreas preséntanse no libro por orde alfabética. Pero resumir a situación dos feminismos en diferentes países ou áreas xeográficas resulta sumamente complicado debido á complexidade de situacións e ao feito de que tendemos a descoñecer as vicisitudes históricas de cada país, que obviamente marcan o devir dos feminismos, e que por tanto tivemos que presentar de forma resumida. Tentar proporcionar unha visión xeral e comprensíbel de zonas xeográficas altamente complexas resultou un auténtico desafío que non pretende nin moito menos, como xa comentamos anteriormente, afondar até o exhaustivo.

En calquera caso, esta diversidade de visións amósanos que os feminismos se manteñen na historia e no espazo, e que tiveron que irse adaptando ás circunstancias cambiantes que os arrodearon, ás adaptacións tamén que o patriarcado soubo ir facendo dos seus avances para perpetuar a opresión cunha nova máscara. Esta visión máis global axúdanos a entender e coñecer as diferentes estratexias que as mulleres desenvolveron e desenvolven no mundo para enfrontarse a situacións de discriminación e de opresión diversas e complexas. Tamén nos axuda a situarnos como galegas no mundo, a buscar referencias en teorías que se cadra até o de agora non nos foran accesíbeis e a ser críticas coas nosas formas de pensar e de estar no mundo. Esta visión máis global axúdanos tamén a entender que os preceptos que manexamos en occidente non son aplicábeis a moitos lugares do mundo e que, mesmo se o son, é decisión das feministas destes lugares escoller o que lles resulte axeitado e desbotar o que non, para desmontar o lugar central de occidente e poñer todas as correntes a un mesmo nivel.

Finalmente, nesta sección incluímos tamén unha reflexión sobre diferentes temas globais que entendemos que afectan a todos os feminismos en todas as áreas xeográficas, e sobre os que hai debate e colaboración a nivel mundial. Tentamos así presentar unha visión do local e do global e tamén deixar patente que onde hai patriarcado, hai feminismos.

1. OCCIDENTE

Para poder explicar a situación dos feminismos en occidente cómpre retroceder na historia e repensar aqueles períodos e conceptos que aprendemos aínda agora como de grande esplendor para a humanidade (como por exemplo a Ilustración), e revisalos de forma crítica para comprobar que ese suposto esplendor non foi en moitos casos para a humanidade, senón só para os homes. Cómpre facer unha relectura da historia tamén para comprobar que igual que estes momentos se enfatizaron como fundamentais, houbo outros que pasaron desapercibidos nos libros de historia (ou como moito ocuparon un pequeno recadro lateral), malia teren sido se cadra moito máis significativos para a humanidade ao implicar tanto homes coma mulleres (boa mostra disto é o movemento do sufraxismo, que levou a que un dereito fundamental fose recoñecido para todas as persoas de occidente). Para entender moitos fenómenos e situacións actuais cómpre tamén comprender como se foi enraizando e xustificando de diferentes formas a discriminación contra as mulleres dentro do pensamento occidental, utilizando un imaxinario que pasou desde o relixioso até o estatal en diferentes momentos da historia. Seguimos loitando moitas veces contra as ideas concibidas noutros momentos históricos e expresadas doutro xeito máis contemporáneo.

Ademais, esta perspectiva axúdanos tamén a comprender os avances e retrocesos das mulleres occidentais e a importancia vital das súas contribucións a unha situación de vida onde tenden a dominar os dereitos formais, se ben quedan aínda moitos problemas por resolver que residen sobre todo no imaxinario.

O pensamento feminista en occidente clasificouse en varios períodos, desde as chamadas precursoras até as vagas de pensamento que foron variando segundo os diferentes períodos históricos. Aínda así, cómpre entender estas clasificacións sempre como unha interpretación parcial e complexa, dado que se ben houbo certas correntes dominantes en certos períodos (de aí que se fale das vagas cunha certa unidade), non podemos obviar que en todos os períodos históricos, tamén en occidente, existiu unha variedade ampla de enfoques que conviviron dentro deses marcos temporais que marcan as vagas. Sen ir máis lonxe, como veremos cando analicemos os feminismos en Galiza, as situacións de ditadura de certos países europeos supuxeron importantes retrocesos para os movementos feministas e por tanto deixaron nun certo desfase temporal a evolución feminista en certas partes do mundo occidental.

Tendo en conta estas consideracións, debemos admitir que na maioría dos libros que na actualidade falan dos feminismos en occidente si se estuda a súa evolución segundo estas vagas, e por tanto decidimos mantelas. Ora ben, ao mesmo tempo facemos referencia na maior medida posíbel ás voces diverxentes ou a correntes non tan coñecidas deses mesmos momentos históricos.

As precursoras

Por suposto a loita polos dereitos das mulleres podemos remontala xa á Antigüidade, con casos de mulleres excepcionais que realizaron actividades que transcendían completamente o comportamento esperábel delas e tamén con amplos debates sobre todo na Grecia ou Roma clásicas sobre o papel das mulleres como cidadás. Malia isto, é no século XV cando no mundo occidental se xeran os primeiros discursos que denuncian de xeito manifesto a situación de inferioridade á que se relegan as mulleres (no marco da discriminación daquela época, baseado sobre todo nos preceptos da relixión) ao tempo que defenden a igualdade entre os sexos. Así, en 1405 publicouse *A cidade das mulleres*, na que a escritora francesa Christine de Pizan recrea unha utopía centrada nunha cidade construída para desde ela defender a causa das mulleres, apoiándose no criterio das tres damas virtuosas e exemplares que colaboran no proxecto: a Razón, a Rectitude e a Xustiza. Esta obra é unha das primeiras manifestacións do debate coñecido como os memoriais de agravios (*querelle des femmes*) frecuente en Europa até o século XVIII, cuxo interese radica en que recollen as queixas das mulleres ante a situación social, aínda que polo xeral non reflexionan sobre a asimetría de poder na que se sustenta nin ofrecen un proxecto alternativo. Entre as autoras que cultivaron este xénero literario destacan Lucrezia Marinella, María de Zayas, Mary Astell (que si chega a pedir a creación dunha universidade para mulleres) ou Marie de Gournay. Esta última publicou en 1622 *A igualdade dos homes e das mulleres*, na que senta as bases do discurso sobre a igualdade dos sexos, tema que retomará en obras posteriores centrándose en denunciar o menosprezo social sobre a capacidade intelectual das mulleres.

Alén das querelas produciuse tamén un discurso de vindicación de raíz ilustrada que deu lugar á construción dun ideal programático emancipatorio, o cal tivo como un dos precursores ao filósofo cartesiano Poullain de la Barre. En *Sobre a igualdade dos dous sexos* e *Tratado sobre a educación das mulleres*, publicados en 1673 e 1674 respectivamente, de la Barre pon en dúbida as autoridades científicas e filosóficas do momento que sostiñan que a inferioridade das mulleres era produto da natureza, xa que as súas características biolóxicas non as facultaban de raciocinio nin de capacidade intelectual. Contra isto, o filósofo defende que a mente non ten sexo, polo que as desigualdades entre homes e mulleres non responden a diferenzas biolóxicas, senón xustamente aos costumes e diferente acceso á educación duns e doutras. Para probar as súas teorías de que a igualdade dos sexos é algo razoábel (é dicir, que responde aos criterios da razón), de la Barre reivindica o acceso das mulleres ao saber como remedio á desigualdade.

Xustamente o debate sobre a razón resultaría central en todo o discurso filosófico da Ilustración, recoñecida na historia patriarcal como o período en que a razón se impuxo aos ditados *irracionais* do absolutismo e até certo punto da relixión. Non obstante, para as mulleres este é o período onde se ratifica a súa submisión tamén no discurso do estado e laico, pois retómanse as asuncións sobre as diferenzas biolóxicas entre os homes e as mulleres (moitas das cales aínda perviven na actualidade). Deste xeito, as bases filosóficas da discriminación das mulleres afiánzanse na Ilustración, co cal podemos afirmar que se ben o auxe das ideas ilustradas e as ansias de liberdade e igualdade contrarias aos réximes absolutistas converteron a Ilustración no século das *luces* para os homes, que deste xeito viron ampliadas as súas posibilidades de acceso á educación e a outros traballos, para as mulleres este século non trouxo máis ca *sombras*.

Este proceso, no entanto, non se deu sen oposición. Así, cando nos anos previos á revolución francesa de 1789 os tres estamentos do pobo francés redactaron as súas queixas para pedir o derrocamento do rei Luís XVI, as mulleres foron excluídas do proceso. Como única alternativa, xuntáronse para escribir os seus propios cadernos de queixas (*cahiers de doléances*) nos que de forma colectiva manifestaban, en tanto que suxeitos políticos, o seu punto de vista sobre os problemas da sociedade, denunciaban a súa situación de subordinación aos homes e os abusos que sufrían, e pedían medidas para mellorar as súas condicións de vida, sobre todo no tocante ao dereito á educación, ao traballo, ao voto e ao matrimonio. Finalmente a monarquía foi derrocada, dando paso á formación dos estados democráticos modernos coa *Declaración Universal dos Dereitos do Home e do Cidadán*, na que tivo moita influencia Jacques Rousseau. Na súa obra *O contrato social* (1762) o filósofo suízo estipula que ese pacto social debe ser realizado por todos os que son iguais (os homes), que verán recoñecidos por parte do estado uns dereitos (civís e políticos) e a participación plena no espazo público por medio do voto. As mulleres, ao non ostentar o atributo da igualdade, quedan excluídas como suxeitos do contrato (aínda que non como obxectos de transacción). Baseándose en Rousseau, a *Declaración dos Dereitos do Home* estabelece que as persoas conforman a cidadanía por seren suxeitos de dereitos polo seu carácter racional, e diso dedúcese que as mulleres non son seres racionais, senón seres emocionais (de novo, esta dicotomía ha seguir presente no mundo occidental até a actualidade, onde se asocia as mulleres co emotivo e coa natureza e os homes co racional e coa cultura). Así, a Declaración proclama a liberdade e a igualdade de dereitos como paradigma, aínda que só son aplicábeis aos homes, excluíndo de forma moi evidente as necesidades e pretensións da outra metade da poboación. O paradoxo foi tan obvio que comezaron a facerse ouvir ecos de protesta e por iso, como afirman Celia Amorós e Amelia Valcárcel, pode verse o feminismo como o fillo non desexado da Ilustración.

As mulleres como suxeitos políticos

A incoherencia dos principios reitores da Ilustración axiña sería posta de manifesto por outros filósofos, como o *ilustrado coherente* Nicolas de Condorcet. En 1790, este autor publica a súa proposta contra a desigualdade e a exclusión das mulleres no seu tratado *Sobre a admisión das mulleres ao dereito cidadán*. Condorcet denuncia as contradicións dos seus coetáneos que se din ilustrados mais acaban incorrendo nos mesmos prexuízos que a Ilustración pretende superar, preguntándose: «Non violaron todos o principio de igualdade dos dereitos ao privar tranquilamente a metade do xénero humano do dereito de concorrer á formación de leis, ao excluír as mulleres do dereito de cidadanía? Como invocan o principio de igualdade de dereitos a favor de trescentos ou catrocentos homes aos que un prexuízo absurdo discriminaba, mentres esquecen ese mesmo principio con respecto a doce millóns de mulleres?». A coherencia do autor levouno a facer un chamamento para que as mulleres non pagasen impostos, argumentando que só se está lexitimamente suxeito ás taxas parlamentarias que se aprobaron en votación cando menos a través de representantes, e de aí que «toda muller ten dereito a negarse a pagar as taxas parlamentarias».

Un ano máis tarde, Olympe de Gouges volveu pór de manifesto o carácter excluínte e masculino do concepto ilustrado de cidadanía na súa *Declaración dos dereitos da Muller e da Cidadá*, todo un programa político dirixido á raíña María Antonieta no que exhorta á mobilización das mulleres para denunciar que a Ilustración lles negara os dereitos políticos supostamente universais. Seguindo os artigos da Declaración do Home, de Gouges substitúe a palabra *home* pola de *muller* ou por *muller e home*, segundo o caso. Deste xeito, denunciando que home non é sinónimo de humanidade e esixindo que mulleres e homes reciban o mesmo trato, escribe: «Artigo Primeiro: A Muller nace libre e permanece igual ao Home en dereitos. Artigo Segundo: A finalidade de calquera asociación política é a conservación dos dereitos naturais e imprescritíbeis da Muller e do Home. Estes dereitos son a liberdade, a propiedade, a seguridade e sobre todo a resistencia á opresión [...] Se a muller ten dereito de subir ao cadafalso; debe ter igualmente o de subir á Tribuna». No seu caso, malia non serlle nunca permitido subir á tribuna, si foi obrigada a subir ao cadafalso, pois morreu guillotinada en 1793 acusada de traizón aos xacobinos e de «ter esquecido as virtudes que conveñen ao seu sexo inmiscíndose nos asuntos da República».

O debate sobre a educación

Estreitamente ligado ao debate sobre a cidadanía, outro dos grandes temas da Ilustración foi o debate sobre a educación, contemplada como un dereito e deber da cidadanía para avanzar cara ao progreso. O ideal ilustrado sobre a educación estaba en gran medida baseado na obra de Rousseau *Emilio ou da educación*, escrita en 1762 e concibida como un tratado de educación do bo cidadán. Retomando as diferenzas biolóxicas entre mulleres e homes, Rousseau deduce a prescrición de distintos modelos de comportamento moral para mulleres e homes. Así, Emilio é o modelo de cidadán que debe ter autonomía moral, mentres que Sofia é o modelo de compañeira de Emilio (pero non cidadá), cuxa pretensión debe ser aceptar o sometemento ao home e facerlle a vida máis pracenteira aos que van converterse en cidadáns. Deste xeito, xustifícase unha educación das nenas dirixida a realizar o seu futuro papel de esposas e nais e a agradar aos maridos, co que se evitaba así calquera ápice de autonomía e fomentábase a obediencia.

Unha das réplicas máis brillantes contra o modelo rousseauniano de educación áchase na obra *Vindicación dos dereitos da muller*, escrita en 1792 pola británica Mary Wollstonecraft. Superando con virtuosismo as teses de Rousseau, Wollstonecraft aplica a idea de igualdade a toda a especie humana e dálle á educación carácter de reivindicación política. Para a autora, a educación é en efecto a ferramenta a través da cal as mulleres poden adquirir independencia e autonomía, e eríxese así no remedio á subordinación das mulleres: «as mulleres deben adquirir as virtudes humanas polos mesmos medios ca os homes, en lugar de seren educadas como unha especie de fantásticos seres a medias, unha das extravagantes quimeras de Rousseau». Deste xeito, Wollstonecraft atribúe a subordinación das mulleres ao ambiente cheo de restricións que as obriga a vivir en ignorancia e a asumir unha aprendizaxe social determinada, á vez que denuncia que o presentado como atributos naturais das mulleres é unicamente produto da educación recibida. Isto é, preconizando o sistema sexo/xénero da actualidade, a autora británica considera que a educación, e non a natureza, é o que marca a desigualdade (e por tanto tamén pode converterse en igualdade) entre mulleres e homes. Finalmente, Wollstonecraft pregúntase por que, dado que se polas circunstancias sociais as mulleres son máis ignorantes ca os homes, non se establecen mecanismos para compensar esa inferioridade, pondo deste xeito as bases do concepto de acción positiva, moi manexado na actualidade.

Nesta primeira etapa as vindicacións feministas en occidente foron propostas máis ben puntuais, reducidas á consciencia persoal de persoas concretas que non conseguiron articular un movemento social organizado arredor das súas reivindicacións, nin tiveron tampouco a posibilidade de defendelas en termos políticos. Malia isto, os escritos de Olympe de Gouges e de Mary Wollstonecraft deixaron sentado un importante precedente nas súas lúcidas argumentacións sobre a necesidade dunha alternativa política na que tanto mulleres como homes tivesen o status de suxeitos políticos no primeiro caso, e sobre a reivindicación moral da individualidade das mulleres e da capacidade de elección do seu propio destino, no segundo.

Con todo, a revolución francesa supuxo unha aceda derrota para a loita emancipatoria das mulleres, porque tras ela prohibiuse explicitamente a participación das mulleres en calquera actividade política e castigouse de forma fulminante a aquelas que antes participaran na vida pública co exilio ou coa guillotina (como no caso de Olympe de Gouges). Anos máis tarde, coa instauración do réxime napoleónico en Francia promulgouse un código que, buscando tomar distancia da Ilustración, recuperou os principios conservadores para toda a poboación. Así, o código napoleónico de 1804 lexislou explicitamente a subordinación das mulleres á familia, onde a autoridade reside no home (ben sexa o pai primeiro, ou o esposo despois) e a súa tarefa principal é a produción de crianzas. Este modelo, que tanto empeorou a xa de por si mala situación das mulleres occidentais, foi o instaurado en boa parte de Europa, coa única excepción se cabe dos países nórdicos que nesta época ficaban baixo a influencia de Rusia.

Os inicios da loita obreira e burguesa

Toda a primeira metade do século XIX Europa viviu unha crecente industrialización co avance do capitalismo que fixo incrementar a demanda de man de obra para traballar nas fábricas. Ao propio sistema capitalista interesáballe que as mulleres máis pobres traballasen nas factorías, pois pensábase que dada a súa educación resultaban máis submisas e soportaban sen protestas as condicións precarias e os soldos máis baixos ca os dos homes. Así, ademais desoutra opresión que sufrían como clase obreira, padecían unha discriminación específica como mulleres. Unha das primeiras en estabelecer esta conexión, avanzando o que logo sería o feminismo de clase, foi a francesa de orixe peruana Flora Tristán. Na súa obra *A unión obreira*, publicada en 1843, esta precursora propón o vínculo universal dos obreiros e das obreiras e denuncia a situación dos colectivos pobres británicos afogados por un sistema capitalista comparábel ao sistema escravista dos continentes africano e americano, avogando en ambos os dous casos pola súa abolición.

Alén da opresión das obreiras denunciada por Tristán, as mulleres de clase media e burguesa nin sequera podían traballar fóra exercendo profesións liberais, polo que quedaban confinadas no fogar, sen dereito a ter propiedades nin a recibir a mesma educación ca os homes. A única saída que lles quedaba, se non querían ficar na pobreza, era casar e converterse en esposa e nai. Deste xeito, na Europa de mediados do século XIX confluíron a dobre explotación das proletarias e mais a consciencia de discriminación das burguesas, dando lugar a un malestar que se acabaría materializando no movemento social organizado do sufraxismo, que examinaremos con detalle no seguinte epígrafe. Ora ben, no estourar sufraxista europeo tiveron moita influencia os discursos das activistas estadounidenses da época, que se foran forxando desde comezos do século XIX a prol da defensa dos dereitos das persoas escravas e das mulleres.

As precursoras abolicionistas dos Estados Unidos de América

Mentres en Europa o código napoleónico obrigou a acalar durante a primeira metade do século XIX as proclamas feministas, os EUA experimentaron nesta época o agromar do discurso feminista, favorecido por unha serie de circunstancias sociais como os movementos protestantes da reforma relixiosa e mais a loita contra a escravitude e contra a división racial e étnica da sociedade (factor este inexistente no continente europeo da época). Desde un comezo, xa que logo, as feministas estadounidenses formularon as súas demandas non como unha proposta autónoma, senón como un medio para acadar outros fins. O feito de alicerzarse nestes movementos propiciou que, a diferenza do acontecido en Europa, nos EUA as reivindicacións políticas das mulleres axiña conseguisen articular ao seu arredor un eco colectivo que se materializou en movemento social organizado.

A numerosa participación das mulleres nas mobilizacións contra a escravitude contribuíu á rápida concienciación das mulleres, que facilmente puideron trazar unha analoxía entre a situación das persoas escravas e a súa propia discriminación, excluídas ambas as dúas do concepto de cidadanía materializada na Declaración de Independencia Nós, o pobo que seguiu á Independencia dos EUA respecto da monarquía británica. Esta concienciación viuse tamén alentada polo contexto da reforma moral da sociedade, pois as prácticas relixiosas protestantes (sobre todo as evanxelistas e as cuáqueras) promovían a lectura e interpretación individual dos textos sagrados. Deste xeito favoreceron o acceso das mulleres a niveis básicos de alfabetización, ao tempo que lles permitiron recoñecer ás mulleres as súas propias capacidades. Neste contexto cómpre entender, por exemplo, a creación de universidades femininas que sentarían as bases para que un grupo de mulleres alfabetizadas constituísen o núcleo do primeiro feminismo como movemento organizado: o sufraxismo.

As sufraxistas

O sufraxismo como reivindicación dos dereitos políticos das mulleres xorde pois nos EUA moi ligado ao movemento abolicionista, que facía súas as aspiracións universalistas ilustradas de igualdade para toda a raza humana, aínda que seguían mantendo a exclusión dos pobos indíxenas. Neste sentido, semella lóxica a unión do abolicionismo e do sufraxismo nas primeiras décadas do século XIX, pois ambos os dous movementos sostiñan a aplicación dos dereitos humanos para todas as persoas con independencia da súa raza ou sexo. Con todo, o sufraxismo foi moito máis ca unha loita polo dereito ao voto, xa que tamén articulou o dereito á educación de todas as persoas. Amais, en paralelo á autoridade que exercían os amos sobre os escravos e escravas, puxo no debate público a autoridade patriarcal, o abuso físico e a violencia dos maridos sobre as mulleres, a loita contra a prostitución ou a carencia de dereitos (sobre todo no tocante ás propiedades) das mulleres casadas.

As sufraxistas

O vínculo entre sufraxismo e antiescravitude fixo que destacadas sufraxistas como Lucretia Mott, Elizabeth Cady Stanton, Lucy Stone ou Susan Anthony fosen tamén destacadas líderes abolicionistas. A este propósito, Stanton afirmou: «o prexuízo contra as xentes de cor, do que tanto ouvimos falar, non é máis forte do que existe contra o noso sexo. Débese á mesma causa e maniféstase de xeito moi parecido. A pel do negro e o sexo da muller son unha evidencia de que un e outra teñen como destino o sometemento ao home branco de orixe saxoa». Cómpre non esquecer tampouco a participación das mulleres negras, sobre todo escravas libres do Caribe, nestes debates. Por exemplo, as irmás Elizabeth e Anne Hart combinaron o seu activismo a prol da educación das persoas escravas cunha clara postura abolicionista que lles valeu abondas antipatías e un proceso xudicial na illa de Antiga. As biografías de escravas como Mary Prince amosaron tamén a situación brutal na que vivían as mulleres escravas, e atoparon apoio das activistas brancas fronte ás críticas e ataques na prensa da época recibidos por contar as súas historias e falar desde o seu punto de vista.

Porén, as relacións entre o sufraxismo e o abolicionismo acabaron sendo cada vez máis tensas, pola constatación de que o esforzo sufraxista a prol do abolicionismo non era correspondido do mesmo xeito. Estas tensións acabarían provocando que unha parte do movemento sufraxista se volvese independente, sobre todo tras a Convención Mundial contra a Escravitude que tivo lugar en Londres en 1840. Mott e Stanton, que ían na delegación estadounidense, foron expulsadas das sesións e obrigadas a presenciar os actos desde detrás dunhas cortinas, ante a pasividade dos seus compañeiros abolicionistas. A humillación e indignación que sentiron foi o detonante para se decataren de que, en palabras de Stanton, «o prexuízo contra o sexo está máis fondamente arraigado e máis irracionalmente mantido ca o que existe contra as persoas de cor». A escisión do movemento sufraxista cristaliza en 1848 coa celebración na pequena vila neoiorquina de Seneca Falls dunha convención liderada por Mott e Stanton para estudar as condicións e dereitos sociais, civís e relixiosos das mulleres. Desa convención xorde o texto fundacional do sufraxismo: a *Declaración de Sentimentos* ou *Manifesto de Seneca Falls*. O documento recolle doce decisións que, no mesmo ano en que o *Manifesto Comunista* proclama que a historia da humanidade é a historia da loita de clases, demostra que esa é só unha parte da historia e reivindica entre outras cousas a petición de voto para as mulleres, porque só a súa participación na vida pública podería asegurar a total igualdade cos homes.

Anos despois aprobouse a Decimoterceira Emenda que abolía a escravitude (1865), e ao ano seguinte o Partido Republicano concedeu o voto aos escravos (homes) liberados, negando explicitamente o voto ás mulleres. Á traizón republicana seguiría unha maior, porque nese momento o propio movemento antiescravista rexeitou apoiar o voto para as mulleres, temeroso de perder o privilexio que acababa de conseguir. Mentres que algunhas sufraxistas como Stone crearon asociacións que apoiaban a causa abolicionista ao tempo que seguían a reivindicar os dereitos das mulleres, outras como Stanton e Anthony crearon outra organización liderada exclusivamente por mulleres, co convencemento de que a loita a prol dos dereitos da muller dependía das mulleres en exclusiva. Ambas as asociacións pro sufraxio unificáronse en 1890 na Asociación nacional estadounidense pro sufraxio das mulleres (NAWSA).

Despois de cincuenta anos de loita pacífica, nos que se presentaron unha vintena de propostas para emendar a Constitución e garantir o dereito a voto das mulleres, a comezos de século XX produciuse unha radicalización das accións con campañas de presión no propio Congreso e coa creación do Partido Nacional da Muller. Finalmente, en 1918 o presidente Wilson anunciou o seu apoio ao sufraxio tamén para as mulleres, que entraría en vigor en 1920 coa aprobación da Decimonovena Emenda á Constitución. Das mulleres participantes na convención de Seneca Falls de 1848 tan só unha, Charlotte Woodward, chegou a poder presenciar as primeiras eleccións presidenciais nas que se recoñeceu o dereito ao sufraxio das mulleres. No mesmo ano 1918 o país veciño, Canadá, tamén aprobou o dereito a voto de todas as mulleres, que no estado de Ontario xa existía desde 1884, aínda que só nas eleccións municipais e para solteiras e viúvas.

Non obstante, nalgúns estados o dereito de sufraxio só tivo validez para as brancas durante anos. Na visibilización desta evidente discriminación tivo especial relevancia o discurso da sufraxista negra e escrava liberada Sojourner Truth, que puxo de manifesto as crebas da argumentación pretendidamente universalista das sufraxistas brancas e introduciu por vez primeira a intersección entre raza e xénero. Truth interrompeu indignada unha xuntanza de mulleres brancas sufraxistas co seu conmovedor discurso no que preguntaba «seica eu non son unha muller?», porque as cousas das que se falaban afectaban en exclusiva ás mulleres brancas. Deste xeito, a voz de Truth veu pór de manifesto que as brancas non podían falar en nome de todas as demais mulleres (e en especial das racializadas), xa que as posturas destas últimas distaban ostensibelmente. Este discurso de Truth foi recuperado como un emblema nos EUA na década dos 70 por parte da corrente do *Black Feminism* ou feminismo racializado, centrado en explicar a dobre discriminación daquelas mulleres que están ademais marcadas por unha categoría racial.

O xurdimento do sufraxismo en Europa

Como xa adiantamos, a primeira metade do século XIX supuxo para as mulleres europeas unha situación moi opresiva, tanto se eran obreiras (como denunciaba Tristán) como burguesas. Neste sentido, no estourar sufraxista europeo tiveron moita influencia os discursos das activistas estadounidenses da época e en especial o *Manifesto de Seneca Falls*, que serviu tamén de catalizador para articular todo o malestar que sentían tanto as obreiras como as burguesas de Europa nunha mobilización social organizada. Así, a partir da década de 1850 comezaron a celebrarse actos públicos en Gran Bretaña, liderados por Harriet Taylor, pedindo o recoñecemento do dereito ao voto das mulleres. En 1866 os deputados John Stuart Mill e Henry Fawcett presentaron no Parlamento británico a primeira petición a favor do sufraxio verdadeiramente universal.

O rexeitamento reiterado das súas peticións levou a Mill a escribir en 1869 *O sometemento das mulleres*, obra na que expón que o principio utilitarista do liberalismo británico da época é contraditorio coa subordinación das mulleres xa que a sociedade non pode permitirse a exclusión das mulleres da vida laboral e pública: «o segundo beneficio que se pode agardar da liberdade concedida á muller para usar as súas facultades sería duplicar a suma de facultades intelectuais que a humanidade utiliza para os seus servizos. Así duplicarase a cifra actual das persoas que traballan en ben da especie humana e fomentan o progreso xeral do ensino público, da Administración [...] Este grande incremento do poder intelectual da especie e da suma de intelixencia dispoñíbel para a hábil xestión dos negocios resultaría, en parte, da educación máis rica e completa das facultades intelectuais da muller». Nunha coherencia entre teoría e práctica difícil de atopar noutros autores da época, Mill insiste en que as diferenzas mentais que se supón que existen entre mulleres e homes non son máis que o efecto das diferenzas na súa educación e circunstancias, polo que non indican inferioridade natural, rachando deste xeito co esencialismo e determinismo biolóxico da inferioridade: «o que hoxe se chama a *natureza da muller* é un produto eminentemente artificial». O éxito do libro foi tal que no mesmo ano editouse noutros países anglófonos e traduciuse a outras linguas europeas, o cal espallou a súa mensaxe a outros movementos feministas organizados en moitos outros países europeos.

A loita sufraxista en Gran Bretaña

Malia as diferenzas na énfase, todas as propostas identifican as bases comúns da dominación patriarcal, e co tempo o movemento sufraxista conseguiu fortalecer o seu carácter interclasista unindo mulleres de diferentes clases, condicións sociais e económicas e opcións políticas diversas. En paralelo, foi aumentando as súas reivindicacións para esixir tamén acceso á educación, ao traballo en igualdade salarial, á propiedade (denunciando que o marido fose o administrador dos bens conxugais e dos da muller) e á patria potestade das fillas e dos fillos. Ora ben, desde un punto de vista estratéxico as sufraxistas consideraban que a igualdade legal era condición prioritaria para o progreso, pois unha vez conseguido o voto e o acceso á representación política poderían comezar a cambiar o resto de leis inxustas.

De aí que, sen ter conseguido aínda o seu obxectivo na maioría dos países europeos, se creasen diferentes asociacións a prol do sufraxio que durante décadas presentaron pacientemente innumerábeis iniciativas políticas para convencer a clase política da lexitimidade dos dereitos das mulleres. Un dos países onde estas loitas adquiriron un cariz máis activo foi Gran Bretaña, e de aí que resulte especialmente ilustrativo examinar o sufraxismo neste contexto. Pois ben, malia as numerosas iniciativas políticas a prol do voto das mulleres, en Gran Bretaña, a única resposta foi a burla e o uso político da caricatura para ridiculizar as pretensións feministas. Só o Partido Liberal apoiara tradicionalmente a causa sufraxista, pero cando se produciu a súa chegada ao poder en 1905 negáronlle de novo o dereito ás mulleres. A lóxica desesperación fixo que a comezos do século XX se radicalizase a campaña sufraxista, e tanto Millicent Fawcett como Emmeline Pankhurst crearon diferentes asociacións a prol do sufraxio que aglutinaron centos de milleiros de británicas de diferentes clases sociais, coñecidas como as *suffragettes*. Estas, logo de corenta anos de intentos constitucionais e cívicos, emprenderon accións máis radicais (desfiles masivos, desobediencia civil, interrupcións de discursos ministeriais, sabotaxes, incendios de comercios, etc.) nos que, cómpre dicilo, non houbo nunca vítimas mortais. Por estes actos moitas sufraxistas foron multadas e, ao non teren cartos para afrontar a pena, acabaron no cárcere. Alí protestaron con folgas de fame contra a súa consideración como presas comúns (no canto de políticas), ao que o goberno respondeu ordenando a súa alimentación forzosa, feito que á súa vez aumentou a espiral de axitación sufraxista nas rúas. A réplica do goberno foi ordenar a disolución de todas as asociacións a prol do sufraxio.

O logro do sufraxio universal

Pero o feminismo demostrara a súa capacidade de mobilización e, paradoxos da vida, cando en 1914 estala a Grande Guerra, o rei George V amnistiou a todas as sufraxistas que estaban no cárcere para que se organizasen e puidesen substituír a man de obra dos homes que debían alistarse para ir á guerra. A maioría das sufraxistas vírono como unha oportunidade política e aceptaron a encomenda por razóns tácticas. Noutros países europeos, aínda que a loita sufraxista non fora tan axitada, seguiuse a mesma tendencia e as mulleres saíron da esfera privada para ocuparse dos traballos e permitir manter o nivel de produción mentres os homes estaban na guerra. Demostraron entón a súa capacidade e valía profesional que lles fora tantas veces cuestionada e marcaron un punto de inflexión na loita polos dereitos políticos. Ao remate da guerra, a clase política foilles *concedendo* ás mulleres o seu lexítimo dereito ao voto como recoñecemento aos seus méritos durante o conflito bélico. Así foi como en 1928, despois de máis de 2500 peticións ao parlamento, Gran Bretaña recoñeceu o dereito ao sufraxio universal.

Malia seren os EUA e Gran Bretaña os países occidentais onde se deu unha maior axitación sufraxista, non foron en absoluto os primeiros en conseguir a aprobación do voto das mulleres. Xa desde os seus comezos o movemento sufraxista estadounidense e británico estendeuse rapidamente a países de influencia saxoa como Nova Zelandia ou Australia, inmersos nun contexto social no que se impuña unha nova moral centrada en contrarrestar a ética guerreira das comunidades aborixes, propiciada tamén a través das organizacións misioneiras das metrópoles encargadas de civilizar as colonias. Desde estas organizacións, por exemplo, defendíase que *conceder* o voto ás mulleres contribuiría a asentar esta nova moralidade, ao alentar políticas de protección e educación das familias. Deste xeito, malia non haber un movemento sufraxista forte, Nova Zelandia converteuse en 1893 no primeiro país en recoñecer o dereito a voto de todas as mulleres neocelandesas, logo de tres propostas lexislativas previas que desde 1878 se rexeitaran na Cámara Alta por unha mínima diferenza de votos. Australia foi o segundo país do mundo en lexislar neste sentido en 1902, aínda que neste caso non se recoñeceu até 1967 a condición de cidadanía das e dos aborixes polo que ficaron excluídas dos procesos electorais durante todo este período.

De feito, ao igual que sucedeu na situación doutros grupos étnicos ou raciais minorizados, na maior parte dos países o dereito a voto das mulleres recoñeceuse de forma gradual: nalgúns recoñeceuse primeiro o sufraxio feminino para as eleccións locais ou municipais, e só anos despois se fixo extensivo o dereito para as xerais; noutros, o recoñecemento do dereito a votar e do dereito a ser votada produciuse en anos diferentes, e dependendo do país deuse nunha ou noutra orde; hóuboos tamén que recoñeceron de forma máis ou menos temperá o dereito a votar dalgunhas mulleres, pero impondo severas restricións (ser cabeza de familia ou viúva, ter estudos universitarios ou de secundaria, etc.) que en ningún caso se lles esixían aos homes. Semella entón lóxico considerar como data de aprobación do sufraxio feminino o ano no que este se fixo efectivo de forma plena e sen restricións. Así, antes de as británicas poderen votar en 1928, en Europa xa aprobaran o sufraxio feminino en Finlandia en 1906, Noruega en 1913, Islandia e Dinamarca en 1915, Austria en 1918, Suecia, Bélxica, Luxemburgo e Alemaña en 1919, e Irlanda no mesmo ano que en Gran Bretaña, 1928. Este repaso xeográfico ilustra como o individualismo e o puritanismo protestantes, xunto ao pragmatismo económico sindicalista, facilitaron un avance máis rápido dos feminismos nas áreas nórdicas, nas que polo xeral se daba tamén un maior desenvolvemento burgués. Neste sentido, a aprobación do sufraxio feminino estivo influída en certa medida polas loitas sufraxistas británica e estadounidense, que acabaron propiciando a creación dalgunhas asociacións locais a favor dos dereitos das mulleres. Emporiso, con frecuencia a temperá aprobación das leis débese en maior grao á conxuntura cultural, social e política destes países, nos que a mentalidade progresista e o peso social das mulleres facilitaron a equiparación xurídica dos sexos. Por exemplo, no caso de Finlandia, o sufraxio das mulleres era unha estratexia necesaria para acabar co sistema de representación parlamentaria que mantiña unha elite minoritaria sueca (país que até 1809 exercera a tutela sobre o territorio finlandés) nos postos de poder político, para o que lograron contar coa aprobación do tsar ruso (pois o imperio ruso exercía naquel momento o protectorado sobre o país). Noutros países había xa precedentes de sufraxio feminino, como en Suecia. Neste caso, durante a chamada Era da Liberdade sueca (desde 1718 até 1771) as mulleres podían votar e ser votadas, xa que ao pagaren os seus impostos e cotas de pertenza aos gremios eran consideradas cidadás plenas. No entanto, en 1771 a nova constitución suprimiu este dereito. Case un século despois, en 1862, recoñeceuse de novo o dereito a voto de certas mulleres e unicamente nas eleccións locais. Aínda que non foi até 1919 cando se aprobou o sufraxio feminino pleno, as experiencias previas sen dúbida facilitaron o proceso.

Noutros países europeos as mulleres tiveron que agardar aínda uns anos despois do sufraxio británico para poder votar, e así en España o sufraxio universal data de 1931, en Francia e Italia de 1945 e en Grecia de 1952. Máis de vinte anos terían que agardar outras democracias europeas: Andorra até 1970, Suíza até 1971 (o referendo sobre o sufraxio feminino saldouse cun rotundo *non* en 1959, aínda que desde aquela as mulleres si podían ser elixidas, provocando situacións rocambolescas nas que deputadas e alcaldesas non podían votar). Portugal tivo que agardar tamén até 1971, aínda que no país veciño podían votar desde o 1931 as mulleres con estudos secundarios, e Liechtenstein non recoñeceu o dereito a sufraxio das mulleres até 1984. A grandes trazos, e con algunha excepción, o repaso xeográfico ilustra de novo como aquelas áreas culturais baixo influencia católica nas que o poder da igrexa insistía en perpetuar o código napoleónico e nas que ademais había un menor crecemento industrial, o feminismo como movemento foi feble e minoritario neste período, e con frecuencia estivo supeditado a outras loitas políticas consideradas globais. Destaca de xeito prominente que na Cidade do Vaticano as mulleres aínda hoxe non poidan votar (se ben é certo que a maior parte dos homes na Santa Sé tampouco poden votar, todas as persoas nos conclaves papais son homes).

As feministas anarquistas e socialistas

Nesta mesma época, as reivindicacións feministas das sufraxistas convivían coas doutras aproximacións como a anarquista e a socialista. No primeiro caso, con Emma Goldman como máxima representante, as feministas anarquistas puñan énfase na idea de que só a súa propia forza as conduciría á liberación para viviren de acordo ás súas propias convicións. Isto é, en consonancia co individualismo anarquista, sostiña que as mulleres só se liberarían grazas ao seu esforzo persoal por superar a ideoloxía patriarcal que teñen interiorizada, pero non tanto polo traballo asalariado nin polo dereito a votar (que, ao cabo, era un tipo máis de xerarquía). O caso das feministas socialistas é lixeiramente diferente, xa que a súa dobre militancia situábaas nun gran dilema: por unha banda, apoiaban as reivindicacións do sufraxismo, pero acusándoo de clasista e de esquecer a dobre discriminación das mulleres proletarias, xa que lograr o sufraxio non eliminaría as diferenzas de clase entre explotadores e explotados. E pola outra, subscribían teses do partido sobre que a emancipación das mulleres era imposíbel dentro dun sistema capitalista, mais recoñecendo á vez que para o partido a cuestión feminina non era prioridade ningunha. Se xa a finais do século XIX Tristán estabelecera unha ligazón entre a conquista do socialismo e do feminismo para lograr a emancipación das mulleres, no século XX é a alemá Clara Zetkin quen funda o movemento socialista feminino internacional (que en 1914, con case 180.000 afiliadas, se converteu na forza política de mulleres máis importante de toda Europa) para tratar a liberación das mulleres de forma diferente de acordo á procedencia social das mulleres, e tamén quen propón en 1910 que o 8 de marzo se declare Día Internacional da Muller Traballadora. Estas correntes terían unha evolución posterior sobre todo vinculada á Revolución Rusa e á chegada da Unión Soviética, lugares que trataremos máis adiante.

En suma, o sufraxismo constituíuse en occidente como un movemento feminista de axitación nas sociedades industriais que conseguiu avanzar no camiño cara á igualdade co recoñecemento do dereito ao voto como elemento aglutinador, aínda que tamén cunha firme defensa do dereito á educación e ao traballo das mulleres, da reivindicación da sexualidade libre, a loita contra a prostitución ou o dereito ao control das propiedades das casadas por elas mesmas. Nel involucráronse tres xeracións de mulleres durante os máis de oitenta anos de loitas e mobilizacións que se tenden a agrupar como a primeira vaga dos feminismos occidentais.

A segunda vaga

O período de entreguerras e primeiros anos posteriores á Segunda Guerra Mundial deixaron un sabor agridoce na historia occidental. Agre, porque foron anos duros, de escaseza e de recesión, nos que ademais nalgúns países se produciu un auxe dos fascismos que faría retroceder as pretensións feministas. Pero doce, porque noutros países si se produciu un gran progreso na sociedade e por fin se ían recoñecendo (en diferentes momentos en países distintos) os dereitos políticos, educativos e laborais da outra metade da poboación. Emporiso, isto tivo tamén unha consecuencia negativa: aínda que o progreso non era nin moito menos absoluto (por exemplo, non se abordaron os dereitos reprodutivos ou a dobre discriminación das mulleres de clase obreira), fixo que se respirase un ambiente de igualdade na lei que propiciou un declive das mobilizacións, o que á súa vez acabou por aumentar as dificultades das propias mulleres para descubrir e expresar os termos da súa opresión (unha forma de opresión nova e en ocasións máis indirecta como estratexia do patriarcado para perpetuarse). As pegadas máis claras do espírito reivindicativo do sufraxismo atópanse na confluencia do feminismo co pacifismo e antifascismo, chegando a perder en moitos casos os seus obxectivos autónomos.

A falacia do baleiro feminista de entreguerras

Por este motivo, na historia dos feminismos occidentais adoitan identificarse os anos posteriores á consecución do sufraxio universal como anos de *baleiro feminista*. Con todo, o pensamento feminista seguiu fluíndo pois non podemos esquecer que foi xustamente nesta época cando Simone de Beauvoir publica, en 1949, *O segundo sexo*, no que fala das mulleres como as outras, o outro sexo, o segundo sexo, o sexo subordinado. O realmente innovador do libro é que non sitúa ese papel de subordinación nos trazos biolóxicos e físicos, senón nas expectativas que a sociedade constrúe sobre esas características e que mulleres e homes adquiren a través da aprendizaxe e socialización que se recibe: «unha non nace muller, faise» deixou dito a filósofa. O libro xurdiu como resposta a unha inquedanza da famosa autora para escribir sobre ela mesma, e iso facíalle formularse unha pregunta previa: que supuxo para min ser muller? Ao principio, nada, porque conscientemente nunca se sentira inferior (aos 21 anos licenciárase precozmente en Filosofía na Sorbona). Pero volto a pensar, decatouse de que en realidade a ela non a educaran do mesmo xeito que educaban os homes. Pensou no que implicaba ser muller, e falando con outras mulleres de máis de 40 anos, todas tiñan o sentimento de ter vivido como seres relativos, o que lle fixo pensar nos atrancos que as mulleres atopan nas súas vidas. Sen ánimo reivindicativo naquel entón, púxose a escribir o libro que acabaría provocando que anos despois a propia Beauvoir se autodenominase feminista, despois de comprobar as dificultades que ela mesma tivera (e que moitas mulleres tiñan) para descubrir e expresar os termos da súa opresión na época da igualdade na lei.

Estas dificultades reforzáronse co discurso político que se instaurou nos anos de posguerra, coa separación do mundo en dous bloques e o comezo da Guerra Fría. Por unha banda, os ataques contra os propósitos feministas por ser subversores convertéronse en acusacións contra as feministas occidentais de ser *roxas* e de colaborar co bloque inimigo na desmembración social. Pola outra, instaurouse un discurso polo que os homes que regresaban da guerra (con categoría de heroes da humanidade) merecían todo o cariño e comprensión das mulleres, que *voluntariamente* lles deixaban os postos de traballo (mesmo aquelas que tiveran acceso a formación superior) e regresaban ás casas para dedicarse á tarefa de ser esposas e nais, nunha época ademais na que as baixas nas guerras convertían o aumento da natalidade en cuestión de estado.

O feminismo liberal estadounidense

Era preciso un detonante que espertase conciencias e denunciase que o recoñecemento dos dereitos políticos e de acceso á educación superior non lograra acabar coa discriminación das mulleres, e que fixese público ao mesmo tempo que había moitas mulleres que non se sentían cómodas co estilo de vida que lles fora asignado. O detonante chegou en 1963, coa publicación en EUA do libro *A mística feminina*, no que Betty Friedan falaba de mulleres coma ela, fillas da xeración das sufraxistas, brancas, de clase media, moitas con estudos universitarios, felizmente casadas, sen problemas económicos, con acceso a todas as comodidades dunha sociedade de consumo, con fillas e fillos sans, pero frustradas e confinadas no espazo doméstico, atrapadas nunha sensación de baleiro e de non sentirse realizadas que se traducía en patoloxías como ansiedade, depresión, alcoholismo. En definitiva, mulleres atrapadas por unha mística da feminidade que definía a súa felicidade en función da dedicación exclusiva ás persoas que aman. En contra do discurso vixente, existía un «problema que non ten nome» que puña en evidencia que as mulleres non estaban emancipadas. A propia Friedan creou en 1966 a Organización Nacional de Mulleres (NOW) poñendo así as bases do feminismo liberal que reivindica que para escapar desa situación opresora, as mulleres debían ser alguén por elas mesmas e desenvolver as súas potencialidades incorporándose activamente á vida política e laboral, ao traballo remunerado na esfera pública.

O libro de Friedan traduciuse a ducias de idiomas durante a década dos 70, e o movemento reformista que reivindicaba a entrada das mulleres na esfera pública axiña se foi expandindo por outros países occidentais. Tal foi a súa incidencia, que a publicación da obra marcou o inicio da coñecida como segunda vaga dos feminismos occidentais. No entanto, a aplicación do feminismo liberal en diferentes realidades puxo de manifesto algunhas eivas importantes.

Primeiramente, achacóuselle a este movemento a súa condición de clasista, tendo en conta unicamente a realidade das mulleres de clases acomodadas. Fóronse organizando outras propostas que desen resposta tamén ás cuestións discriminatorias que sufrían outras mulleres. Un exemplo foi a (re)configuración do feminismo socialista que, con Iris Marion Young á cabeza, intentaba conciliar a loita contra o patriarcado coa loita contra o sistema capitalista e de clases. Para as feministas socialistas ambas as opresións retroaliméntanse no caso das mulleres da clase obreira, e igual que o feminismo liberal obviaba esta especificidade, o marxismo permanecía cego aos problemas das mulleres, que ventilaban cun epílogo final titulado *a cuestión feminina.*

O feminismo radical do Movemento de Liberación das Mulleres

Outro exemplo foi a loita pola emancipación das mulleres que se articulou en paralelo ao movemento político e social da Nova Esquerda que, no ronsel de maio do 68, denunciaba que o sistema político baseado na universalidade de principios era en realidade sexista, racista, clasista e imperialista e agrupaba deste xeito mulleres de diversas procedencias sociais e opcións políticas. Porén, tanto nun caso coma no outro, e como xa lles pasara ás abolicionistas estadounidenses e ás liberais británicas no sufraxismo, as reivindicacións das mulleres contemplábanse como algo secundario e que só lles atinxía a elas, polo que a loita contra a súa opresión estaba sempre supeditada á loita global que definían os homes e que, supostamente, atinxía a toda a sociedade (e non só a eles). Pero como tamén acontecera no pasado, as mulleres decatáronse de que as súas demandas só triunfarían se se articulaban de forma independente, tomando elas a iniciativa, e así xurdiu o Movemento de Liberación das Mulleres (WLM).

Ademais de agrupar mulleres moi diferentes e de distintas clases sociais, o Movemento de Liberación das Mulleres buscou traspasar a que consideraban a segunda eiva do feminismo liberal: a súa cegueira sobre as verdadeiras causas da explotación das mulleres, o que limitaba o seu ámbito de acción a facer meras reformas (e exclusivas no ámbito político e económico) para que as mulleres puidesen ser iguais ca os homes e desempeñar traballos na esfera pública, pero deixando intactas as estruturas sociais. Entre as consecuencias nefastas desta tendencia destaca o modelo de muller que para converterse en executiva brillante ten que renunciar a todas as outras facetas da súa vida privada (ten que elixir, mentres os seus compañeiros poden compatibilizalas). Pero tamén destaca esoutro modelo de *superwoman*: unha muller aparentemente liberada porque se formou e ten un traballo remunerado fóra da casa, mais que na realidade está extremadamente explotada porque debe compatibilizar as súas funcións na esfera pública coa vida doméstica e familiar que (de forma bastante inexplicábel) lle toca organizar a ela en exclusiva, o que ao mesmo tempo lle suporá unha gran limitación de ascenso profesional. Así, permítese que as mulleres entren no mercado de traballo, pero a costa ou ben de renunciar a todo o demais, ou ben de seguir facendo o da casa, de converterse na nai perfecta, na amante excepcional e na muller sempre guapa.

Neste panorama, o Movemento de Liberación das Mulleres converteuse no máximo expoñente do denominado feminismo radical (radical porque busca ir á raíz, á verdadeira causa da explotación das mulleres para que deixen de producirse as consecuencias), o que na nosa contorna se coñece como feminismo da igualdade. As bases teóricas do feminismo radical áchanse nas obras de feministas anglosaxoas como *Política sexual* de Kate Millett e *A dialéctica do sexo* de Shulamith Firestone. Millett parte do feito de que o sexo é unha categoría social impregnada de política, mentres Firestone vai máis alá e propón o feminismo como a revolución que liberará a todas as demais maiorías oprimidas (infancia, mocidade, razas explotadas, países colonizados).

A categoría (identidade de) xénero

Nas súas obras, ambas as dúas autoras concretan no concepto xénero (acuñado por primeira vez por Robert Stoller en 1968) a construción sociocultural de comportamentos, actitudes e sentimentos de homes e mulleres de forma diferenciada. Isto dá pé a unha comprensión da discriminación en termos estruturais e inaugura deste xeito unha teoría feminista en occidente que terá como obxecto de estudo (até a actualidade) a categoría xénero. Por unha banda, cómpre lembrar que esta idea xa estaba en parte nalgunha das precursoras ilustradas e sufraxistas que sostiñan que as relacións de poder dos homes sobre as mulleres non se podían atribuír a un designio divino nin á natureza, senón que eran resultado dunha construción. Pero, pola outra, o realmente anovador é que por vez primeira en occidente enténdese que o obxecto do feminismo é transformar as relacións entre os sexos modificando as estruturas nas que descansa a construción dos papeis de xénero, isto é, cuestionar a liña argumental da vida das persoas que vén determinada polo sexo co que se naza en cada cultura (e que xa afecta mesmo antes do nacemento, ao acto mesmo de mercar a roupa en cores rosa ou azul, de comprar ou non os pendentes, de escoller uns ou outros xoguetes, etc.).

Enténdese a opresión de xénero en termos estruturais e localízase no patriarcado a orixe da explotación, introducindo o enfoque de xénero no proxecto común da sociedade. Para non acabar convertidas en mulleres masculinizadas ou en *superwomen* e sufrir unha explotación aínda maior, non se pode aspirar a ser iguais ca os homes, senón que a igualdade debe ser entre mulleres e homes. Iso implica deixar de ver o masculino como o universal e o feminino como o particular das mulleres, e en definitiva, supón redefinir os papeis de xénero de ambos os sexos. Esta constatación invalida calquera acusación contra as feministas por teren emprendido unha guerra de sexos contra os homes, pois en realidade vén afirmar que a raíz da discriminación non son os homes en sentido biolóxico, senón os papeis sociais que historicamente aprenden homes e mulleres dentro do sistema patriarcal no que viven e que beneficia aos primeiros (ora ben, sen esquecer que ese sistema patriarcal non se configurou só).

En calquera caso, un cambio estrutural e unha redefinición dos papeis de xénero require tomar consciencia deles para desaprendelos. E un xeito de tomar consciencia é falando das cuestións privadas. De feito, na propia obra de Millett recóllese a consigna de que «o persoal é político» para identificar como centros de dominación patriarcal esferas da vida que até daquela se consideraban privadas, para comprender que os problemas persoais (como a discriminación no traballo asalariado, a censura da contracepción, a violencia na parella ou a ausencia de pracer sexual) eran en realidade produto dunha estrutura social específica, e para pór así de manifesto as relacións de poder que estruturan a familia e a sexualidade. Para pasar da experiencia individual á loita colectiva creáronse multitude de grupos de autocon(s)ciencia moi participativos, nos que as mulleres contaban como vivían no día a día a opresión, co que se lle deu un pulo á súa autoestima e capacidade de reacción individual diante da discriminación. O funcionamento destes grupos era antixerárquico, o que resultaba moi alentador para as novas militantes, pero reiterativo e en ocasións desesperante para as máis veteranas que vían como a última en chegar podía desmontar todo o traballo feito en meses. Isto propiciou que cara a 1975 a maioría dos grupos xa se disolveran, pero antes cumpriran un labor primordial ao permitirlles ás mulleres da época expor as súas ideas sobre as súas relacións persoais, creando unha conciencia de xénero que se estendería até as décadas posteriores e afondando no poder que podían ter as mulleres xuntas, para o que se acuñou o termo sororidade.

Exemplos de sororidade

Malia as posteriores revisións deste concepto pola súa pretensión esencialista e excluínte que veremos máis adiante (nalgúns casos a sororidade contemplábase entre mulleres brancas e heterosexuais, por exemplo), o certo é que o poder das mulleres unidas permitiu importantes logros. Mostra deles é o acontecido na política norueguesa a partir dos 70, cando as mulleres lograron aumentar espectacularmente a súa representación política, valéndose de que o sistema de elección política dos estados cooperativos escandinavos se basea nunhas estruturas chamadas consellos de comunidade. Xa que as candidaturas ao consello poden modificarse legalmente por parte de votantes, as feministas norueguesas decidiron pactar entre elas para entrar de cheo nestes consellos como vía de acceso a todo o aparato de poder político. Así, as laboristas, democristiás, socialistas e liberais tacharon os nomes dos candidatos das súas papeletas e incluíron os daquelas candidatas que aparecían propostas nas listas electorais, aínda que fosen doutra opción política. Con esta *infidelidade* aos compañeiros de partido, as mulleres obtiveron desde os 70 cada vez máis representación nos consellos da comunidade e mesmo unha ampla maioría en tres destes consellos, até o punto de que en 1975 se modificaron por lei as disposicións electorais para frear esa vía de *intrusión* política das mulleres. Con todo, os partidos víronse forzados a aumentar o número de candidatas ante a lóxica electoral de non perder votantes. Desde esta época, os avances feministas nos países nórdicos propagáronse con rapidez, grazas a que as institucións (demostrando un convencemento da igualdade formal dos sexos) asumían as reivindicacións económicas, sociais e políticas das mulleres. Como consecuencia, nestes países non xurdiu un movemento feminista radical porque as súas reivindicacións xa estaban institucionalizadas grazas a este traballo previo.

En calquera caso, os grupos de autocon(s)ciencia contribuíron ademais a que a teoría feminista se construíse a partir das experiencias persoais das mulleres, e o uso da experiencia foi a base tamén da posta en cuestión do propio coñecemento, sobre todo o científico, que tendía a deixar fóra o persoal por consideralo irrelevante. Os grupos de mulleres desta época, impulsados polos feminismos, foron capaces de dar visibilidade á experiencia individual como lugar de coñecemento, o cal tivo implicacións moi importantes, como por exemplo para recoñecer os efectos psicolóxicos da violencia sexista (sobre todo a sexual, pero non só) ou tamén, dentro da literatura, para reclamar a biografía como espazo de creación. Así mesmo, centrarse na experiencia conduciu á (re) construción dunha nova subxectividade feminina, na que foi fundamental a recuperación de arquetipos femininos silenciados pola sociedade patriarcal e sobre todo a crítica do paradigma hexemónico tradicional, por androcéntrico. Deste xeito, a experiencia puxo en dúbida a obxectividade do discurso patriarcal, que até entón fixera pasar o modelo masculino como sinónimo de universal, e denunciou a súa exclusión de xénero.

Tamén nas universidades comezan a realizarse os primeiros estudos de xénero inspirados pola teoría feminista, que formulan interpretacións alternativas ao tradicional androcentrismo científico, recuperan figuras de mulleres relevantes na historia do progreso humano silenciadas polos canons patriarcais, e sobre todo cuestionan modelos sexistas de coñecemento que seguían a reproducir os papeis de xénero entre aquelas mulleres que tiñan acceso á educación, provocándolles así experiencias sumamente alienadoras.

A revolución sexual

Moi ligado ao Movemento de Liberación das Mulleres produciuse nesta época a chamada revolución sexual. Aínda que nos países de influencia máis conservadora, a revolución sexual foi moderada e centrouse en accións como a despenalización do adulterio ou a lei do divorcio, nos países máis progresistas puxo sobre a mesa reivindicacións arredor de cuestións como os dereitos reprodutivos (contracepción, aborto, etc.), as denuncias por acoso sexual e violación, o rexeitamento da obxectualización das mulleres, a pornografía ou a prostitución, ao tempo que posibilitou o auxe do feminismo lesbiano. Foi este un momento de activismo espectacular, con actos de protesta e xestos simbólicos rupturistas, como queimas públicas de suxeitadores para denunciar que as mulleres non eran unha mercadoría, sabotaxes a comisións de expertos sobre o aborto integradas exclusivamente por homes, ou burlas aos concursos de beleza feminina. Alén diso, producíronse tamén manifestacións e marchas de mulleres para reclamar algunhas das reivindicacións da revolución sexual aínda non satisfeitas e que se foron logrando nalgúns países ao longo do período con reformas lexislativas específicas, acompañadas tamén doutras medidas como a posta en marcha de garderías, centros de axuda e autoaxuda, casas de acollida para mulleres que sofren violencia machista, etc.

Estas loitas e progresos sociais que chegan da man dos feminismos vanse estendendo ao longo da década dos 70 na maioría dos países occidentais, agás naquelas áreas que vivían baixo réximes políticos fascistas e ditatoriais que relegaban as mulleres á súa faceta tradicional. Aínda así, o pensamento feminista lograba resistir agochado na clandestinidade e agardando o momento de poder formar parte da vida pública, como veremos na sección dedicada aos feminismos en Galiza.

O feminismo cultural ou da diferenza

En calquera caso, xunto a todas estas propostas que sosteñen que as diferenzas de xénero se constrúen a través da aprendizaxe social en función do sexo ao que se pertenza, comezan a xurdir voces discordantes que reivindican a existencia dunha *esencia* feminina, duns trazos innatos e distintivos que determinan o comportamento natural das mulleres, polo que a única opresión residía en que esas calidades femininas se atopan menosprezadas ou infravaloradas na sociedade. Esta alternativa acusa directamente ao feminismo radical ou da igualdade por demandar un cambio dos papeis, ao considerar que esa reestruturación dos papeis de xénero sería moi perniciosa en tanto que acabaría por suprimir a verdadeira esencia feminina. Deste xeito, ignorando completamente a categoría xénero e substituíndoa pola de diferenza sexual, esta alternativa defende que para lograr a liberación das mulleres o que cómpre facer é aceptar e potenciar a diferenza biolóxica innata, revalorizando as calidades sociais relacionadas coas mulleres. Isto é, trátase de desenvolver unha contracultura feminina verdadeiramente diferenciadora da dos homes (de aí o nome desta corrente como feminismo cultural ou feminismo da diferenza), baseada neses valores positivos exclusivos das mulleres como a dozura, o saber, a tenrura, a cooperación, a maternidade, a relación coa natureza, a defensa da ecoloxía, a ética do coidado, o espazo privado, etc., que contribuirían a cambiar o mundo. En efecto, a reacción do feminismo da diferenza pode entenderse tamén como un xeito de arreporse ás consecuencias negativas dunha mala integración do chamado feminismo da igualdade no groso da sociedade, xa que ao seu ver estaba a producir unha asimilación das mulleres ao modelo masculino e, por extensión, unha desvalorización das especificidades femininas. Así, estas feministas constataban, por exemplo, que para ocupar o espazo público seguía denigrándose e quitándolle valor ao espazo privado (o tradicionalmente feminino) e que moitas veces só con formas asociadas ao masculino (a imposición, a violencia verbal, a falta de mostra emocional) unha muller podía ocupar certos postos de responsabilidade.

Esta corrente axiña tivo moitas seguidoras en todo o mundo, centradas en investigar e descubrir o que para Victoria Sau eran as «verdadeiras diferenzas, as que nos son propias ás mulleres e non aquelas que nos foron atribuídas». En Europa, co nome de feminismo da diferenza, esta opción desenvolveuse sobre todo en Francia e Italia, pero tamén tivo certa repercusión noutros estados como España, aínda que incluíndo algúns matices propios que veremos máis adiante. En Francia estivo representada polas formulacións das filósofas Hélène Cixous e da belga Luce Irigaray, que teorizaron sobre a diferenza no contexto filosófico francés do postestruturalismo e do posmodernismo (o que a partir dos 90 acabaría propiciando novas achegas desde o chamado feminismo posmoderno, como examinaremos máis adiante). Nunha linguaxe altamente abstracta propoñen que a esencia feminina abrangue formas diferentes de comportamento. Para Irigaray, por exemplo, os órganos sexuais (o corpo sexuado) dos homes e das mulleres definen a súa psicoloxía, polo que a autora recorre a explicar os distintos trazos do carácter de mulleres e homes e as súas identidades diferenciadas a partir das súas peculiaridades sexuais. O corpo, a relación entre sexualidade e linguaxe (o *parler femme* das mulleres cun estilo propio que rompe coas prescricións patriarcais preestabelecidas) e a noción de fluidez (dos ciclos vitais da muller) sérvenlle a Irigaray para describir uns límites difusos que constituirían a identidade e psicoloxía femininas, en permanente cambio. Pola súa banda, Cixous recorre á importancia que o postestruturalismo lle dá á linguaxe para propor unha práctica feminista emancipatoria baseada no poder da escritura como acto de escribir. Así, a *écriture feminine* posibilitará a creación dunha nova linguaxe propiamente feminina, grazas á cal as mulleres poderán liberarse dos moldes impostos pola simboloxía masculina.

En Italia, o feminismo da diferenza agrupouse arredor da obra de Carla Lonzi, Luisa Muraro, a Libraría de Mulleres de Milán e o grupo filosófico Diótima, que denunciaron a igualdade por tratarse dun concepto proposto polos homes que perpetúa o sometemento das mulleres e propuxeron como alternativa a autoconciencia feminina e a liberación autónoma das mulleres a partir das propias necesidades. Segundo Lonzi, «a igualdade é o que se lles ofrece aos colonizados no terreo das leis e dos dereitos (...) O mundo da igualdade é o mundo da andrómena legalizada. O mundo da diferenza é o mundo no que o terrorismo depón as armas e a andrómena cede ao respecto da variedade. A igualdade entre os sexos é a roupaxe coa que se disfraza hoxe a inferioridade da muller». Influídas polas teorías das autoras francesas, as italianas chegaron a *descubrir* a transcendencia do que acuñaron como *affidamento* entre mulleres (literalmente, confiar, encargarlle algo a alguén, deixar unha cuestión nas mans doutra persoa), isto é, a creación de vínculos persoais entre as mulleres baseados nas relacións de confianza e nun entendemento transcendental que só pode xurdir entre persoas que comparten certas experiencias da vida.

Nos EUA, co nome de feminismo cultural, destacan as contribucións de feministas lesbianas como Mary Daly, quen reclama unha conexión íntima da muller coa ecoloxía (enfoques que máis tarde serían criticados por imporlles ás mulleres unha carga a maiores e de paso liberar os homes da súa responsabilidade na loita pola preservación do planeta), ou de Adrienne Rich, quen defende o lesbianismo como única escolla sexual para evitar a contaminación da esencia feminina (criticada máis adiante por limitar as escollas sexuais das mulleres) e que a simple vista mesmo podería resultar contraditorio coa revalorización da maternidade como elemento central e constituínte do *ser muller* tamén defendido por esta corrente (naquela época era imposíbel ser nai sen manter unha relación heterosexual). Con todo, estas non son as únicas posturas do feminismo lesbiano, como quedará en evidencia contra o final deste capítulo.

Críticas ao feminismo da diferenza

Aos feminismos da diferenza recoñéceselles unha contribución esencial por repensar algúns presupostos previos, así como por sacaren á luz a importancia do corpo como espazo de experiencia e por tanto de coñecemento, e mais por analizar tamén a maternidade dentro dese contexto. No entanto, as concepcións diferenciadoras e esencialistas que reivindican foron amplamente criticadas. Primeiramente, porque o propio concepto de diferenza leva implícita a existencia dun estándar respecto do que se é diferente, é dicir, o masculino segue considerándose central, a referencia, e as mulleres convértense nas outras, as que son *diferentes de*. En segundo lugar, tamén se acusou ao feminismo da diferenza de soster postulados esencialistas, é dicir, de defender para todas as mulleres unhas características comúns baseadas nunha esencia innata. Deste xeito, asumen que todas as mulleres temos uns intereses ou capacidades semellantes (ou que polo menos o desexábel é que así sexa), aspecto moi criticado por exemplo con respecto á maternidade dado que precisamente a escolla de non ser nai é un logro fundamental para as mulleres, antes condenadas á reprodución como única opción vital. Esquecen que hai moitos tipos de mulleres diferentes e que mentres algunhas poden máis ou menos libremente escoller representar uns valores como a ecoloxía ou a maternidade, pode haber tamén mulleres que decidan non seguir eses valores e homes que decidan abrazalos.

En terceiro lugar, criticouse o feminismo da diferenza por caer nunha certa complicidade co patriarcado, xustamente polo seu escaso cuestionamento dos presupostos nos que descansa a sociedade patriarcal, asumindo os mesmos valores xa tradicionalmente defendidos pola sociedade na división por sexos, e esquecendo que a situación non foi consecuencia dunha elección realizada polas mulleres, senón dunha imposición confirmada pola estrutura patriarcal que as confinou a uns determinados papeis constrinxentes. Neste sentido, tense definido o feminismo da diferenza como un discurso autocompracente que reclama que se lle outorgue valor ao que desde sempre fixeron as mulleres no seu intento de cumpriren cos tradicionais e discriminatorios papeis de xénero. Así, ao aceptar e reforzar a visión dicotómica da realidade e dos papeis sociais que por natureza lles corresponden a mulleres e homes, e sobre todo ao recorrer á esencia da muller caendo nun determinismo biolóxico, desactivan a lóxica de calquera reivindicación que aspire a lograr que as mulleres poidan levar unha vida que non estea predefinida de antemán polas expectativas sociais (ou naturais, neste caso).

Feminismos racializados

A ruptura que formulou o feminismo da diferenza ou cultural en occidente non foi a única crítica contra o chamado feminismo da igualdade. Como xa adiantamos, desde outros puntos de vista tamén se lle criticou ao feminismo da igualdade un concepto de sororidade que só tiña en conta as mulleres brancas e heterosexuais. Neste sentido, os grupos de autocon(s)ciencia puxeron de manifesto que, malia ser útil o liderado de mulleres para garantir que os seus dereitos non ficasen supeditados aos intereses doutras causas globais, reivindicar a unión entre todas as mulleres para loitar contra a opresión de xénero era cando menos problemático, pois o concepto de sororidade/solidariedade entre todas as mulleres no fondo contribuía a invisibilizar as relacións de desigualdade e dominación entre diferentes mulleres. Esta crítica daría lugar ao xurdimento doutras propostas dentro dos feminismos que reivindicaban o carácter diferencial de determinados grupos de mulleres, todas elas unidas por engadir á análise da súa opresión como mulleres outras capas de opresión motivadas, por exemplo, por diferenzas raciais, por orientación sexual, por pertenza a unha determinada comunidade étnica ou por procedencia.

No caso das diferenzas raciais, a medida que avanza a década dos 70 foi medrando unha conciencia feminista negra relacionada co movemento polos dereitos civís. Así, desenvolveuse nesta segunda vaga a corrente do *Black Feminism*, cuxa tradución ao galego propomos como feminismo racializado para incluír tanto a poboación de ascendencia afroamericana e asiática, coma a calquera outra marcada pola categoría racial (como por exemplo as migrantes, indíxenas ou chicanas, que desenvolven neste período unha conciencia de mestizas). Muller racializada debe entenderse, pois, non como unha categoría biolóxica, senón como identidade política estratéxica. O feminismo racializado denuncia que a pretendida universalidade do feminismo acaba por consolidar unha perspectiva excluínte, xa que as mulleres racializadas foron marxinadas pola práctica feminista, ademais de sufriren os efectos doutros sistemas de dominación como o racismo. Deste xeito, o racismo presente en moitas sociedades está arraigado tamén nas propias feministas, e aínda que as súas teorías pretenden ser imparciais acaban caendo nun *racismo por omisión*.

Algunhas autoras asumen unha postura de ruptura co pensamento feminista hexemónico (o branco), e así por exemplo bell hooks critica a visión racista e clasista das feministas brancas (fosen conservadoras ou liberais), que utilizaban o discurso da opresión co propósito de consolidar os seus intereses de clase e raza. Partindo de que sexismo, racismo e explotación de clase constitúen sistemas interrelacionados de dominación, hooks critica en concreto o chamamento de Friedan para que as mulleres se liberasen do traballo doméstico e se profesionalizasen igual que facían os homes (brancos), xa que tal aseveración excluía rotundamente as mulleres racializadas que sempre traballaran fóra do fogar como forza de traballo nas rúas e nas casas dos e das brancas, froito da herdanza da escravitude. Do mesmo xeito, as reivindicacións de dereito á contracepción das feministas brancas pouca utilidade supuña para loitar contra as esterilizacións masivas ás que eran sometidas as mulleres racializadas e pobres, moitas veces contra a súa vontade. Estas constatacións levaron a hooks a criticar o concepto de sororidade, e a publicar en 1981 o seu libro *Seica eu non son muller? Mulleres racializadas e feminismo*, en cuxo título reflicte a mesma pregunta que máis dun século antes fixera a sufraxista negra Sojourner Truth.

Alice Walker, pola súa banda, rexeita o termo feminismo para falar das mulleres negras e propón no seu lugar a noción de mullerismo (do inglés *womanism*), único termo para transmitir a diferenza cultural e as especificidades do seu propio sentido de pertenza á súa comunidade. Emporiso, algunhas teóricas deste movemento como Barbara Omolade, serán criticadas tamén polas feministas africanas, como veremos máis adiante, porque na súa definición de mulleres racializadas en occidente parte dunha visión exotizante que utiliza conceptos esencialistas e percepcións sobre África afastadas das realidades das mulleres no continente. Así, as referencias a unha suposta cultura matriarcal africana distan moito de ser compartidas polas activistas dese continente. En calquera caso, o feminismo racializado que nesta época comeza a agromar sobre todo nos EUA e en Gran Bretaña márcase dous propósitos principais: o primeiro, a reconstrución do feminismo, dominado por unha visión etnocentrista e racista que invisibilizaba as experiencias das mulleres non brancas; e o segundo, a denuncia do sexismo do movemento dos dereitos civís dos homes negros, do que tamén criticaban a suposta fraternidade e solidariedade racial. Noutras latitudes como Canadá, Australia ou Nova Celandia (e tamén nos EUA) danse igualmente estes mesmos dilemas dentro do feminismo indíxena. Neste caso discútese a dobre discriminación das mulleres por pertenceren ao ccolectivo oprimido de mulleres e mais a unha comunidade minoritaria e tradicionalmente colonizada pola branca (como a aborixe en Australia ou a maorí en Nova Celandia).

Da complexidade de diferentes opresións dá conta por exemplo Audre Lorde, que desde a súa posición de muller, lesbiana e afroamericana acusa ao feminismo lesbiano branco de ter ignorado por completo a súa intersección coa dimensión racial. Pero acusa tamén o rexeitamento do lesbianismo como opción (sexual e política) por parte dos movementos racializados que ven a heterosexualidade como a normalidade. Neste sentido, afirma: «non podo ser simplemente unha persoa negra, nin tampouco unha muller, como non podo ser muller sen definirme como lesbiana». Dun xeito semellante enuncia Cherrie Moraga o seu sentido múltiple da identidade: «ser lesbiana e ser chicana son dous feitos inseparábeis da miña vida». A denuncia desta feminista céntrase prioritariamente contra as suposicións da comunidade racializada á que pertence, que ve o lesbianismo como a enfermidade das brancas ou como un suicidio racial. Pero estende tamén as súas críticas contra algunhas feministas racializadas, que equiparaban o lesbianismo co feminismo branco.

Feminismos lesbianos

No tocante á orientación sexual, a crítica á heterosexualidade obrigatoria do feminismo dominante centra o debate do feminismo lesbiano que se consolida tamén nesta segunda vaga. As feministas lesbianas parten da crítica á difícil situación de ter que facer fronte á discriminación da súa condición de muller, sumada ao rexeitamento e desvantaxe social que supón a súa escolla sexual (e que por tanto, non pode compararse á dos homosexuais). Déronse dúas grandes tendencias dentro do feminismo lesbiano: por unha banda, houbo autoras que defenderon a vía lésbica como única opción para a liberación das mulleres, como a francesa Monique Wittig, quen chegou a afirmar que «as lesbianas non son mulleres» posto que a categoría muller só existe en relación coa categoría home (e sen esa relación co home, a muller deixaría de ser muller). Unha postura semellante foi a adoptada, dentro da corrente do feminismo da diferenza, polas estadounidenses Charlotte Bunch, Mary Daly e Adrienne Rich, esta última proclamando a existencia dun «continuo lesbiano», isto é, un sentido da homosexualidade feminina presente ao longo da vida de toda muller que se inicia co contacto físico coa nai e se repite en diferentes fases da vida adulta. Tamén neste eido destacou a postura das británicas Feministas Revolucionarias de Leeds, que chegaron a acusar a heterosexualidade de ser unha opción reaccionaria, polo que as heterosexuais en realidade estaban a colaborar co patriarcado. Pola outra banda, a segunda tendencia do feminismo lesbiano agrupou a moitas autoras que rexeitaban este sentido tan abstracto de concibir o lesbianismo, e reivindicaron unha teoría lesbiana nun sentido máis práctico e estrito, isto é, unha teoría capaz de dar respostas á problemática específica das mulleres cunha identidade lesbiana, aínda que dentro desta tendencia tamén xurdiron discrepancias á hora de acoutar o que significa *ser lesbiana*.

Feminismos dos países en vías de desenvolvemento / do terceiro mundo

A discriminación das mulleres motivada pola súa procedencia (e as implicacións políticas que ten respecto ás relacións de poder entre sistemas culturais) é outro dos aspectos que debe terse en conta á hora de analizar a opresión de xénero, segundo os feminismos dos países en vías de desenvolvemento, tamén chamados con frecuencia feminismos do terceiro mundo. En ocasións traballando desde os propios países do sur, e noutras ocasións desde os países do norte, a crítica das feministas dos países en vías de desenvolvemento tivo unha enorme influencia sobre as teorías do feminismo occidental, até o punto de cambiar a percepción da muller como suxeito occidental.

Unha das críticas máis influentes neste sentido foi a da feminista de orixe bengalí Gayatri Spivak, que partindo de lecturas marxistas e deconstrutivistas en 1983 acuñou o termo de subalternidade para referirse ao último chanzo da cadea de explotación ocupado historicamente de forma prominente polas mulleres. Spivak reitera que a subalterna non pode falar politicamente, non só por carecer de autoridade para facelo, senón tamén na medida en que non hai institución que escoite e lexitime as súas palabras. É por iso que Spivak demanda dos feminismos poscoloniais unha conciencia subalterna para ocuparse xustamente da que considera que, na actual conxuntura mundial, é o suxeito globalizado: a muller pobres dos países descolonizados.

Un xeito de facelo é dándolles voz ás mulleres dos países en vías de desenvolvemento. Para Spivak, a tradución a outros idiomas resulta un canal comunicativo esencial, e con frecuencia o único, que teñen estas mulleres para compartir as súas ideas, propostas, subxectividades ou achados máis aló das súas fronteiras. No entanto, Spivak tamén denuncia neste sentido unha tendencia cara a unha forma de neocolonialismo mediante a tradución, xa que o desexo do feminismo occidental de remediar a súa exclusión racial do pasado (xunto á demanda das editoriais e do público lector que quere saber de lugares *exóticos*) acaba provocando que en ocasións a tradución a inglés de textos de países do sur estean máis ao servizo dos intereses occidentais que ao de propagar unha comprensión das situacións nas que moitas mulleres destes países viven e sobre as que só unhas poucas escriben. Deste xeito, malia ser certo que se contribúe á súa difusión, adoito realízase unha análise simplista na escolla e interpretación das autoras do sur de forma homoxeneizante e como inmediatamente accesíbeis a occidente, o cal acaba provocando unha visión amplamente deformada dos textos das mulleres dos países en vías de desenvolvemento.

Igualmente, no seu xa mencionado ensaio *Baixo a mirada occidental* publicado en 1986, Chandra Talpade Mohanty critica o colonialismo discursivo do feminismo occidental, que define como aquelas prácticas académicas etnocentristas reprodutoras de xerarquías, relacións desiguais de poder e outras formas de dominación cultural entre diferentes sociedades. Segundo Mohanty, o feminismo occidental é discursivamente colonialista porque por unha parte asume o seu discurso como o universal e válido, e pola outra, porque teoriza sobre os feminismos e as mulleres do sur considerándoas como suxeitos (ou obxectos) de coñecemento monolíticos. Así, mentres occidente se proxecta como suxeito e norma, a percepción sobre os países en vías de desenvolvemento adoece dunha falsa homoxenización que o iguala a obxecto e outridade. Neste sentido, resulta frecuente que desde o feminismo occidental se identifiquen as mulleres do sur como vítimas, seres dependentes e obxectos pasivos nos procesos de cambio político, socavando a súa verdadeira capacidade de acción: «con frecuencia as feministas occidentais supoñen que as mulleres do sur teñen *necesidades* e *problemas*, pero poucas conciben que poidan facer *escollas* ou que teñan *liberdade* para actuar». Mohanty insiste tamén en que o valor da teoría feminista reside na súa efectividade política, e por iso fai un chamamento á ligazón entre a academia e o activismo. Tal relación esixe recoñecer as diferenzas entre mulleres evitando narrativas universalizadoras, pero ao mesmo tempo que se constrúen coalicións baseadas na interconexión entre mulleres por mor das experiencias da opresión de xénero.

Alén diso, Mohanty claramente alude a que as diferentes variábeis identitarias e capas de opresión non teñen unicamente unha dimensión acumulativa e sumatoria, senón que se engarzan en complexa interacción. A este respecto, afirma: «a raza non pode engadirse simplemente ao xénero como outra dimensión a maiores da opresión, senón que as ideoloxías da masculinidade, feminidade ou sexualidade están racializadas de seu».

Estas situacións non quedan tampouco tan afastadas do noso contexto máis próximo cos movementos nacionalistas de minorías culturais, lingüísticas ou étnicas dentro dos estados, que como veremos en diferentes ocasións, e tamén no caso concreto de Galiza, leva a que as feministas se atopen con frecuencia en encrucilladas sobre a súa identidade que se fan cada vez máis complexas a medida que se van engadindo novas capas de definición identitaria.

As achegas destas últimas correntes, tanto os feminismos racializados, lesbianos como os dos países en vías de desenvolvemento resultaron moi produtivas porque ao mencionar algunhas das diferenzas entre as mulleres, evidenciaron a necesidade de incorporar unha perspectiva autocrítica nos feminismos sobre a perspectiva universalista. A partir deste momento, xa que logo, constátase a necesidade de utilizar a categoría xénero interculturalmente, tendo en conta deste xeito a pluralidade dos universos mullerís e o feito de que, amais da categoría xénero, a identidade depende doutros parámetros como raza, idade, procedencia, clase social ou orientación sexual.

O feminismo occidental na actualidade: a terceira vaga

O forte debate interno e cuestionamento mutuo que tivo lugar nesta época nos feminismos occidentais entre partidarias da igualdade ou da revalorización da esencia feminina diferenciada, o propio desgaste que supuxo o activismo e traballo en grupos de autocon(s)ciencia antixerárquicos, xunto á paulatina consecución en moitos países das demandas feministas máis urxentes (equiparación legal no terreo educativo, político e laboral) creou o espellismo de que os feminismos entraran nunha fase de declive e situouse a finais dos 70 o final da segunda vaga feminista. Se ben é certo que o ritmo das reivindicacións e das mobilizacións sociais diminuíu nesta época, cuestionar a vixencia e vitalidade dos feminismos, e afirmar categoricamente o seu declive a partir dos anos 80 constitúe unha visión incompleta e parcial, froito dunha análise insuficiente das diferentes frontes e niveis sociais en que se desenvolveu o labor feminista.

De feito, boa mostra do forte activismo feminista dos anos 80 é o debate protagonizado en Norteamérica (pero non só) sobre temas tan transcendentes como a pornografía ou a prostitución, como analizaremos no apartado dedicado a sexualidade. Desde o movemento feminista xurdiron grupos defensores de posturas abolicionistas contra a prostitución ou a pornografía, ás que consideraban instancias de opresión para as mulleres. Isto coincidiu no tempo cunha conxuntura política occidental que puxo a líderes neoliberais conservadores como Ronald Reagan e Margaret Thatcher á cabeza de países tan poderosos como EUA e Gran Bretaña. Estes movementos conservadores apropiáronse e subsumiron as consignas feministas sumándose á demanda da erradicación da pornografía ou da prostitución, aínda neste caso esgrimindo motivos puritanos e de decencia moral (aínda que no caso da prostitución, por exemplo, castigando as mulleres prostituídas). Deste xeito, a ideoloxía conservadora transmitiu unha visión interesada deste debate, silenciando xustamente a motivación feminista das demandas e falando, finalmente, do declive do feminismo. Alén diso, a apropiación das consignas feministas polo conservadorismo neoliberal da época propiciou o xurdimento dentro do feminismo de posturas antagónicas ás anteriores que as acusaban de pretender impor unha visión moralista dentro dos feminismos e que defendían unha liberación sexual das mulleres no plano tamén pornográfico e da prostitución, aínda que moitas veces sen ter en conta as relacións de poder tan desiguais nas que as propias mulleres se achaban inmersas.

Unha ollada diacrónica permítenos comprobar como, do mesmo xeito que ao éxito das reivindicacións das precursoras na época ilustrada seguiu a guillotina e código misóxino de Napoleón, e da mesma forma que á vitoria sufraxista tras case un século de loita seguiu a mística da feminidade para convencer ás mulleres de que o mellor que podían facer era volver ás casas, tamén aos avances feministas da segunda vaga seguiu un discurso que afirmaba que o feminismo era innecesario ou mesmo daniño para as mulleres. Estas argumentacións fóronse expandindo até a actualidade, onde non resulta infrecuente que a unha lle digan que a loita feminista non ten sentido unha vez que xa se acadou a igualdade na lei. Así, a artimaña para intentar desmobilizar os grupos de base e o progreso teórico consiste en repetir todas as reivindicacións que, en maior ou menor medida, se foron logrando nos diferentes países occidentais, nos que mulleres e homes son persoas iguais desde certos puntos de vista formais e legais, moitas mulleres teñen traballo remunerado e acceso á educación superior, hai políticas de benestar e corresponsabilidade, recoñécense os dereitos reprodutivos, penalízase a violencia, etc.

Son curiosas (e sorprendentes) as afirmacións de que, ao cabo, o feminismo non fixo máis que empeorar a situación das mulleres que agora teñen moreas de responsabilidades engadidas, e por tanto o esforzo non vale a pena e o mellor é estar coma antes. E é máis, xerouse tamén nos últimos anos unha corrente á que Susan Faludi denominou *backlash* (literalmente, reacción violenta contra algo, neste caso entendida como contrafeminismo) que intenta convencer de que os supostos avances do feminismo foron contraproducentes para as mulleres. Autoras como Christina Hoff Sommers insisten en que a preferencia das mulleres estadounidenses por quedar na casa é xenuína, baseándose en que «visto que as mulleres hoxe en día xa non poden ser cualificadas como vítimas dunha educación non democrática, debemos entender que as súas preferencias son auténticas. Calquera outra actitude respecto ás mulleres estadounidenses é inaceptábel por paternalista e non liberal». Ademais da súa feroz posición individualista neoliberal (á educación só teñen acceso algunhas mulleres) esta autora esquece, claramente, o tipo de presións sociais sibilinas que operan no nivel simbólico grazas a poderosas instancias socializadoras como os medios de comunicación ou a publicidade, e esquece tamén o tipo de educación formal que se recibe aínda hoxe nos países occidentais, desde os papeis de xénero dos libros de texto até a grande ausencia de científicas, escritoras, pintoras, filósofas nos currículos universitarios que sirvan como referencia a outras mulleres novas, sen falar xa da falta de cambio nos papeis de xénero masculinos, que leva as mulleres a asumir todas as responsabilidades no canto de compartilas. Deste xeito, Hoff Sommers acaba caendo nunha posición esencialista e bioloxicista sobre o que é ser muller, obviando todo o proceso de construción sociocultural no que en gran medida reside unha ou outra escolla de mulleres e homes.

Feminismos posmodernos

Alén desta mutación do patriarcado buscando adaptarse aos novos tempos, a década dos 80 e 90 estivo marcada por unha crise das políticas de identidade e por unha viraxe filosófica na historia do pensamento que conduciu á caída da universalidade, á deconstrución das categorías fixas, a imposibilidade de xeneralizar a partir de experiencias concretas e, en suma, á sospeita das grandes metanarrativas da man de correntes como o posmodernismo, o postestruturalismo ou a deconstrución. Neste contexto, os feminismos posmodernos e postestruturalistas cuestionaron o modelo de suxeito universal por ser exclusivamente masculino, liberal e occidental, e renegaron da razón patriarcal como única válida porque oculta a diferenza (de xénero, neste caso) baixo a pretensión de universalidade. Pero influídas pola énfase nas diferenzas postas de manifesto na década anterior polos feminismos racializados ou lesbianos, as teorías posmodernas tamén criticaron a narrativa feminista hexemónica polo que esta podía ter de totalizadora, ao asumir (e posteriormente impor) unha mesma e única identidade de xénero entre todas as mulleres.

Xurdiron así novas concepcións de feminismos posmodernos que denunciaron que o feminismo como política emancipatoria traizóase a si mesmo cada vez que exclúe algunha muller, e en consecuencia autoras como Nancy Fraser, Linda Nicholson ou Elizabeth Spelman uníronse ás prevencións antiesencialistas propondo deconstruír a mesma noción de muller para rectificar a exclusión histórica dalgunhas mulleres. Tamén puxeron en tea de xuízo o concepto de patriarcado (até entón fundamental para a teoría feminista) por consideralo definidor dunha dominación masculina indiferenciada sen examinar como se concretaba nas experiencias particulares onde a raza, a clase, a sexualidade, etc, desempeñaban papeis fundamentais.

Dito doutro xeito, ademais de entender como universalizador o punto de vista masculino, o feminismo posmoderno tamén considera universalizador calquera intento de xeneralización a partir de experiencias concretas, polo que afirman que para os feminismos só é posíbel estudar aspectos locais e irrepetíbeis, casos illados e individuais, nunca globais. A énfase nas diferenzas lévaos a proclamar non só a diversidade entre mulleres, senón a multiplicidade identitaria dentro dunha mesma muller (isto é, a fragmentación da muller como suxeito), xa que a identidade depende tamén doutros parámetros á parte de ter un corpo sexuado: como diría Spelman, «aínda que todas as mulleres son mulleres, ningunha muller é só unha muller. Xa que logo rexéitase falar dunha *identidade de xénero* e, por extensión, duns papeis de xénero que operen dentro da mesma sociedade e cultura sobre mulleres e homes. Isto levou a algunhas pensadoras posmodernas a proclamar a desintegración do xénero, á luz das fracturas de clase, raza, sexualidade, idade, particularidades históricas e outras diferenzas individuais que forman parte da heteroglosia posmoderna. É dicir, levounas a rexeitar o xénero como categoría de análise da realidade.

Dentro desta corrente, outras teóricas como Judith Butler e Joan Scott seguen considerando útil manter a categoría xénero, pero sométena a unha profunda crítica e revisión que invalida a súa definición tradicional como papeis socioculturais atribuídos a cada un dos sexos (en base ao sistema sexo/xénero). É dicir, para elas o xénero xa non serviría para sinalar unha diferenza socioculturalmente construída entre os sexos (en base ao sistema sexo/xénero). Ao contrario, propoñen manter o xénero entendéndoo como un construto totalmente inestábel e constantemente cambiante e escorregadizo. A utilidade do xénero, para estas autoras, radica en que permite a análise e a aprehensión de conexións complexas entre diversas formas de interacción humana, e en que permite tamén representar relacións de poder e de facer evidentes procesos culturais complexos.

En concreto, segundo defende Butler en *Problemas de xénero*, o sexo pode estar ontoloxicamente determinado, pero o xénero é unha construción sociohistórica do que signifique o sexo para cadaquén, e nesa medida definir o xénero como un construto sociocultural que se asenta na diferenza de sexo pode constituír unha ficción regulatoria (isto é, unha prescrición) cuxo obxectivo é manter as mulleres (e os homes) no seu sitio. Daquela, se o xénero é un construto sociohistórico e unha conciencia de grupo, por unha parte pódese afirmar que existen máis de dous xéneros posíbeis, e pola outra, diso pódese inferir que o xénero non depende necesariamente do sexo. Así, o sistema sexo/xénero tradicional incorre nunha exclusión por dicir que o mundo está parcelado tan só nesas dúas realidades obviando outras alternativas, idea que Butler demostra recorrendo ao exemplo de persoas travestidas (para as que o sexo muller e o xénero feminino non sempre se corresponden), e que retomarían máis tarde algunhas teorías *queer*, como abordaremos no apartado específico dedicado a sexualidade. Ademais disto, Butler tamén deduce que se o xénero non se desprende directamente da anatomía, o sexo xa é un construto de seu, e de aí que o sexo sempre fose xénero, no sentido de algo social. Dado que o sexo non existe independentemente do xénero e dado que non todas as mulleres comparten a mesma identidade de xénero, a idea de basear unha identidade común das mulleres a partir da característica compartida de ter un corpo sexuado non resulta en absoluto sostíbel para as feministas posmodernas.

En resumo, os feminismos posmodernos demandan a creación dunha nova política feminista baseada nunha concepción atomista das diferenzas en lugar de estar fundamentada nos trazos compartidos polas diferentes mulleres. Para moitas autoras isto levaba tamén a falar dun posfeminismo, é dicir, dun feminismo na época da posmodernidade que xa non tiña como obxecto de estudo a identidade de xénero das mulleres, senón a súa multiplicidade identitaria irredutíbel.

Críticas aos feminismos posmodernos

Avaliar estas achegas implica recoñecer a súa utilidade como exercicio crítico en tanto que redescobren o xénero en toda a súa infinita variedade e monótona semellanza, como diría a teórica Gayle Rubin. Desde unha dimensión filosófico-existencial, a deconstrución do suxeito feminino (incluíndo tamén as categorías racializadas ou lesbianas) reporta un carácter liberador á diversidade das experiencias das mulleres negras, chicanas, migrantes ou lesbianas, e é ademais un xeito de liberarse da opresión interna dos discursos totalizadores e dos falsos universais. Ora ben, a posmodernidade preséntase como subversión filosófica e ás veces incorre nun desinterese polas consecuencias prácticas das súas propostas e pola transcendencia social ou política das súas teorías. Como lles criticou Susan Bordo, pór tal énfase nas diferenzas até o punto de non poder falar das mulleres como grupo (con trazos comúns baseados en –diferentes– experiencias compartidas), acaba impedindo afirmar que as mulleres sofren discriminación polo feito de ser mulleres, algo que vai en total contradición co que desafortunadamente a realidade demostra día a día. Moitas feministas manifestaron abertamente a súa preocupación polo que consideraban unha tendencia perigosa da fin de século: facer un feminismo sen mulleres, como advertiu Tania Modleski na súa obra *Feminismo sen mulleres: cultura e crítica na era 'posfeminista'*. Os feminismos posmodernos adoecen pois de non ter en conta a realidade cotiá que demostra a discriminación de xénero contra as mulleres, e nese sentido poden ser acusados de facer a vista gorda obviando o problema. En síntese, á hora de intentar aplicar na práctica feminista a proposta dos feminismos posmodernos (que reclaman unha estrutura multiplemente diferenciada de muller que se vai configurando incesantemente como identidade fluída e inacabada pero nunca xeneralizábel) imposibilítase calquera intento de articular unha política feminista. Neste sentido, estes feminismos teñen preto o risco de socavar a posibilidade mesma do feminismo como articulación das aspiracións emancipatorias das mulleres e a súa aplicación estrita vólvese inviábel.

Para evitalo, teóricas como Sheyla Benhabib reafirmaron a necesidade de loitar contra a atomización das diferenzas, sostendo a existencia dunha identidade positiva para as mulleres, aínda que deba ser suficientemente flexíbel para poder articular as diferenzas entre as mulleres coas estruturas de dominación que en primeiro lugar produciron aquelas diferenzas directa ou indirectamente.

Inmersa tamén neste debate, a crítica poscolonial Mohanty publicou en 2003 unha revisión do seu influente artigo publicado dezasete anos antes. En *Baixo a mirada occidental: unha revisión* Mohanty responde ás críticas do seu anterior ensaio, moitas das cales a acusaban de vaticinar a imposibilidade do feminismo como movemento transcultural igualitario e non colonizador, xa que as diferenzas entre mulleres occidentais e dos países en vías de desenvolvemento é tal que torna inviábel o entendemento. Contra isto, Mohanty rexeita a revalorización posmoderna da diferenza en detrimento das experiencias comúns, e insiste na necesidade de que o rexeitamento dos discursos universalizadores sexa parello á construción de coalicións entre mulleres, trazando novas áreas de conexión entre o local e o global. Pero ademais disto, no seu artigo Mohanty debulla cales son ao seu ver os novos retos feministas no mundo recente, avogando polo traballo conxunto dos feminismos nesta era das grandes multinacionais e do capitalismo global, na que as mulleres son sempre as máis vulnerábeis. Dada esta situación, esta autora reclama que os feminismos amplíen as súas miras a todo o contexto global á vez que centren as súas reivindicacións dentro do movemento antiglobalización.

A terceira vaga feminista na actualidade

Malia as adversidades provocadas polas adaptacións do patriarcado e inmersos nos debates dos últimos tempos, os feminismos occidentais seguiron no seu labor ininterrompido, dando lugar ao que a partir dos anos 90 algunhas autoras denominaron a terceira vaga feminista en occidente. Esta terceira vaga non debe, ao noso ver, entenderse como sinónimo de posfeminismo, e neste sentido sumámonos ás críticas que consideran que só resultaría adecuado falar de posfeminismo nun mundo de postigualdade, é dicir, unha vez que a igualdade sexa unha realidade en todos os recantos do planeta. En efecto, esta terceira vaga consolídase na actualidade como resposta capaz de superar o esencialismo do feminismo da segunda vaga polo seu carácter excluínte para moitas mulleres, pero tamén a deconstrución absoluta da categoría identidade de xénero propugnada polas versións máis estritas do feminismo posmoderno. Trátase así de manter a noción de identidade de xénero, porque na vida cotiá todas as mulleres son categorizadas como tal nas sociedades nas que viven, pero garantindo ao mesmo tempo que esa categoría non implique caer nun esencialismo que asimile as diferenzas, é dicir, acollendo todas as diferentes materializacións das identidades de xénero alimentándose das críticas racializadas, lesbianas ou poscoloniais para cambiar a percepción do suxeito occidental. Neste sentido, afástase cada vez máis do etnocentrismo e do racismo, identificando como reto abordar todos os sistemas de opresión que afectan a todas as mulleres, pois só así o feminismo será unha proposta transformadora para toda a humanidade.

O cru campo de probas que supón a realidade fai que, como diciamos, o labor dos feminismos sexa constante na teoría e na práctica. Do contrario, non podería entenderse que na actualidade un número cada vez maior de mulleres e homes (aínda sen se incorporaren necesariamente ao movemento organizado nin aceptaren definirse como feministas) se identifiquen coas reivindicacións e valores dos feminismos aos que consideran de sentido común. Tampouco podería entenderse a sensibilización social crecente por parte das institucións, dos poderes públicos e poboación en xeral cara ás necesidades específicas de mulleres e homes, isto é, cara a integrar o enfoque de xénero en todas as pautas políticas, sociais e culturais. E non podería entenderse sequera que se estean a levar a cabo campañas e actos públicos en defensa das demandas feministas, porque as campañas non xorden do baleiro, senón que precisan xestarse ao longo dun proceso de anos de traballo, de investigación e de activismo. Nesta terceira vaga constatouse que, malia os avances conseguidos (sobre todo no plano formal), na vida diaria existen multitude de situacións nas que se reproducen actitudes discriminatorias, concibidas desde agora xa non como situacións concretas, senón de forma interrelacionada e estrutural. O reto dos feminismos actuais consiste, xa que logo, en identificar e debullar os mecanismos cada vez máis sutís a través dos cales se sustentan as estruturas patriarcais, como primeiro paso para subvertelas.

Feminismo nas universidades

No século XXI cómpre destacar a pegada que nos feminismos deixa o grande progreso tecnolóxico dos últimos tempos, dando lugar a novas formas de activismo como o ciberfeminismo. Aínda que o uso de internet a prol dos feminismos se orixinou en occidente, axiña se converteu nunha ferramenta a escala planetaria, polo que afondaremos na súas diversas materializacións nun apartado independente. Así mesmo, é de salientar o papel que tanto na identificación coma na subversión posúen as universidades, pois consonte as teorías feministas foron gañando status académico, nelas produciuse unha proliferación de centros de investigación feminista. Xorde así un feminismo académico que, malia ter detractoras que o consideran alleo ás necesidades reais das mulleres (chegando a alcumalo despectivamente femocracia), desempeña un labor verdadeiramente importante en tanto que logra un distanciamento reflexivo respecto da realidade desde o que crear marcos de análise para poder cuestionala criticamente e para articular as relacións entre o público e o privado que expliquen os atrancos que as mulleres aínda experimentan. Se entendemos que a discriminación das mulleres está no imaxinario, daquela a teoría feminista é en si unha forma clara de activismo.

En calquera caso, nestes centros examínase en que medida os feminismos contribuíron a modificar a historia do pensamento coas súas novas categorías, desenvólvense traballos de recuperación da historia das mulleres e do movemento feminista (non esquezamos que o pasado outorga lexitimidade), fanse estudos de campo sobre como determinadas situacións afectan e/ou contribúen a construír os papeis de xénero e a reproducir ou subverter as prácticas discriminatorias, ou identifícanse as novas formas nas que se vai manifestando de forma sutil o patriarcado, como os micromachismos, termo acuñado por Luis Bonino para referirse aos comportamentos invisíbeis da violencia e dominación simbólica que con frecuencia teñen lugar no cotián no ámbito das relacións, e que polo xeral tenden a considerarse normais. Amais, nestes centros propóñense tamén ferramentas para facerlles fronte, avalíanse as perspectivas das diferentes correntes feministas para contribuír ao avance dos feminismos, enriquécese o debate con propostas chegadas doutros campos de coñecemento e, á inversa, tamén se aplican os criterios de análise feministas a outras áreas de traballo de forma transversal, estabelecendo alianzas con outras disciplinas.

Desde un punto de vista práctico, a universidade proporciona tamén un ambiente de estabilidade laboral para as teóricas que resulta fundamental. A reflexión, como indicaba Virginia Woolf, precisa dun cuarto de seu, duns tempos e espazos que resultan moi complexos de conseguir fóra da contorna universitaria (o cal engade aínda máis mérito á teoría producida fóra deste). Ademais, polo seu carácter de centros tradicionais de creación do saber, as universidades son lugares de intervención prioritaria para os feminismos e tamén lugares onde os intercambios de experiencias entre teóricas atopan un terreo idóneo para proliferar.

Feminismo institucional

Pola enorme influencia que sobre boa parte dos países tivo a promulgación polas Nacións Unidas da Década da Muller 1975-1985, outra especificidade do momento actual na maioría dos sistemas democráticos é o avance cara a un tipo de feminismo institucionalizado, isto é, que os gobernos incorporen ás súas prioridades políticas as demandas feministas creando ministerios ou departamentos específicos encargados de pór en marcha políticas públicas conducentes á igualdade. Dado que o fenómeno do feminismo institucionalizado non é exclusivo de occidente, afondaremos nel posteriormente nun apartado independente. No entanto, a institucionalización do feminismo nos países occidentais si ten algúns trazos relevantes que cómpre mencionar. De centrármonos en Europa, a promulgación da lexislación comunitaria favoreceu que todos os países membros atendesen desde as institucións públicas ás demandas feministas. Desde a década dos 80 a Comisión Europea propuxo accións para a igualdade de oportunidades que se materializaron en diferentes programas de acción comunitaria de obrigado cumprimento, e que se ben xa daquela había estados cunha longa traxectoria neste tipo de medidas (sobre todo nos países nórdicos, onde chegou a falarse dun feminismo de estado), para moitos outros países sobre todo do sur de Europa estas políticas resultábanlles totalmente descoñecidas. Pero a relación entre o movemento feminista e o feminismo institucional é complexa, pois malia térense, grazas ao feminismo institucional, conseguido importantes melloras nas vidas das mulleres (como a garantía ao aborto libre nuns países e a súa despenalización noutros, leis de divorcio, regulación da prostitución nalgúns casos, leis contra a violencia de xénero e contra o acoso sexual, e tamén nalgúns países a intervención do estado vía dereito penal ou asistencia social en áreas da vida tradicionalmente consideradas privadas), desde o movemento feminista apúntase que a institucionalización pode resultar contraproducente e acabar debilitando a mobilización social e o traballo dos grupos de base, ao transmitir a idea de que das reivindicacións feministas xa se encargan os gobernos. Xunto ao feminismo institucional existen tamén outras formas de feminismo sectorial que resultan moi operativos en tanto se ocupen de traballar aspectos concretos de cada sociedade.

Os retos feministas hoxe

Nos últimos anos estase tamén a superar a idea de que o feminismo é só cousa de mulleres para producirse cada vez maior apelación aos homes no camiño pola igualdade, dado que unha reestruturación dos papeis de xénero require de ambos os sexos a adopción de papeis diferentes aos tradicionais. Isto está a dar lugar a asociacións de homes pola igualdade e a traballos que abordan as novas masculinidades, para as que desafiar os mitos da superioridade dos homes non é un signo de debilidade, senón unha mostra de valor. Na actual conxuntura sociopolítica marcada a grandes trazos por unha tendencia conservadorista, os feminismos teñen diante súa o importante desafío de superar o chamado posmachismo, esa tendencia actual a que a ideoloxía patriarcal adopte unha imaxe sintómica de igualdade (marcando mesmo distancias respecto ao modelo de convivencia patriarcal) á vez que denuncia feitos puntuais que lle permiten lanzar unha crítica falaz que calla na sociedade para asegurar así a súa posición de dominancia.

A carón destas actitudes, tamén resulta cada vez máis habitual a publicación de traballos que de forma esencialista inciden e reinciden (como xa fixera Hoff Sommers nos anos 90) nas supostas diferenzas biolóxicas entre os sexos como única explicación posíbel a que nas sociedades actuais occidentais teoricamente igualitarias pervivan unhas escollas e preferencias vitais diferenciadas entre mulleres e homes, ou exista unha compoñente ou esencia emocional completamente diferenciada. Neste sentido destacan as últimas publicacións de autoras como Louann Brizendine ou Susan Pinker, todas elas de enorme éxito editorial. Para apoiaren os seus argumentos, estas autoras decote recorren a feitos non comprobados cientificamente, senón a datos extraídos das consultas de terapias de autoaxuda, a relatos reais de mulleres e homes e a exemplos da cultura popular. En calquera caso, e malia que as diferenzas anatómicas entre mulleres e homes son un feito evidente, estes traballos obvian completamente a influencia que nestas mesmas emocións e escollas diferenciadas poida ter o proceso de construción sociocultural que impregna a vida das persoas dende o seu nacemento (e mesmo antes) en función de que sexan mulleres ou homes. Dalgún xeito incorren así nunha autocompracencia, por aceptar como verdadeira e libre escolla das mulleres aquilo que para elas teñen xa reservado os roles de xénero patriarcais, ou por presentar como compoñente emocional tipicamente feminina aquilo que define as súas propias expectativas de comportamento do patriarcado sobre as mulleres. Alén diso, os traballos adoitan facer afirmacións universalistas sobre todas as mulleres malia partiren nas súas mostras a mulleres dun único ambiente cultural e racial, obviando as diferenzas biolóxicas tamén existentes entre mulleres de diferentes razas. Incorren así nunha visión altamente esencialista, un desafío que os feminismos plurais do futuro deben ser capaces de superar.

En definitiva, no século XXI o reto dos feminismos no mundo occidental segue a ser desvelar e subverter os mecanismos mediante os que se reproduce a opresión hoxe en día tendo en conta que a dicotomía igualdade/diferenza é obsoleta. A pregunta que tantas veces nos fan de se «somos iguais ou diferentes?» está en realidade mal formulada, porque non se trata dunha escolla excluínte nin paradoxal: somos iguais (non desiguais) e por iso cómpre subverter os papeis de xénero que limitan as opcións de vida segundo as expectativas sociais; e somos diversas (non idénticas/os, nin análogas/os, nin homoxéneas/os) en necesidades e experiencias. De aí que sexa necesario incorporar un enfoque de xénero que teña en conta as circunstancias, necesidades, problemas específicos da poboación facendo un esforzo por identificar matices que até o momento adoitaban pasar desapercibidos. E trátase dunha diversidade múltiple: existen certas diferenzas entre as mulleres e os homes (nese sentido cómpre revalorizar aqueles ámbitos mullerís dos que se apropiou o patriarcado, como o protagonismo no parto, a consideración da menopausa como unha fase da vida e non unha enfermidade); pero ao mesmo tempo cada muller é diferente respecto das outras mulleres; e ademais cada muller é diferente no seu interior en diferentes continxencias (lembremos os dilemas das feministas marxistas, que reivindicaban o feminismo entre os compañeiros de partido, pero proclamaban a loita de clases entre as compañeiras sufraxistas), pois xunto ao xénero existen outros parámetros configuradores das subxectividades. Aínda así, o xénero permea todo e provoca implicacións fundamentais para a identidade individual e colectiva, en combinación con outros elementos.

Esta concepción diversa e fluída da identidade evita que caiamos no esencialismo que limita as escollas vitais segundo determinacións biolóxicas supostamente innatas pero non nega a posibilidade de xeneralizar a partir das experiencias concretas e de falar do plural mulleres, pois malia todas as diferenzas e as múltiples categorías que conforman as súas identidades sexuais (e que sen dúbida impiden afirmar que todas as mulleres sexan dominadas por todos os homes), non se pode ignorar nin a súa situación común de pertenza a un xénero definido pola opresión, nin tampouco a súa capacidade de acción colectiva.

Os feminismos en occidente no momento actual ofrecen a posibilidade dunha acción colectiva en pé de igualdade co resto de feminismos do mundo baseada na reflexión sobre a propia identidade múltiple e as estratexias anovadas de perpetuación do patriarcado. Como din Celia Amorós e Ana de Miguel, o desafío dos feminismos está en articular a súa propia diversidade e articular a súa loita co resto de movementos sociais de igual a igual, superando as prácticas habituais de que os feminismos (cando non simplemente as mulleres) constitúan simplemente un capítulo á parte e, sobre todo, o desafío reside en substituír a ollada occidental pola escoita estereofónica mundial.

2. GALIZA

O desenvolvemento dos feminismos en Galiza está inscrito no contexto occidental que acabamos de ver, aínda que definido tamén polas particularidades da realidade social e política do estado español e a un nivel máis específico polos trazos propios da situación histórica de Galiza. Estas características foron decisivas para que o feminismo galego como movemento organizado en sentido estrito non agromase até a caída do réxime franquista, carecendo daquela dunha experiencia previa de proposta organizativa como a que si existiu en moitos países europeos desde mediados do século XIX co sufraxismo.

As primeiras manifestacións feministas

Emporiso, malia non estruturarse como movemento organizado até época ben recente, as primeiras manifestacións de toma de conciencia e denuncia da situación de discriminación das mulleres remóntase á Idade Media. Nalgúns dos documentos recollidos nos *Textos para a historia das mulleres en Galicia*, coordinado por María Xosé Rodríguez Galdo, figuran xa denuncias de mulleres vítimas de agresións físicas e sexuais por parte dos homes presentadas nos tribunais públicos de xustiza desta época, que superaban as presións sociais de manter estes episodios no silencio. Estes casos non constituíron a tónica dominante, pero aínda así teñen unha importancia estratéxica en tanto demostran a capacidade de acción das mulleres mesmo nas situacións máis adversas. Do século XVIII cómpre salientar o importante labor do Padre Feixóo tocante á defensa dos dereitos das mulleres, demostrando ademais un profundo coñecemento das reivindicacións feministas (destacan por exemplo as súas alusións á feminista italiana do século XVI Lucrezia Marinelli).

Non foi até o século XIX cando se retomou en Galiza dun xeito máis integral o proceso de concienciación sobre a situación de discriminación que vivían as mulleres, con escritos de autoras galegas como Rosalía de Castro, Concepción Arenal ou Emilia Pardo Bazán que terían unha enorme relevancia en todo o territorio español. A ferrolá Concepción Arenal, nacida en 1820, foi toda unha transgresora para a súa época. Cando as universidades aínda estaban vedadas ás mulleres, vestiu roupas de home e converteuse na primeira licenciada superior de toda España, aínda que non lle outorgaron o título nin a posibilidade de exercer a profesión por ser muller. Esta experiencia queda reflectida nas súas obras *A muller do porvir* (1868) e *O estado actual da muller en España* (1884). Nestes escritos Arenal aborda as contradicións da relixión, das leis, dos costumes familiares ou do discurso da domesticidade respecto ao papel das mulleres na sociedade, pois malia consideralo secundario resulta absolutamente vital para o mantemento da orde social estabelecida. Como sostén a autora, o discurso da domesticidade en concreto limita o horizonte de realización das mulleres ao ámbito do fogar, privándoas deste xeito da preparación intelectual necesaria para cumprir coa misión que ese mesmo discurso lles asigna como educadoras das crianzas no fogar. Algúns destes razoamentos tan lúcidos recibiron o apoio da Institución Libre de Ensino, aínda que esta institución xustificaría o dereito das mulleres a accederen á educación superior por mor do seu papel como formadoras do home nas primeiras etapas das súas vidas, polo que as mulleres influirían así de forma indirecta na marcha política das nacións.

Rompedora con estas xustificacións foi Emilia Pardo Bazán, nacida en 1851, que publicou a compilación de artigos *A muller española* (1890) para denunciar que *conceder* ás mulleres educación en tanto que nais é altamente depresivo para a dignidade humana das mulleres, pois invoca un destino relativo, subordinado ao alleo. Lonxe diso, esta autora argumenta que as mulleres deben ter acceso á educación superior para o desenvolvemento da súa propia razón e do seu propio entendemento como seres humanos pois, «aínda que todas as mulleres conciben ideas, non todas conciben fillos», cuestionando de paso a maternidade obrigatoria para as mulleres imperante no discurso da época. Así mesmo, Pardo Bazán reflexiona sobre a situación específica das mulleres galegas, que pese a contribuíren de forma activa e decisiva á economía familiar (non só no labor de criada e nai, senón tamén como labregas) non recibían ningún recoñecemento social. Neste sentido, a autora coruñesa critica aos teóricos da revolución social e da emancipación das clases traballadoras por non teren presente esta situación das mulleres, aínda que escribe sempre desde a súa propia posición burguesa. As críticas valéronlle constantes descualificacións por parte das elites españolas, que tamén rexeitaron as súas peticións de ingreso na Real Academia Española (como rexeitaran antes a de Arenal e como seguirán rexeitando todas as peticións das intelectuais até 1981, coa entrada de Carmen Conde na institución). Como diciamos, a repercusión destas dúas galegas foi extraordinaria en todo o territorio español, onde a partir da segunda metade do século XIX se iniciou un agromar, feble, de iniciativas puntuais que reivindicaban melloras na vida das mulleres, case sempre arredor da intelectualidade republicana e federalista.

Neste marco ideolóxico sitúanse tamén algunhas das proclamas emancipatorias que se fixeron desde o nacionalismo galego, na etapa provincialista primeiro (arredor de 1840) coas intervencións de Antolín Faraldo na academia literaria compostelá, e na etapa rexionalista despois (a partir de 1880), co compromiso explícito do xornalista lugués Aureliano Pereira. Foron reiteradas as reivindicacións deste autor a favor de intervir sobre a pésima situación social das mulleres, por exemplo demandando a abolición da prostitución, apoiando un sufraxio universal real que as incluíse, á vez que denunciando a decisión do Consello de Instrución Pública de limitar o exercicio de profesións civís ás mulleres con carreiras profesionais cursadas.

Neste contexto do agromar nacionalista galego na segunda metade do século XIX cómpre situar tamén o discurso literario de Rosalía de Castro, nacida en 1837. Nas súas obras Rosalía de Castro é claramente consciente das limitacións impostas ao seu sexo, pois como ela mesma afirma, aínda que as mulleres conseguisen unha certa *autorización* social como escritoras no contexto do Romanticismo, esta aceptación limitábase a que falasen das emocións propias da súa condición feminina, polo que en realidade non lles é permitido ás mulleres escribir o que senten e o que saben.

Deste xeito, a autora foi pioneira no panorama universal pola súa denuncia da misoxinia que envolvía as escritoras en tanto que mulleres, un discurso que décadas despois retomaría por exemplo a británica Virginia Woolf. A autora galega tamén foi pioneira pola súa actividade literaria de transgresión dos límites do modelo cultural da feminidade do discurso romántico, no que se empeñou en circunscribila a crítica do momento obsesionada pola súa vida íntima e existencialista (así como boa parte da crítica recente, pois até o congreso internacional de 1985 Rosalía de Castro apenas era estudada desde un punto de vista feminista). Os *pais* do nacionalismo galego (entre eles, o seu marido Manuel Murguía) converteron a Rosalía *na* escritora galega, pois viron nela o reflexo da identidade de muller galega que pertence á comunidade nacional e encarna a muller mítica naiciña, a santiña, a gardiá das esencias da terra. Porén, esta imaxe da autora non deixa de ser unha apropiación intereseira da súa figura, pois neutraliza a dimensión social e ideolóxica da súa obra e erradica a súa rebeldía da lectura. Pero sobre todo, esa lectura intereseira oculta a face máis combativa dos seus escritos: as reivindicacións feministas rosalianas (crítica á institución do matrimonio, denuncia da escravitude das mulleres e oposición á visión materialista das relacións entre os sexos) dos seus ensaios en castelán como *Lieders* (1858), *A filla do mar* (1859) ou *As literatas. Cartas a Eduarda* (1866). A escolla do castelán como lingua de escrita destas tres obras non é gratuíta, senón que insinúa a disxuntiva sexo e nación da autora. Nesta encrucillada sofre a dobre marxinación galaica e feminina e padece as dificultades de conciliar o seu eu autorial feminista co galeguista, no contexto dun galeguismo interesado nas mulleres só como seres míticas que proxectan a nación en feminino (encrucillada que tan en vigor segue no debate dos feminismos en Galiza da actualidade, como veremos posteriormente).

En todo caso, no contexto galego chégase ao século XX unicamente coas voces feministas illadas de intelectuais vinculadas aos círculos progresistas e republicanos, e xunto ás das tres autoras mencionadas, ouvíronse tamén outras de autoras ás que nos referiremos máis adiante como Sofia Casanova, María Barbeito, María Luz Morais, Concepción Sáiz, Coroa González ou Filomena Dato Muruais, esta última a quen se lle atribúe o primeiro poema explicitamente feminista da literatura galega titulado «Defensa d'as mulleres». A que estas voces feministas non se articulasen como movemento organizado contribuíron, ao igual que no resto do territorio español, o dominio ideolóxico da igrexa católica e as políticas conservadoras da Restauración de 1874 cunha lexislación baseada na discriminación (o código civil de 1889 estabelecía penas de cárcere para a muller que desobedecese ao marido, á vez que negaba a independencia económica das mulleres ao non poderen ter nin sequera control sobre os seus propios ingresos).

Amais destes trazos coincidentes coa situación no resto de España, a evolución destas reivindicacións en Galiza estivo determinada tamén por peculiaridades específicas. A primeira delas é a experiencia da emigración sobre todo masculina (até 1916 case o 80 por cento das persoas que emigraban eran homes) o que convertía a moitas mulleres en cabezas de familia de facto coa responsabilidade de sacar adiante a familia con ou sen os cartos que enviasen os maridos desde os países receptores. Pero en todos os casos a emigración masculina supuxo tamén unha oportunidade para as mulleres e que ademais dos seus labores tradicionais como mariscadoras, redeiras ou peixeiras, víronse na obriga de substituír os homes á fronte do agro e máis da débil industria da época: as galegas foron maioría nas fábricas de salgado, de conservas, de tabaco, de louza, de téxtil ou noutras industrias de fabricación de envases que, todas elas, reservaban aos homes os cadros de mando. A escasa industrialización e modernización económica e social de Galiza abortou calquera concepción de feminismo obreiro como o que si houbo noutras partes do Estado ou de Europa. Con todo, neste cambio de século cómpre destacar as protestas das obreiras nas industrias conserveiras de Vigo, as cales protagonizaron duros e longos conflitos por causa de alteracións das súas condicións de traballo tras a aprobación da Lei de Traballo de Mulleres e Nenos de 1900. Lonxe de protexer as mulleres, esta lei limitaba aínda máis o seu traballo remunerado na industria, promovendo que ás mulleres se lles baixasen os soldos por entender que o seu salario só era un complemento á economía familiar. As demandas das mulleres (que máis dun século despois seguen tendo vixencia) esixían que a igual traballo igual salario, contribuíndo así a un reparto igualitario dos postos. Pero ademais de se enfrontaren á lexislación tamén atoparon o rexeitamento dos seus compañeiros na fábrica, que optaron por fomentar a expulsión do traballo das mulleres para evitar que elas (ao cobraren menos) se convertesen en *competencia desleal*.

O espírito de rebelión das mulleres quedou tamén patente polo papel fundamental que desempeñaron nas loitas agrarias do primeiro terzo do século, nas protestas sociais pola degradación das condicións de vida dos (maridos e fillos) mariñeiros, ou nos motíns pola escaseza de comida e o incremento dos prezos dos produtos básicos por mor da crise agraria. Sen dúbida, dada a marxinación tradicional das mulleres da esfera pública, estes actos de valentía supuxeron un desafío e unha transgresión das normas de comportamento de xénero, o que resultaba *preocupante* ás autoridades.

Outra característica particular da contorna galega é a escaseza dunha burguesía galeguista, que xunto á dispersión xeográfica de Galiza impediu a organización dun feminismo sufraxista *á británica*, que en Galiza só se deixou ouvir en illadas colaboracións xornalísticas como as de María Luz Morales ou como as que enviaba desde Polonia a prolífica Sofía Casanova. Porén, noutros contextos dentro do territorio español si se produciu nestas primeiras décadas do século XX unha lixeira transición da figura tradicional da burguesa anxo do fogar e perfecta casada cara a modelos alternativos de xénero como o da muller moderna. Isto permitiu o nacemento dun feble movemento feminista que culminaría con peticións sufraxistas ao Parlamento español, como as que en 1921 presenta en Madrid Carmen de Burgos (que capitaneou a primeira marcha polas rúas de Madrid a favor do sufraxio e doutros dereitos), as que tamén promoven María de Maeztu ou María de Lejárraga, e as de Clara Campoamor, de quen falaremos polo miúdo máis adiante.

Ademais, a peculiaridade periférica de Galiza dentro do Estado e a loita pola causa nacional marcaron tamén a evolución das ideas feministas no primeiro terzo do século XX. Por unha banda, ante a inexistencia de organizacións feministas propiamente galegas, o que si houbo foron delegacións de asociacións feministas españolas como a Cruzada de Mulleres Españolas e da Liga Internacional de Mulleres Ibéricas e Hispanoamericanas (presididas ambas as dúas por Carmen de Burgos) situada na Coruña, ou máis tarde a Asociación de Mulleres contra a Guerra e o Fascismo (das que era presidenta Dolores Ibárruri) con sede en Vigo. Entre as demandas feministas destes colectivos estaban a defensa do dereito da muller a ocupar todo tipo de traballos, a igualdade salarial ou o dereito á educación superior en igualdade de condicións cos homes. Outras agrupacións feministas libertarias españolas realizaron unha crítica profunda ao patriarcado a través da análise da institución do matrimonio e do fenómeno da prostitución, e reivindicaron un coñecemento do propio corpo, o control da natalidade e a revisión da relación entre os sexos. Pero pola outra banda, estes xermes feministas estiveron en gran medida eclipsados pola creación de seccións femininas (que non necesariamente feministas) dentro de partidos políticos españois con delegacións en Galiza, orientadas fundamentalmente a canalizar o voto das mulleres, provocando un incremento considerábel de afiliadas entre as que tamén había moitas galegas. Entre elas destaca a pedagoga e defensora da coeducación María Barbeito, á fronte da Agrupación Republicana Feminina da Coruña.

Neste contexto de carencia de asociacións feministas propiamente galegas e de inexistencia de seccións femininas en partidos políticos endóxenos, en 1916 inaugurouse a etapa nacionalista do galeguismo coa creación das Irmandades da Fala, que avogaban por un igualitarismo teórico progresista. Así, no seu programa político aprobado na I Asemblea Nacionalista en 1918 recoñeceuse a igualdade de dereitos para as mulleres. Porén, máis adiante ese mesmo documento especificaba que o dereito unicamente era aplicábel ás mulleres casadas polo menos no caso de emigración do marido, nun xesto de claro oportunismo político para aproveitarse do voto *familiar* dado o alto número de mulleres que ficaban a cargo das casas por emigración do home. Ao ano seguinte, na II Asemblea, incorporouse unha mención á igualdade absoluta, política e civil, da muller galega co home, aínda que esta igualdade formal non se reflectiu na propia organización das Irmandades, pois os postos directivos e políticos de poder estiveron vedados en todo momento ás mulleres nacionalistas. O que non estivo vedado foi o traballo de base das mulleres a prol da causa nacional, e seguindo a tendencia dos partidos españois, apoiouse a creación dunha sección específica para mulleres, que provocou o nacemento das Irmandades Femininas en lugares como A Coruña, Betanzos ou A Estrada. Como se desprende do interesante estudo sobre *A mulher no nacionalismo galego*, de Noa Rios Bergantinhos, a creación da súa propia sección feminina respondeu en termos xerais a un simple reclamo electoral pola necesidade de vehiculizar o posíbel caudal electoral que representaban as mulleres. Ora ben, nunha ocasión chegaron a editar un panfleto para unirse ás mulleres catalás e vascas en contra da Asociación Nacional de Mulleres Españolas, que na súa base programática expresaba o seu patriotismo español opóndose a todo o que atentase contra a integridade do territorio nacional (referíndose ao territorio español).

Coas excepcións dalgúns nacionalistas como Luís Peña Novo ou Vicente Viqueira, que pediron a plena incorporación das mulleres á vida pública e a formación das mulleres de acordo coas esixencias pedagóxicas modernas, a tendencia dominante dentro do galeguismo foi a de utilizar a sección feminina para facer un chamamento a todas as mulleres galegas invitándoas a traballar polos obxectivos nacionalistas supostamente de interese común a homes e mulleres. Primeiramente, desde o galeguismo afirmaban que a conquista das reivindicacións nacionalistas sería moi beneficiosa para as mulleres en tanto que nais e esposas de emigrantes, labregos e mariñeiros que verían mellorar a súa situación coa chegada ao poder do nacionalismo. Estas afirmacións descansan na visión idealizada do pasado dunha Galiza supostamente matriarcal á que cómpre retornar, valéndose do mito do símbolo maternal como garda da esencia da nación galega. Como proclamaba Xavier Montero n'*A Nosa Terra* do 25 de maio de 1920, «Galiza é a terra máis feminista do mundo. A paixón feminista que axita as nacións non ten chegado a Galiza porque non hai necesidade dela. Galiza é a rexión feminista por excelencia. (...) Aquilo que piden as mulleres feministas dos pobos máis adiantados xa ten desde a eternidade dos tempos da raza unha existencia na nación galega». E en segundo lugar, lembrábanlles ás mulleres o seu papel de nais educadoras que debían tomar conciencia dos valores galeguistas para así podérllelos transmitir aos seus fillos. En xeral o nacionalismo desta época utilizou as mulleres e reforzou as imaxes patriarcais (a nai-nación, forte ou oprimida) e acoutou moito o acceso á palabra destas, como pode verse no espazo exiguo que lles reservaron ás mulleres en xeral, e ás reivindicacións feministas en particular, nas publicacións galeguistas máis importantes do momento como *A Nosa Terra*, *A Fouce* ou *Nós*. Entre as oito mulleres que lograron facer ouvir a súa voz nestas revistas destaca por constancia e por denuncia explícita dos valores sexistas da sociedade galega Coroa González, con máis dunha ducia de artigos publicados entre 1926 e 1930. No entanto, a partir dese ano desaparecen as súas reflexións sobre a situación das galegas. Certo é que en agosto de 1933 creouse, dentro d'*A Nosa Terra* (voceiro do Partido Galeguista) o apartado *O recanto da muller* co obxectivo principal de que «a muller galega fale de cousas que nunca falou» dando cabida ás súas preocupacións específicas, aínda que a sección se suprimiu despois de cinco números sen ningunha explicación. Sen ser moito, máis espazo tiñan nestas revistas outras mulleres de corte conservador como as integrantes dos grupos femininos, a católica Pura Lorenzana ou a nacionalista antifeminista cristiá Francisca Herrera Garrido. Nos seus escritos, Herrera Garrido proferiu violentos ataques ás sufraxistas («un fato de atoladas revolteiras que xogan aos homes, ensuciando a propia dignidade ou trocándoa por un voto. Riamos das sufraxistas inglesas!») e amosou unha concepción profundamente conservadora da muller galega baseada no ruralismo e na muller-nai que ten a renuncia como virtude fundamental. Esta autora machista, considerada polos seus coetáneos «unha das grandes da patria», foi a primeira muller en ocupar un asento da RAG, a primeira en escribir n'*A Nosa Terra*, a única en facelo en *Nós* e a única membra do consello de redacción desta mesma revista. Con todo, non é que o nacionalismo galego desta época fose máis machista ca outros movementos sociais, pero si que ao se alicerzar unicamente no exclusivismo nacional de raíces románticas excluíu calquera outra reivindicación que contaminase as supostas esencias nacionais.

O feminismo galego na II República

O 14 de abril de 1931 proclamouse a II República española e comezou un curto período de tempo no que a nivel estatal se propuxo o debate sobre boa parte das demandas feministas, aínda que como vimos non grazas ás reivindicacións do nacionalismo galego. A maioría dos partidos políticos de esquerda estatais incorporaron no seu programa medidas concretas para mellorar a situación das mulleres, e a Constitución de 1931 prohibiu calquera tipo de discriminación por cuestión de sexo. Porén, a creación do Partido Galeguista nese mesmo ano para aglutinar a variedade de tendencias nacionalistas (entre elas, as Irmandades da Fala) incumpriu ese principio, pois retrocedeu até o acordado na I Asemblea das Irmandades en 1918 para recoñecer unicamente os dereitos das mulleres casadas, unicamente no caso de emigración do marido. Alén diso, o Partido Galeguista non adoptou unha liña programática concreta que atendese as reivindicacións igualitarias, senón que nun exercicio de ambigüidade ideolóxica constantemente refugou posicionarse sobre cuestións que afectasen especificamente ás mulleres, por consideralas temas socialmente comprometidos. No debate sobre leis tocante á sexualidade (aborto ou contracepción), ao divorcio ou á prostitución, o Partido Galeguista deu mostras do seu puritanismo moral e outorgou liberdade de voto aos catro deputados nacionalistas, por se tratar de «opcións persoais e cuestións privadas». Tan privadas, que estes catro deputados nin sequera transmitiron os ecos do debate a Galiza a través dos seus habituais artigos de opinión nos xornais e revistas galegas.

Emporiso, no período republicano aprobouse no estado español a primeira lei de divorcio, o acceso á educación e ao traballo remunerado, a igualdade legal das fillas e fillos habidos dentro e fóra do matrimonio, o acceso aos contraceptivos e a lei que en 1936 garantía o pleno dereito ao aborto grazas ao labor da dirixente anarquista catalá e ministra de Sanidade e Asuntos Sociais Federica Montseny. Malia estes avances, os grupos femininos que nesta altura se crearon dentro do Partido Galeguista seguiron adoecendo de visións patriarcais da realidade.

A nivel de dereitos políticos, a II República supuxo un retroceso fronte ao dereito parcial de voto das mulleres casadas outorgado por Primo de Rivera durante os anos de ditadura militar (dereito que cómpre entender como estrataxema político para intentar perpetuar o réxime). Deste xeito, coa instauración desta nova etapa política republicana recoñeceuse unicamente o sufraxio pasivo polo que as mulleres podían ser elixidas pero non elixir. Non é de estrañar pois que dos 470 escanos só tres estivesen ocupados por deputadas, en concreto por Clara Campoamor, Victoria Kent e Margarita Nelken, esta última autora destacábel polas súas denuncias sobre a hipocrisía da moral sexual e a ignorancia das mulleres sobre os métodos contraceptivos. No entanto, respecto á causa sufraxista foi Clara Campoamor a política máis comprometida, e practicamente de forma illada defendeu nas Cortes en varias ocasións o dereito ao voto das mulleres cunha dialéctica brillante e irreprochábel. Campoamor deu mostras dunha coherencia persoal abraiante que lle fixo ir, paradoxalmente, contra as directrices do seu propio partido (o Partido Radical) e doutros partidos tamén de esquerda. Estes partidos non negaban que se lles debería recoñecer ás mulleres o dereito ao sufraxio, pero si afirmaban que aínda non chegara o momento de facelo, pois como as mulleres non tiveran tempo dabondo para apreciar os beneficios que lles concedía a República democrática (incomprensibelmente, os homes si), aínda permanecían baixo influencia da igrexa e o seu voto sería fortemente conservador. Finalmente, e logo de moi intensos debates, aprobouse o sufraxio verdadeiramente universal con 161 votos a favor e 121 votos en contra. Dos catro deputados galeguistas, só Ramón Suárez Picallo se manifestou a favor da demanda feminista, mentres que A. Daniel Rodríguez Castelao, Antón Vilar Ponte e Ramón Otero Pedrayo preferiron ausentarse da votación, no que podería ser unha ausencia calculada para fuxir da confrontación directa coas cuestións feministas (dado que o día anterior si se constatou a súa presenza nas Cortes). De todos os xeitos, a votación sobre o sufraxio volveuse repetir o 1 de decembro, aproveitando os antisufraxistas unha ausencia parlamentaria circunstancial que lles resultaba favorábel. Repetiuse o triunfo, desta vez por só catro votos de diferenza (131 a favor e 127 en contra), aínda que desta vez co voto favorábel dos catro deputados galeguistas.

En calquera caso, resumindo a situación deste período de comezos do século XX, en Galiza queda aínda un intenso traballo de recuperación da memoria e textos destas mulleres que participaron activamente na República desde posturas feministas. Na actualidade conservamos datos do seu traballo grazas a libros como *As precursoras* ou ao *Dicionario de mulleres galegas*, ambos os dous de Aurora Marco, pero as súas contribucións distan moito de estar recollidas e conservadas, o cal fai difícil avaliar a situación do movemento e teoría feminista en Galiza nesta época.

O rexurdimento feminista no franquismo

A partir do verán de 1936 a realidade de Galiza, como a do resto do estado español, estivo marcada polo alzamento militar que deu inicio á Guerra Civil, na que o bando fascista se enfrontou ao republicano. Moitas das mulleres que estiveran activas no período previo á Guerra Civil nas loitas para conseguir un avance desde o feminismo, independentemente do resto das súas afiliacións, tiveron que exiliarse ou foron asasinadas. A vitoria fascista/franquista de 1939 supuxo un retroceso brutal nos logros feministas acadados durante o período republicano. Nos primeiros anos da ditadura de Franco, a sección feminina da Falange recibiu a tarefa (á que tamén se entregou a Igrexa e o nacional-catolicismo) de reeducar as mulleres para facer desaparecer calquera trazo das ideas feministas e impor un modelo regresivo de feminidade, de muller abnegada e entregada. En paralelo fóronse aprobando novas leis que acentuaban a submisión das mulleres, suprimían e limitaban os seus dereitos obrigándoas a depositar o seu poder nos pais ou maridos, prohibíndolles traballar fóra da casa ás casadas (agás que contasen co permiso do marido), e tamén negándolles a posibilidade da coeducación con currículos dispares que incluían para as mulleres exames de fogar e traballo doméstico desde a escola até os cursos de acceso á universidade. Impúxose ademais unha forte represión sexual que castigaba duramente o aborto, a venda de contraceptivos, o adulterio e o amancebamento das mulleres. Así pois, durante os case corenta anos de ditadura franquista perdurou o modelo patriarcal decimonónico que lexitimou os papeis de xénero asignados a homes e mulleres mediante medidas lexislativas e políticas, pero tamén a través de perniciosas medidas socializadoras e educativas que acabaron provocando en boa parte da poboación un consentimento e resignación ante as actitudes discriminatorias e que xerando a gran lagoa que agora persiste no coñecemento do traballo das feministas galegas no período anterior á Guerra Civil.

Aínda así, mesmo nestas circunstancias tan adversas para toda a poboación española á que se lle impuxo o dominio do nacional-catolicismo, houbo outras persoas que vían como ilóxica a submisión dun sexo ao outro e de forma disimulada, encuberta ou clandestina contribuíron a que o pensamento feminista non esmorecese completamente. Fixérono nalgúns casos desde experiencias individualizadas como a da condesa de Campo Alange, que ao longo dos anos 50 publicou obras pioneiras do feminismo español da posguerra e en 1960 creou o Seminario de Estudos Sociolóxicos da Muller, ou como Maria Aurèlia Capmany e Lidia Falcón, que publicaron obras de clara conciencia feminista desde o marxismo e comunismo (disidente e clandestino) no que militaban.

Consonte se flexibilizou o réxime a mediados dos 60 e se crearon de forma clandestina organizacións estudantís, sindicatos ou partidos políticos (como en Galiza, a Unión do Povo Galego en 1964), cómpre tamén destacar o labor desempeñado en forma asociativa, aínda que case sempre supeditado aos esforzos revolucionarios contra a ditadura. Boa mostra disto é a creación en 1965 do Movemento Democrático de Mulleres (con representación en Galiza desde 1968) vinculado en principio ao ilegal Partido Comunista aínda que aglutinou a mulleres de moi diferentes ideoloxías contrarias ao réxime. Esta asociación naceu coa vocación de organizar as mulleres para que se interesasen polos problemas *xerais* do país como a demanda de democracia, aínda que co tempo (e coas lecturas prohibidas de obras feministas traducidas en Sudamérica e censuradas en España) foise organizando cara a posicións feministas para tratar os problemas específicos que sufrían as mulleres dos diferentes recantos do Estado. Para poder saír da clandestinidade e gañar operatividade, cando nos primeiros anos dos 70 o franquismo creou o rexistro de asociacións legais, as membras deste movemento organizáronse en asociacións de amas de casa ás que inscribiron no rexistro e converteron, deste xeito, no seu brazo legal.

Así, cando a ONU proclamou que 1975 sería o Ano Internacional das Mulleres, o semiclandestino Movemento Democrático de Mulleres comezou a traballar, amparado pola cobertura legal que lles facilitou o propio organismo internacional, para preparar unha alternativa feminista e democrática aos actos oficiais que a sección feminina do franquismo pretendía organizar como única interlocutora e representante dos intereses das españolas, entre elas as galegas. Unha ducia de representantes do Movemento acudiron ao Congreso de Berlín promovido pola ONU. A dimensión da posta en común de experiencias e traballo puido apreciarse cando o 6 de decembro de 1975 se organizaron en Madrid as I Xornadas pola Liberación da Muller. As feministas de todo o estado tardaron tan só dezaseis días en organizarse despois da morte de Franco.

O movemento feminista galego desde a Transición

O movemento feminista galego como forma de actuación organizada que forxa unha nova identidade colectiva para as mulleres e cuestiona os alicerces sexistas das estruturas políticas, sociais e culturais constituíuse en Galiza a partir de 1976, coa creación da Asociación Galega da Muller, primeira organización galega declaradamente feminista que aglutinaba núcleos de mulleres de Ourense, Lugo, Ferrol, Vilagarcía, Vigo, A Coruña, Santiago e Pontevedra.

Para entender a traxectoria do movemento feminista galego até a actualidade, por unha banda cómpre relacionalo coa dinámica do movemento de liberación da muller do feminismo occidental en xeral, e en particular coa evolución no resto do territorio español dun feminismo serodio, reformista e (inicialmente) dependente das políticas de esquerdas. Pola outra banda, hai tamén que enmarcalo no contexto do desenvolvemento sociopolítico da sociedade galega nesta época, que se ben está inmersa no marco estatal dominado pola transición democrática, conta tamén con algúns trazos particulares como o atraso económico respecto a outras zonas peninsulares, o pouco peso do progresismo ou o rexurdimento dun movemento nacionalista que noutrora estivera fortemente arraigado sobre concepcións patriarcais (a teoría igualitarista autóctona en función do mito de feminidade da nai-forte símbolo da nación) e dentro do que nesta época comeza a agromar (logo de tensións iniciais) un tecido asociativo defensor da vinculación entre as aspiracións nacionalistas de Galiza e as aspiracións feministas dalgunhas galegas. Xa que logo, o feminismo galego de mediados dos 70 tivo en común con boa parte do español unha primeira fase de derrogación urxente da lexislación discriminatoria, no que supuxo unha clara vinculación entre a loita pola liberación das mulleres e o proceso de democratización política, pois as demandas feministas resolvéronse no contexto de cambio total da transición. Ao igual que sucedeu no resto do estado, a esta fase seguiuna unha etapa posterior de autoafirmación e creación de teoría feminista caracterizada pola inexistencia dunha base teórica ou dunha experiencia política previa e mais pola gran desmemoria das loitas feministas anteriores ao franquismo. Nesta segunda etapa, porén, o feminismo galego incorporou xa algúns matices diferenciadores (malia que internamente plurais e heteroxéneos) acordes coa evolución da realidade sociopolítica galega. Mais antes de entrar a velos cómpre facer un repaso pola evolución do movemento feminista galego na fase inicial.

O malestar reprimido durante o franquismo estourou e amais da Asociación Galega da Muller, a pluralidade ideolóxica conduciu á creación de moitas outras organizacións de mulleres de carácter feminista como a Asociación Democrática da Muller Galega, a Unión de Mulleres Galegas ou a Asociación Universitaria para o Estudo da Problemática da Muller, que puxeron en cuestión o tradicionalmente considerado feminino e as relacións entre os sexos. Coa proclama de que o persoal é político, airearon moitos espazos de opresión como a sexualidade, o traballo doméstico, a decisión da maternidade ou as relacións amorosas que até entón se consideraban tabú. Isto supuxo, como afirma Nanina Santos Castroviejo, que nos comezos do movemento feminista galego as organizacións sindicais e nacionalistas mirasen con hostilidade as feministas, ás que acusaban de dividir a sociedade por introducir a división entre os sexos na análise da clase obreira ou da nación, esnaquizando así o principio tradicional de que a tanto a clase obreira como a nación eran unha e única, cos mesmos obxectivos e intereses para todo o mundo. A homoxeneidade, como demostraron as feministas, primaba sempre as concepcións androcéntricas nas que se sustentan as relacións desiguais entre os sexos.

Nestes primeiros anos de movemento as distintas agrupacións galegas, que posteriormente se agruparon na Coordinadora de Organizacións Feministas Galegas, xuntaron esforzos en campañas unitarias para que se aprobasen reformas legais.

O 8 de marzo de 1977 celebrouse por primeira vez en Galiza o Día da Muller Traballadora con moreas de mesas redondas, charlas, pegadas de carteis, pintadas, manifestacións, mitins, proxeccións, creación de unidades didácticas sobre a igualdade para repartir nos centros de ensino, exposicións e outros actos puntuais, como formar colas para colapsar as oficinais de emprego e esixir «postos de traballo na nosa terra», ou tamén cubrir os expositores de cinemas que eses días exhibían carteleiras sexistas para denunciar a utilización comercial do corpo da muller. Alén disto, as pancartas esixían a despenalización e amnistía para os chamados delitos específicos da muller (coma o adulterio e o amancebamento), a legalización do aborto, o acceso a contraceptivos libres e gratuítos, unha lei do divorcio, a implantación de servizos colectivos como xardíns de infancia e comedores, a non discriminación legal por razóns de sexo no matrimonio e no traballo, a legalización de todas as asociacións feministas e o acceso ao traballo non discriminatorio (a maioría das empresas solicitaban expresamente homes para moitos traballos, pero mesmo unha vez que as mulleres conseguían o posto de traballo dábanse con frecuencia situación de abusos sexuais). A partir do ano seguinte diferentes sindicatos e partidos políticos de esquerda sumáronse á mobilización apoiando ás organizacións feministas convocadoras, nun clima no que era moi frecuente militar á vez nas mobilizacións a prol dos feminismos e a prol da democracia, en ocasións co engadido de militancia a prol do nacionalismo. De feito, os partidos políticos comezaron a incluír nos seus programas accións específicas para a igualdade, aínda que a concepción de igualdade diferira ostensibelmente dependendo de que partido se tratase: así, as propostas da dereita ficaban na igualdade formal e en políticas educativas para as mulleres polo seu papel na familia, mentres que as accións socialistas, comunistas e nacionalistas de esquerda cubrían nas liñas programáticas todas as reivindicacións dos colectivos feministas.

Neste período comezouse tamén a traballar na redacción da Constitución de 1978 a través dunha comisión de expertos que excluíu non só ás feministas, senón a calquera muller. Aínda así, os grupos de traballo feministas galegos e doutras zonas do Estado elaboraron propostas alternativas a algúns dos artigos, sobre todo aos referentes á familia, traballo e educación, denunciando por exemplo que non se mencionase o aborto ou o divorcio, que se manifestase que os poderes públicos protexesen a familia como un todo (pero sen analizar individualmente o acceso aos recursos de cada unha das persoas que a compoñen, co que poderían corrixir as desiguais relacións de poder), que se lexitimase unha cooperación coa relixión católica ou que se lle dese prioridade ao home no acceso á xefatura do Estado. Todo isto fixo que o movemento feminista galego se unise a outras plataformas feministas do estado para negarlle o seu apoio á Constitución cunha activa campaña de denuncia: «Dísenos que teñamos paciencia. Dísenos que nestes momentos o máis importante é consolidar a democracia, e que unha vez consolidada, xa haberá tempo para todo. Durante os milleiros de anos que levamos agardando sempre houbo cousas máis importantes das que ocuparse, antes que transformar as condicións de vida das mulleres. Pero xa aprendemos que non é a base de paciencia como se conseguen as cousas, senón a base de presións e mobilizacións colectivas», reivindicaba por exemplo o documento asinado pola plataforma de organizacións feministas de Madrid. As aspiracións das feministas ficaron desencantadas coa Constitución. Pero o desencanto foi aínda maior cando, tras as eleccións lexislativas e municipais de 1979, apenas aumentou a porcentaxe de parlamentarias e concelleiras.

Consonte o proceso de democratización ía producindo melloras lexislativas para as mulleres, xurdiu a necesidade de crear un corpo teórico no que estruturar e fundamentar as diferentes reivindicacións e ideoloxías feministas. Este corpo alimentouse en boa medida das achegas realizadas nas diferentes Xornadas Feministas Estatais, nas que participaron agrupacións de todo o territorio español e nas que quedou en evidencia a decepción de moitas feministas coas primeiras reformas da transición. As diferentes perspectivas que alí converxeron marcaron un punto de inflexión que deu lugar á escisión entre as feministas defensoras da dobre militancia (as que compaxinaban o feminismo coa militancia nos partidos políticos ou organizacións sindicais co propósito de participar nas institucións democráticas para cambialas desde dentro) e aqueloutras que avogaban pola militancia única no feminismo (proclamando que o feminismo era de seu unha opción política e por tanto debía ser independente).

En calquera caso, nos argumentos teóricos que alicerzaban cada unha destas perspectivas feministas áchase a dicotomía igualdade *vs.* diferenza presente tamén noutras latitudes occidentais. Estas concepcións dispares deron lugar a multitude de reflexións que enriqueceron o panorama teórico dos feminismos no conxunto do estado español en xeral, e en Galiza en particular. Pero ao contrario do acontecido nestoutros lugares, o feminismo da igualdade estivo sempre ligado ao traballo en organizacións mixtas e o feminismo da diferenza ao traballo desde organizacións independentes (sen chegar a conformar este último unha teoría da diferenza sexual equiparábel á proposta polas feministas francesas, italianas ou estadounidenses).

Por unha banda, as defensoras do feminismo da igualdade puñan énfase na consecución dunha sociedade na que mulleres e homes teñen iguais dereitos e obrigas, centrándose no espazo laboral, educativo, político e cultural e deixando a un lado as posíbeis diferenzas anatómicas entre os sexos que non consideran relevantes. Buscando a complicidade dos partidos políticos, avogaron por intervir na vida pública e institucional propondo reformas igualitaristas. Amais, esta opción feminista estivo moi relacionada co auxe de comisións de mulleres nos distintos partidos políticos e sindicatos en toda a década dos 80. Malia refugar do termo feminista nas súas denominacións oficiais e optar preferentemente polo de mulleres, a maioría destas comisións e secretarías si traballaron desde un punto de vista feminista e emancipador, o que as converte no xermolo do feminismo institucional galego.

Pola outra, as feministas independentes avogaron pola militancia única e denunciaron a instrumentalización dos movementos sociais (e entre eles do feminismo) por parte dos partidos políticos que tanto protagonismo adquiriran na transición democrática. Tamén se autodenominaron radicais, porque igual que o feminismo anglosaxón radical (arredor da obra de Millet) querían atallar a raíz do patriarcado cambiando a estrutura machista da sociedade e da cultura. Así, rexeitaron calquera tipo de institucionalización e estruturación xerárquica porque implicaría perpetuar a estrutura patriarcal e acusaron ás feministas da igualdade (como as anglosaxoas acusaran antes ás feministas liberais) de ser simplemente reformistas e buscar a igualdade da muller co home, e non a igualdade entre os sexos. En palabras de Victoria Sendón, «non queremos ser iguais se non se cuestiona o modelo social e cultural androcéntrico, porque significaría o triunfo definitivo do paradigma masculino». Estas características fan que o feminismo independente galego aspirase á diferenza, non como busca da identidade, senón como recuperación do dereito das mulleres a ser suxeitos do seu propio corpo (o suxeito de coñecemento non é nunca un ser neutro universal, senón un ser sexuado). Nesta medida, propuñan unha revolución da vida cotiá partindo dunha nova identidade feminina na que adquirían moita importancia temas como a sexualidade, o aborto, a maternidade, a violencia ou o lesbianismo. Alén diso, tamén cuestionaban das feministas da igualdade que a dobre militancia as levaba a supeditar as necesidades das mulleres a outras causas globais (como por exemplo, a liberación nacional), e a desleixar as cuestións do ámbito privado do corpo e da experiencia persoal.

Unha das Xornadas de Mulleres Independentes celebrada no estado español tivo lugar en Vigo en 1981, e nelas constituíse o Colectivo Feminista Independente Galego. Segundo afirmaban o 8 de marzo de 1982 no número cero do seu boletín *A Saia*, no que colaboraron autoras como Carmen Blanco, Ana Romaní, Margarita Ledo Andión ou Ana Liste, tratábase dunha «nova corrente feminista ABSOLUTAMENTE INDEPENDENTE de todos os partidos e organizacións porque consideramos que neste marco teñen cabida as nosas perspectivas. O COLECTIVO FEMINISTA INDEPENDENTE chámase GALEGO porque é obvio que a nosa contorna e a nosa realidade é Galiza (...) e é unha alternativa global e RADICAL por considerar o Feminismo como unha opción política» (maiúsculas no orixinal).

A súa independencia garantía que non supeditasen os seus intereses a ningunha ideoloxía de partido, pero ao mesmo tempo na súa revista fan explícita a súa preocupación nacionalista. Anos antes un grupo de mulleres formaran Feministas Independentes Galegas, aglutinadas arredor de María Xosé Queizán (corrente máis cultural) e de Pascuala Campos (tendencia anti-institucional).

En calquera caso, en 1983 o Colectivo Feminista Independente e máis as Feministas Independentes Galegas converxeron dando lugar a unha única asociación que conservou o nome desta última, e que publicou desde ese ano (e até a actualidade) a revista *Festa da Palabra Silenciada*, dedicada a espallar o pensamento feminista e a potenciar a creación das mulleres. Xa a comezos dese mesmo ano 1983 vira a luz tamén *Andaina, revista do movemento feminista*, para dar cabida a todo tipo de expresións e conciencias feministas. En 1991 esta publicación inaugurou a súa segunda época, e desde aquela sae do prelo trimestralmente co subtítulo de *Revista Galega de Pensamento Feminista*.

Con todo, no contexto galego non se viviu unha confrontación forte entre feminismo da igualdade e da diferenza e no terreo da mobilización social as partidarias de ambas as correntes adoitaron participar en campañas unitarias cada vez que se producían atropelos ostentosos sobre o dereito á igualdade, como os despedimentos masivos de mulleres na crise económica dos 80 en empresas galegas leiteiras, conserveiras ou do téxtil para substituílas por homes; a esixencia dun divorcio áxil e gratuíto cando a UCD ía aprobar unha lei no Estado que non tiña en conta o nivel de dependencia económica das mulleres nin a súa maior desprotección social ou legal; ou as campañas para paralizar os xuízos e detencións de mulleres por teren presuntamente abortado.

A excepción foi xustamente o ano 1983 (cando converxera todo o feminismo independente galego baixo as siglas de FIGA). Nese ano, as feministas independentes editaron unha folla propia dirixida a «todas as mulleres», mentres que o resto de asociacións feministas agrupadas na Coordinadora de Organizacións Feministas Galegas convocaron actos de mobilización conxunta apoiados polos sindicatos e grupos políticos de esquerda ANPG, BNG, EG, INTG, PCG, UPG e PST, entre outros. Os actos ese ano concentráronse en condenar o proxecto de lei sobre o aborto que o PSOE, tras a súa recente chegada ao goberno español, presentara en Madrid, xa que deixaría moitas mulleres no aborto clandestino e ilegal e permitiría o lucro das clínicas privadas. Pero o ano 1983 pasou á historia do feminismo galego porque foi entón cando, por vez primeira, se sacou á luz o debate sobre a orientación sexual das mulleres, incorporando así novas demandas que o movemento feminista esixía. Este novo debate quedou reflectido nas mobilizacións dese ano, nas que que por vez primeira se luciu unha nova pancarta: «Sexualidade non é heterosexualidade. Defendamos con orgullo o noso lesbianismo».

Esta pequena *fragmentación* entre as feministas independentes e aquelas ligadas a partidos (as da dobre militancia) pasou totalmente desapercibida nos medios de comunicación, como tamén pasou desapercibida a nova corrente do feminismo lesbiano, exemplo do desinterese social xeral por afondar en coñecer a pluralidade e riqueza do movemento. No entanto, a manifestación de 1987 fixo patente outra fragmentación, desta vez entre as Mulheres Nacionalistas Galegas e o resto de asociacións. As primeiras manifestáronse en Compostela apoiadas pola INTG e polo BNG, cuxo voceiro Xosé Manuel Beiras presentou no parlamento galego ao remate da manifestación unha proposición non de lei sobre o tema do aborto en nome de Mulheres Nacionalistas Galegas. O resto de asociacións camiñaron aglutinadas na Coordinadora de Organizacións Feministas, e contaron co apoio do resto de grupos políticos e sindicais. Esta fragmentación entre feministas nacionalistas e non nacionalistas si quedou reflectida no semanario *A Nosa Terra*, que abría a reportaxe sobre o Día da Muller co titular de «o 8 de marzo celebrouse con dúas manifestacións».

Á vista de todo isto, non pode entenderse a transición cara á democracia en Galiza sen ter en conta o peso fundamental que a militancia política das mulleres, tanto no feminismo independente coma no feminismo asociado a determinadas forzas sindicais e políticas, tivo na estruturación e avances da sociedade galega actual no seu conxunto. Pero ao igual que acontece a nivel xeral no resto do estado, a xulgar polos relatos oficiais as feministas galegas tampouco existiron nesta época.

O feminismo galego na actualidade: teoría, movemento e institucionalización

O avance da década dos 80 foi dando paso a un período caracterizado pola polarización do debate teórico e pola paulatina institucionalización do feminismo. Os alicerces xa se puxeran en España, coa creación en 1983 do Instituto da Muller, e a partir dese momento algunhas institucións públicas quixeron capitalizar algunhas demandas feministas como, sobre todo, os actos arredor do 8 de marzo. Un dos casos máis paradigmáticos produciuse na Coruña en 1984, onde o Concello organizara para ese día unha mesa redonda sobre a muller na sociedade actual contando cun moderador, coa presidenta da asociación de mulleres empresarias e coa súa homónima das amas de casa, ambas as asociacións carentes de liñas programáticas feministas. Ademais, a institucionalización trouxo parella unha perda de interese por parte dos medios de comunicación (que até daquela si lle deran certa cobertura aos actos feministas) e unha menor presenza no espazo público, apropiado agora ese espazo polos propios partidos políticos. Emporiso, foi unha época na que as mobilizacións feministas seguiron facéndose ouvir nas rúas. Por exemplo, en 1986 celebrouse unha acampada feminista pola paz (compaxinando as reivindicacións co *non* ao referendo sobre o ingreso de España na OTAN), e en 1988 o movemento feminista galego organizou un tribunal de mulleres contra a violencia sexual constituído por representantes de diferentes organizacións feministas e avogadas, estudantes, escritoras, xornalistas e investigadoras que ouviron dez terríbeis casos reais de chantaxes e abusos sexuais nos lugares de traballo, agresións na rúa, malleiras no ámbito do fogar, agresións ás lesbianas, etc. Igualmente, continuou a edición de revistas como *A Festa da Palabra Silenciada* e *Andaina*, e proliferaron outras novas como *Area* (de Mulheres Nacionalistas Galegas) ou *Abrente* (da Secretaría da Muller da Intersindical Nacional de Traballadores Galegos); creáronse grupos informativos de discusión, espazos propios de reunión para desenvolver lecer/cultura feminista, fixéronse xornadas e congresos, creáronse librarías e editáronse algunhas publicacións feministas.

Desde os 90 asistimos a unha recomposición do panorama feminista institucional, adaptándose e readaptándose ás circunstancias cambiantes do sistema político galego. En 1988 o goberno tripartito do PSOE, Partido Nacionalista Galego e Coalición Galega aprobou o I Plan de Acción para a Igualdade de Oportunidades para a Muller. Con todo, nese mesmo ano o Parlamento rexeitou a proposta de Esquerda Galega para a creación dun Instituto Galego da Muller, alegando que se trataba dunha iniciativa prematura e carente de demanda social (argumento este paradoxal, de termos en conta que noutras comunidades autónomas con participación socialista no goberno si se promoveu a creación de institucións homónimas). Malia que algunhas das asociacións feministas galegas máis radicais rexeitaban a proposta por considerala unha medida de maquillaxe desarticulatoria e desmobilizadora da loita feminista, a negativa do goberno desencadeou un movemento de reivindicación cidadá para presentar unha nova proposta pola vía legal da iniciativa lexislativa popular, o cal requiría a presentación de 15.000 sinaturas de apoio en catro meses. A organización exemplar das feministas a través da campaña «Nós mesmas», concluíu con 22.000 sinaturas validadas e a defensa da iniciativa nunha sesión parlamentaria en xullo de 1989, da man de Teruca Conde Pumpido. A iniciativa tampouco cristalizou, ao haber maioría de votos negativos no Parlamento. Habería que agardar até xaneiro de 1991, co Partido Popular no goberno, para que se crease o Servizo Galego de Promoción da Igualdade do Home e da Muller. O partido conservador tamén estableceu a Consellería de Familia, Muller e Xuventude (denominación que sintetiza o seu programa ideolóxico respecto da muller), e co propósito de contribuír ao empoderamento das mulleres destinou cartos públicos á creación da asociación Mulleres Rurais, unha rede que, na práctica, agrupa a centos de galegas ocupadas en actividades adoito *ambiguas* desde punto de vista dos papeis de xénero.

O feminismo institucional seguiuse alimentando de forma moi directa nalgunhas lexislaturas tanto a nivel estatal como a nivel galego. No primeiro caso, coa creación dun Ministerio de Igualdade, e no segundo, co establecemento tamén por vez primeira dunha Secretaría Xeral de Igualdade dependente dunha Vicepresidencia da Igualdade e do Benestar, que foi a única ocasión na que a materia da igualdade adquiriu un rango institucional tan elevado. A materialización práctica deste feminismo institucional tivo un dos seus expoñentes no lanzamento en 2007 do V Plan de Igualdade de Oportunidades entre mulleres e homes, no que se distingue entre intereses prácticos e puntuais e intereses estratéxicos conducentes a atallar cuestións estruturais por medio da transversalidade, para que todos os departamentos autonómicos teñan que formular necesariamente as súas políticas desde un enfoque de xénero.

Nos últimos anos, e en consonancia coa aprobación de leis estatais a favor da igualdade, a nivel galego tamén se aprobou a Lei galega para a igualdade de mulleres e homes en 2004, e en 2007 aprobouse a Lei galega para a prevención e tratamento integral da violencia de xénero, unha lexislación totalmente pioneira a nivel estatal e mesmo tomada como referente a nivel lexislativo europeo. Promoveuse así mesmo que os concellos fosen adoptando unha política de xénero, incentivando os municipios a redactaren os seus propios plans de igualdade adaptados á realidade local específica. Amais, tamén no nivel local cada vez máis concellos galegos contan con centros de información ás mulleres ou oficinas de igualdade, cunha maior profesionalización destes servizos.

En paralelo ao espectacular desenvolvemento do feminismo institucional, deuse unha apertura ao panorama internacional tanto desde o movemento como desde a teoría. No primeiro dos casos, desde o movemento destaca por exemplo a constitución no ano 2000 da Coordinadora Galega da Marcha Mundial das Mulleres, que xunta case corenta organizacións unidas, desde diferentes campos de actuación e sectores sociais e ideolóxicos, por dous obxectivos: a loita contra a pobreza e contra a violencia de xénero como pasos para avanzar cara a un mundo en igualdade. Esta Coordinadora tivo a responsabilidade de organizar en Vigo a Marcha Europea das Mulleres no ano 2004, e o VII Encontro Internacional da Marcha en 2008, congregando a milleiros de mulleres e homes de todo o mundo e demostrando deste xeito a capacidade organizativa e de mobilización feminista en Galiza.

Nos últimos anos destaca así mesmo a creación de Homes Galegos pola Igualdade, primeira asociación feminista promovida por galegos que insisten no papel crucial dos homes no cambio nos papeis de xénero e que se estabelecen en contacto con outras asociacións semellantes no resto do estado. Outro exemplo da apertura do movemento é a creación no Sindicato Labrego Galego dunha Secretaría da Muller en 1992, desde a que traballan para erradicar as discriminacións de xénero específicas das labregas non só en Galiza, senón en coordinación coas labregas do mundo a través da Vía Campesiña. Neste sentido destaca o labor encomiábel da que foi a súa secretaria xeral durante dezaoito anos, Lidia Senra, quen promoveu un enfoque feminista galego en pé de igualdade coas mulleres do sur na demanda, por exemplo, da soberanía alimentaria. O movemento tamén abriu as súas portas a novos enfoques, como o traballo man a man coas mulleres do sur a través das organizacións de cooperación ao desenvolvemento críticas, de xénero e feministas nas que en Galiza existe o caso sobranceiro de Implicadas no Desenvolvemento.

En paralelo a esta visión de unión coas feministas do mundo, aparecen tamén organizacións de ámbito galego de carácter máis local ou comarcal, como a Assembleia de Mulheres Feministas do Condado, Donas de Nós ou o Observatorio da Mariña pola Igualdade, que traballan desde o local moitas veces como sinónimo dun feminismo sectorial e dun activismo reivindicativo envorcado en temas concretos (como o aborto, a violencia de xénero, etc.), no que constitúe unha proba máis de que o movemento feminista galego segue vivo e combativo na loita a prol da igualdade.

Desde o punto de vista da teoría a apertura ao mundo veu da man de traducións como a d'*O segundo sexo*, a síntese do pensamento de mulleres como

Vandana Shiva na obra de Anna Cervera, a colección de literatura feminista «As Literatas» de Edicións Xerais coordinada por María Xosé Queizán, ou a colección de Sotelo Blanco tamén de traducións de obras de feministas de diferentes épocas (Wollstonecraft, Pizan, Arenal, etc.) que permitiron por primeira vez un acceso, se ben limitado pero non por iso menos significativo, a certas visións feministas (sobre todo) occidentais na nosa lingua.

Por outra banda consolidouse o marco teórico propio, recollendo os esforzos das teóricas que estiveran activas xa desde a época prefranquista e incorporando novas contribucións. Un papel preponderante na evolución e consolidación do pensamento feminista galego desempeñouno María Xosé Queizán, que ademais do seu labor á fronte da FIGA e da *Festa da Palabra Silenciada*, cultivou a reflexión teórica feminista desde unha identidade galega converténdose en pioneira do feminismo galego xa desde os anos 70. Ao seu ensaio inaugural *A muller en Galicia* seguiu unha prolífica produción como teórica feminista con títulos como *Recuperemos as mans*, *Evidencias*, *Escrita da certeza*, *Misoxinia e racismo na poesía de E. Pondal* ou o recente *Anti natura*. O seu labor pioneiro significou nalgúns momentos iniciais «que tivese a sensación de estar a traballar no deserto, sen atopar un lugar de debate», pois as súas achegas eran recibidas cun «silencio total e absoluto». Cousa diferente aconteceu co traballo *Misoxinia e racismo na poesía de E. Pondal*, que lle valeu duras descualificacións por parte do aparato nacionalista, o que de novo pon sobre a mesa os conflitos identitarios de moitas feministas e galegas.

Estes conflitos están no cerne das teorías feministas sobre literatura galega de Helena González, que ten examinado a posición das escritoras na encrucillada xénero/nación, a través de análises literarias desde o punto de vista do xénero que teñen en conta como se engarzan con outras variábeis identitarias (neste caso, a pertenza a unha determinada identidade nacional). Tamén Carmen Blanco ten contribuído á teoría feminista literaria galega cos seus pertinentes estudos sobre a misoxinia dalgúns dos autores galegos canonizados e usados como base na que soster a idea de nación, como Leiras Pulpeiro, Ánxel Fole ou Otero Pedrayo. Deste xeito, esta autora tornou evidente que a crítica ao sexismo no nacionalismo ha ter que pasar necesariamente por unha crítica á literatura, porque o nacionalismo (galego) atopa moitos dos seus referentes no discurso literario. Xunto a elas destacan as achegas feministas á literatura e á lingua de Pilar García Negro ou Camiño Noia, e á crítica literaria galega de Kirsty Hooper, Helena Miguélez-Carballeira ou María do Cebreiro Rábade Villar.

Nun campo próximo ao literario fican tamén as contribucións sobre a linguaxe desde o feminismo feitas por Teresa Moure no seu ensaio *A palabra das fillas de Eva*, que máis tarde complementou tamén cun enfoque ecoloxista en *O natural é político*. Sobre a escolla idiomática de mulleres e homes en Galiza, e en concreto sobre a tendencia discriminatoria que conduce ás galegas (moito máis ca aos galegos) a optaren polo castelán para adaptarse ao modelo dominante e de prestixio, ten traballado tamén Goretti Sanmartín. María Xosé Agra e Manuela Palacios presentan á súa vez contribucións ao ecofeminismo, a primeira delas cunha longa traxectoria tamén no campo de traballo da filosofía moral e política. Neste continuo destaca especialmente a contribución de Carme Adán con respecto á epistemoloxía feminista, tamén desde a filosofía, cunha interesante análise da raíz do coñecemento, as súas orixes patriarcais e os diferentes enfoques dos feminismos occidentais para facerlles fronte e cambiar a maneira de concibir o propio mundo, e máis en concreto a ciencia como narrativa que o interpreta. Outra narrativa revisada desde Galiza é a da heteronorma, sobre todo con traballos como os de María Xesús Fariña Busto e Beatriz Suárez Briones, que contribuíron a unha visión plural das identidades lesbianas e unha crítica ao heterosexismo en diferentes contextos.

Os campos de traballo das teorías feministas en Galiza seguiron multiplicándose, chegando a campos tan diversos como a economía (con achegas como a de Mª do Carme García Negro, centradas moitas delas no sector pesqueiro), o audiovisual e a comunicación (coas reflexións e traballos de Margarita Ledo Andión e máis recentemente de Belén Puñal) ou as artes plásticas (coas contribucións de María Ruído, Mar Caldas, Andrea Costas e moitas outras artistas).

Queremos subliñar por último, nunha listaxe necesariamente incompleta, o importante labor de recuperación da historiografía das mulleres galegas realizado por María Xosé Rodríguez Galdo, así como da xenealoxía do feminismo galego por parte de Mónica Bar Cendón e Aurora Marco. Son tantas as achegas e tan variadas que resulta imposíbel cubrilas todas, excepto con estes pequenos trazos que aquí incluímos.

Dentro deste marco cómpre entender tamén as contribucións que nós, as dúas autoras deste libro, temos feito no eido da linguaxe non sexista como marco teórico e práctico para o galego ou no enfoque de xénero sobre a comunicación, a necesidade de superación do imperialismo e sexismo na definición nacional sobre todo a través da literatura, a cooperación ao desenvolvemento desde unha óptica feminista ou a análise dos alicerces da violencia de xénero no imaxinario, así como as interseccións entre a tradución e os feminismos.

En moitos casos, aínda que non sempre, este proceso está estreitamente vinculado ao mundo académico. Na actualidade existen diferentes centros de investigación feminista nas universidades galegas, que prolongan o labor daquela pioneira Asociación Universitaria para o Estudo da Problemática da Muller creada en 1976. Entre outros, destacan o Feminario de Investigación Feminismos e Resistencias na Universidade de Vigo, o Centro Interdisciplinario de Feminismo e Estudos de Xénero da Universidade de Santiago de Compostela, a Cátedra de Estudos Feministas da Universidade de Vigo, o Seminario Muller e Universidade, etc. En paralelo a estes, e cun carácter máis informal, xurdiron tamén grupos de documentación e difusión feminista como o Grupo de Estudos sobre a Condición da Muller Alecrín, creado en Vigo en 1986.

En definitiva, este libro non pode entenderse sen esta historia de noso e sen o traballo previo e coetáneo de todas as compañeiras que desde diferentes puntos de vista enriquecen a nosa sociedade.

3. ÁFRICA SUBSAHARIANA

Resulta complicado sintetizar a variedade de correntes de pensamento que existen nunha zona tan ampla, diversa e complexa como a África subsahariana. Porén, non existe dúbida da existencia dun corpo de pensamento sólido e común a esta zona planetaria. Calquera teoría feminista desenvolvida nos países que integran esta rexión está marcada pola historia de colonización e en moitos casos a escravitude, polo proceso de historias anteriores á época colonial e polos procesos de neocolonización actuais a través da globalización que provocan unha situación de pobreza extrema, emigración e conflito bélico case xeneralizado.

A evolución do pensamento feminista na África subsahariana pode remontarse ás figuras de mulleres fortes que foron recuperadas para a historia na época recente grazas á historiografía feminista. Así, as feministas actuais poden tirar a súa inspiración de mulleres sobranceiras como as raíñas do século IX Magajiyas de Daura (na actual Nixeria), a raíña Amina de Zazzau do século XVI ou as raíñas Nzinga de Angola ou Nehanda de Zimbawe xa no século XIX. Estas e moitas outras mulleres da historia amosaron para as feministas actuais formas diferentes de exercer o poder ou de definir unha autoridade relixiosa, contendo todas elas as sementes dunha maneira transgresora para as mulleres de estar nas súas sociedades. Porén, se cadra máis significativas aínda que estas figuras solitarias que aparecen na historia de todas as culturas do mundo, resulten as formas de organización das mulleres típicas de moitos países da África subsahariana. Mesmo se como defende Paul Tiyambe Zeleza os movementos de mulleres foron omitidos polos historiadores, existen exemplos máis que abondosos da mobilización das mulleres contra a súa opresión en diferentes momentos da historia africana. Por exemplo, as mulleres kenyanas organizáronse tradicionalmente arredor dos *mumikanda* (grupos de traballo), as falantes de *kikuyu* tamén se organizaron en grupos de autoaxuda chamados *ngwatio*, e en Nixeria as mulleres *igbo* fixérono nos seus propios consellos.

En toda África occidental as mulleres exerceron tradicionalmente o traballo de comerciantes e as súas asociacións puxeron en marcha importantes revoltas ao ver en perigo aspectos do seu labor comercial. Aínda así, a colonización marcou un importante punto de inflexión nestas estruturas, dado que sobre todo o traballo das misións tentou impor un ideal de muller doméstica e tentou absorber estas poderosas organizacións en formas que desactivasen o seu potencial político (como en clubs de mulleres). Con todo, esta semente permanece nas sociedades africanas e atopou unha vía de expresión co avance dos movementos independentistas nos diferentes países da rexión. As mulleres en xeral deron amplo apoio a estes movementos, nos que participaron tanto na loita política coma na loita armada. Un exemplo sobranceiro é o de Funmilayo Ransome-Kuti, convertida nunha das figuras fulcrais da causa nacionalista, socialista e feminista, que activou en Nixeria un movemento de desobediencia civil sen precedentes o cal levou á caída do reinado Egba, o goberno que exercía o poder colonial británico. Igualmente a participación das mulleres nos movementos armados de liberación nacional foi fundamental, con exemplos como a Brigada das mulleres da Fronte de Liberación Mozambicana (FRELIMO) dirixida por Josina Machel. Igual ca noutras zonas do mundo colonizadas até o século XX, foron estes movementos de independencia os que abriron se cadra o maior espazo para o pensamento feminista, e tamén os que maior descontento provocaron posteriormente ao monopolizar os homes o discurso e derivar en moitos casos cara a visións da cultura e da nación fondamente ancoradas no patriarcado e no sexismo. Malia todo cómpre sinalar que os movementos de mulleres en xeral nos países da África subsahariana acadaron importantes avances desde a independencia sobre todo no marco legal, onde conseguiron a introdución de medidas importantes, desde aspectos legais relacionados coa violencia contra as mulleres até unha maior representación política. Foi neste momento tamén cando se solucionaron cuestións como o sufraxio en moitos países, se ben cómpre sinalar que en lugares como Sudáfrica o sufraxio xa se aprobara en 1930 pero só para as mulleres brancas (houbo que agardar a 1994 para que se incluíse toda a poboación). Porén, hai que lembrar que moitas feministas, como por exemplo Amina Mama, analizan de forma crítica as medidas ou a presenza de mulleres en postos de poder fóra dos réximes democráticos, dado que as ditaduras de diferentes países africanos (por exemplo Nixeria, Kenia ou Ghana) aproveitaron as figuras de mulleres no público para mobilizar as mulleres en xeral no apoio ao réxime. A institucionalización dos feminismos entendida como o acceso das mulleres a representación parlamentaria ou postos de poder queda manifesta en países como Burundi, Mozambique e Sudáfrica, que estableceron ministerios ou institutos da muller e posteriormente sistemas de cotas. Ao igual que noutras partes do mundo, os movementos feministas locais por unha banda celebran estas iniciativas, como amosa o estudo de Hannah Britton *Cotas por xénero, estratexias electorais e feminismo institucional en África*. Pero pola outra banda atopan esta serie de medidas insuficientes, pois alegan que deben complementarse con outras para non quedar nunha simple achega formal. Igualmente existen críticas desde o punto de vista da clase social ou etnia, como as da xa mencionada Amina Mama, nos casos en que as mulleres acceden a estes postos por estar relacionadas con certas etnias ou familias de poder patriarcal. Aínda así, en contraposición á frecuente imaxe occidental, son numerosos os países africanos que teñen maior representación de mulleres no parlamento ca os propios países occidentais. En calquera caso, estas críticas internas fan entender que, malia as melloras, segue sendo fundamental pasar dunha mobilización das mulleres anecdótica a un verdadeiro cambio do marco conceptual das diversas sociedades. Isto é o que ofrecen as diversas correntes feministas actuais na África subsahariana, como veremos deseguido.

As feministas teñen que enfrontarse a diferentes marcos de opresión que producen unha interesante diversidade de voces no contexto actual, entre as que podemos atopar algúns puntos en común: en primeiro lugar, abundan as críticas ao feminismo feito desde preceptos imperialistas por parte das mulleres brancas e en xeral a crítica ao marco epistemolóxico occidental como universal. Ademais, dáse unha análise de realidades propias nun marco glocal. Finalmente, prodúcese a integración do activismo e da teoría en cuestións que son vitais para a supervivencia das mulleres e a igualdade de xénero nesta zona do mundo, o cal implica unha crítica interna aos modelos de *cultura africana* impostos por parte dos movementos nacionalistas, os estados ou as instancias de poder en xeral.

A colonización non só trouxo consigo un proceso de explotación e opresión senón que tamén afectou ao marco epistemolóxico dos pobos colonizados, aos que se lles impuxeron as formas de entender o mundo da metrópole, como vimos claramente na domesticación dos grupos de mulleres tradicionais. Ademais, nesas formas coloniais de entender o mundo, os homes e as mulleres negras pasaron a ocupar o lugar da *outra*, indubidabelmente tamén para elas. Xa Franz Fanon, un dos primeiros teóricos do poscolonialismo, fixo referencia a este tipo de colonización mental de graves consecuencias (o desprezo polo autóctono, a incapacidade de crear modelos de desenvolvemento e sociedade propios, etc.). Dentro das críticas a este tipo de pensamento aparece a necesidade de estabelecer unha episteme propiamente africana, tamén no marco dos feminismos. Esta tarefa demostra a complexidade das interaccións teóricas e culturais na actualidade e a presenza de correntes antagónicas. Por unha banda, son abondosas as voces que rexeitan o marco occidental feminista, e entre outras cousas o mesmo concepto do xénero, como non aplicábel á realidade africana e en consecuencia buscan o desenvolvemento dunha episteme propia baseándose en supostos de vivencias anteriores á colonización (coa imaxe recorrente dun matriarcado ancestral que tería desaparecido pola colonización). Pola outra, son aínda máis as voces que buscan ese marco de referencia propio, pero sen ignorar que as visións que defende a primeira postura adoitan caer nun esencialismo, porque unifican realidades e experiencias totalmente diversas ignorando diferenzas de clase, orientación sexual, etc., dado que África comprende unha enorme variedade de culturas e sociedades e de aí que non se poida facer unha xeneralización como *realidade africana*. Estas voces tampouco esquecen que a primeira postura incorre ademais polo xeral nunha mentalidade colonial, pois representa os seus propios pobos con suposicións pseudohistóricas dunha vida pasada na que as mulleres non vivían en desigualdade. Un caso amplamente debatido é o de Oyeronke Oyewumi, autora d'*A invención das mulleres: tirar sentido dos discursos de xénero occidentais desde África*, que pretendeu afirmar que o pobo yoruba de Nixeria carece de divisións de xénero na súa sociedade porque a lingua non adoita facer distincións de xénero, senón que marca a pertenza ou non á familia. Esta análise da realidade yoruba é reducionista, en tanto que evita mencionar como dentro desas distincións de pertenza son as mulleres as que saen sempre mal paradas, pois ao ser a sociedade yoruba patrilineal, as mulleres son as últimas en entrar nas familias. Por tanto, eses aparentes termos neutros en canto ao xénero acaban definindo de facto as mulleres, á parte doutras moitas cuestións como que é ás mulleres a quen lles toca cargar cos traballos domésticos en exclusiva ou outras responsabilidades determinadas polo xénero social. Como tal, a proposta de Oyewumi recibiu abondas críticas doutras feministas africanas, entre elas de Bibi Bakare-Yusuf, a cal defende que non se pode falar dunha forma esencialista das sociedades africanas dado que estas xa foron transformadas por moitos factores. Porén, isto non invalida o feito de que Oyewumi puxese en cuestión outra serie de aspectos relevantes para unha crítica da visión occidental de África que ten consecuencias amplamente tanxíbeis, por exemplo, nas políticas de axuda ao desenvolvemento. A este respecto, si se pode afirmar que a colonización e as políticas de axuda realizadas até a introdución do enfoque de xénero na cooperación ao desenvolvemento agravaron a situación das mulleres ao importar novas formas de prioridade masculinas aos lugares colonizados. Neste caso, a falta de entendemento, a visión eurocéntrica e o paternalismo de quen deseña as políticas de axuda en occidente levou a un empeoramento sen precedentes das condicións económicas e sociais das mulleres africanas, o cal non foi posto en evidencia até o estudo de Ester Boserup nos anos 70, é dicir, tres décadas despois do comezo da cooperación internacional (véxase a sección dedicada á cooperación ao desenvolvemento).

De xeito parello, a emigración e o exilio marcan o contexto actual africano e a interacción e crítica do marco epistemolóxico occidental refórzase coas voces das feministas da diáspora, é dicir, as teóricas e activistas que por motivos económicos ou de persecución política tiveron que abandonar os seus países de orixe. As súas voces axudan a comprender dunha forma moi clara a interacción entre a opresión neocolonial e o patriarcado. Son as voces de moitas teóricas africanas diaspóricas as que denuncian, como Obioma Nnaemeka, o contraproducente da representación das mulleres africanas por parte de mulleres occidentais, que non son conscientes do seu propio papel como opresoras desde moi diferentes puntos de vista: «ao relacionarnos con outras culturas, os argumentos relativistas e os arrogantes sentimentos de superioridade insensibilízannos ante as realidades dos nosos propios problemas. Debemos ser conscientes da nosa propia opresión para poder colaborar con quen padece unha opresión semellante». As mulleres africanas volven ser novamente obxecto do imaxinario colonial ao representarse como a maternidade en esencia, a natureza, esa civilización salvaxe á que volver, pero tamén como a sexualidade por excelencia, e sobre todo como vítimas da pobreza e de prácticas aberrantes.

A cuestión da mutilación xenital e a presentación das mulleres africanas como un *problema* son dous aspectos amplamente criticados. Como explica Filomina Chioma Steady, este tipo de representacións en occidente invisibilizan o papel opresor das sociedades occidentais a través das súas empresas, gobernos e sociedade civil en África (o cal resulta moi cómodo, claro está), dificultan a obtención dunha voz propia (se xa están aí as mulleres brancas para falar dos problemas das mulleres africanas, para que escoitalas a elas?) e tamén invisibilizan o papel transformador das mulleres e dos feminismos a nivel local, onde están traballando contra estruturas patriarcais propias (a imposición da maternidade ou heterosexualidade, a división do traballo, etc.) e por contaxio a nivel mundial. As críticas feministas africanas fixéronlles ver ás feministas occidentais os problemas da súa complicidade con discursos coloniais, así como a necesidade de analizar de forma complexa e crítica o propio marco de análise (por exemplo, ninguén fala da situación das mulleres en occidente como algo pechado e estático, pero si cando se fala da situación das mulleres noutras partes do mundo). Estas simplificacións impiden ver que, como indica Nnaemeka, non hai moita diferenza entre a mutilación e as operacións de cirurxía estética, pois ambas as dúas prácticas parten dunha concepción social do corpo das mulleres, que deben encaixar por unha vía agresiva e lesiva coas expectativas sociais. Este tipo de críticas arrebola tamén nova luz sobre as propias sociedades occidentais, unha contribución da cal en occidente deberiamos estar agradecidas, dado que abre novas portas a unha participación social diferente tanto dentro como fóra das nosas fronteiras.

Dentro deste marco complexo debe entenderse tamén a cuestión da orientación sexual, onde novamente os discursos independentistas amosaron, como ben explica Guarav Desai, unha homofobia que se mantén até a actualidade. Esta homofobia utiliza como base precisamente os mesmos argumentos cos que se ataca os feminismos, é dicir, que a homosexualidade é unha importación occidental. Isto levou a que abondas estudosas e estudosos afondasen nas orixes da sexualidade na África subsahariana e chegasen a pór de manifesto unha realidade máis complexa ca esa simple acusación. Así, Neville Wallace Hoad centrouse en recuperar prácticas normalizadas de homosexualidade masculina, mentres que diversas autoras como Wairimu Ngaruiya Njambi e William E. O'Brien se dedicaron a investigar os matrimonios entre mulleres en diversas comunidades africanas (no caso concreto examinado por esta autora e autor, a gikuyu de Kenia), ás que nos referiremos no apartado dedicado á orientación sexual. A controversia polo uso occidental destas prácticas e a interpretación que se fai desde os movementos gays e lesbianos noutras partes do mundo tamén provocou as reaccións de teóricas como Ife Amadiume, que explica como estes movementos semellan utilizar novamente África como un capital político para xustificar a súa identidade sexual. Se cadra máis interesante aínda é a crítica da xa mencionada Guarav Desai cando indica que se cadra a importación occidental a África (e outras partes do mundo) foi a homofobia, e non a homosexualidade, porque precisamente os gobernos coloniais e as súas misións relixiosas demonizaron de forma sinalada todo aquilo que non encaixaba no seu patrón de moral heterosexual.

Todos estes debates únense a outros nos que cómpre sinalar as loitas a nivel institucional para cambiar o marco legal, para oporse aos fundamentalismos (como por exemplo o das igrexas ou o islam) ou para mellorar as condicións de vida máis inmediatas das mulleres, até unha crítica ao papel das institucións tanto locais como internacionais precisamente como instrumentos dunha nova colonización ou opresión ditatorial. Así, as feministas analizan a utilización de imaxes de mulleres no poder por parte das ditaduras, e tamén a imposición de metodoloxías do norte no traballo en cooperación ao desenvolvemento. Igualmente a nivel local resultan fundamentais os estudos sobre as mulleres na historia, que son capaces de sacar á luz formas de organización e figuras que poidan inspirar novos modelos de sociedade. Nesa recuperación do pasado, como apuntamos, existe sempre a controversia de tentar regresar a unha serie de valores idealizados nos que destaca con especial relevancia a maternidade como elemento definitorio dunha suposta esencia africana feminina. A análise desta santificación da maternidade que defenden algunhas feministas (recorrendo á imaxe da nai como figura de poder) é criticada por outras que a consideran como a base para o desentendemento dos homes con respecto das cuestións domésticas e sobre todo a atención a nenas e nenos, coas consecuencias sociais que isto implica. A maternidade é, pois, un elemento central do debate glocal africano, que pon de manifesto o inaxeitado do marco de análise occidental e ao mesmo tempo os aspectos globais de certos fenómenos. Así, mentres que en occidente se comeza a contemplar a maternidade en solitario como unha tendencia social crecente de escolla das mulleres de certas clases sociais (aínda que por suposto non todas as feministas occidentais interpretan este fenómeno do mesmo xeito), en África ao igual que no Caribe, a maternidade en solitario adoita ser un fenómeno social relacionado directamente cuns papeis de xénero que promoven que os homes non se responsabilicen das crianzas. Aquí é onde a análise feminista global é relevante, dado que en todas as sociedades, independentemente de como se manifeste, os papeis de xénero semellan enfatizar a responsabilidade única das mulleres sobre a descendencia, con todas as implicacións que poida isto ter para a súa vida, saúde, e en xeral para a definición social global. Xa que logo, na cuestión da maternidade vemos perfectamente esa interacción entre o global (todas as sociedades mitifican dun xeito ou outro a maternidade) e o local (no caso africano esta mitificación responde a unhas orixes e causas concretas e ten consecuencias tamén concretas).

En suma, son moitas as contribucións dos feminismos da África subsahariana aos debates locais e mundiais. O traballo das teóricas desenvolveuse en moitos campos, desde unha crítica ao marco occidental até o desenvolvemento de estudos do propio. Nunha reclamación necesaria, cómpre introducir nos feminismos, nos estudos de mulleres na historia, nos estudos de todos os campos, tamén a perspectiva de case un continente enteiro que adoita quedar sumido no silencio.

4. AMÉRICA LATINA E O CARIBE

A enorme diversidade de contextos económicos, sociais e sobre todo políticos que se acubillan baixo o paraugas de América Latina converte en arriscado calquera intento de identificar tendencias comúns que vaian máis alá do criterio xeográfico ou da experiencia compartida da colonización no séculos XV e XVI por parte maioritariamente dos imperios español e portugués. No caso do movemento de mulleres e do movemento feminista, no entanto, resulta máis doado identificar unha serie de situacións comúns, aínda que a súa materialización dependerá en cada caso do contexto sociopolítico no que se inscriban. Os propios movementos son conscientes de compartir semellanzas, problemas e inquedanzas, e desde 1981 levan organizando o Encontro Feminista Latinoamericano e do Caribe (EFLAC) no que teñen reunido centos de milleiros de feministas en diferentes países. Nestes encontros intentan definir o perfil propio do que consideran feminismo latinoamericano, caracterizado por ter que facerlles fronte aos problemas derivados da imposición de ditaduras militares en moitos países durante décadas, aqueles derivados da súa oeneguización, da tendencia a substituír o papel de cidadá polo de necesitada nalgunhas áreas, da recente institucionalización coa instauración de democracias, así como aqueles problemas relacionados con fundarse en narrativas múltiples que inclúen transversalizacións de relixión e etnia/clase. As feministas latinoamericanas teñen ademais debatido sobre a súa identidade, sentíndose na periferia tanto do feminismo occidental hexemónico como do feminismo poscolonial daquelas áreas nas que a experiencia da descolonización é moito máis recente do que en América Latina.

Pero a consciencia feminista nesta inmensa parte do planeta remóntase a ben antes de 1981. Ademais das temperás ideas protofeministas de Sor Juana Inés de la Cruz no século XVII, desde o século XIX foron numerosas as feministas de diferentes puntos do continente que desafiaron o conservadorismo da época que excluía ás mulleres da esfera pública e da cidadanía, e reclamaron a emancipación das mulleres. Sen pretensión de achegar unha listaxe exhaustiva, resulta obrigado mencionar a Nísia Floresta Brasileira Augusta, pioneira do feminismo no Brasil (e segundo moitas autoras en toda América Latina) que en 1832 publicou *Dereitos das mulleres e inxustiza dos homes* no que ía ser unha tradución da obra de Mary Wollstonecraft pero que se converteu en máis ca iso, xa que a autora brasileira incluíu as súas reflexións sobre a realidade do seu país. Nesta época destacaron tamén as reivindicacións da sufraxista Laureana Wright en México, da anarquista anticlerical Belén de Sárraga en Uruguai, do anarcofeminismo de Luisa Capetillo en Puerto Rico e de Salvadora Media

Onrubia en Arxentina (primeiras dramaturgas de Latinoamérica que desenvolveron un teatro feminista autenticamente revolucionario), ou da literata feminista Alfonsina Storni tamén en Arxentina.

Co cambio de século proliferaron as manifestacións a prol dos dereitos políticos das mulleres (desde 1912 en Colombia ou desde 1928 en Ecuador, por exemplo) e creáronse as primeiras asociacións sufraxistas (como a Federación Brasileira polo Progreso Feminino, país onde as mulleres lograron o dereito a votar en 1932, ou o Partido Nacional Sufraxista Cubano, onde acadaron o sufraxio en 1934). Irromperon, en suma, voces de mulleres librepensadoras como a escritora chilena Mercedes Valdivieso ou a mexicana Rosario Castellanos, e conformáronse movementos feministas que demandaban cambios sociais e políticos con base nunha idea de xustiza entendida como igualdade de dereitos e con base tamén, en ocasións, nunha idea nacional que reivindicaba figuras de culturas prehispánicas e da loita independentista coas que identificaban a importancia das mulleres. Todo isto permite, en definitiva, afirmar que na primeira metade do século XX o feminismo latinoamericano tiña xa historia de seu.

Os golpes de estado e posteriores ditaduras militares dereitistas que se instalaron no poder durante as décadas dos 60 e 70 en boa parte dos países latinoamericanos caracterizaron o movemento feminista da segunda metade do século XX. Por unha banda, as oposicións esquerdistas aos réximes tenderon a diluír a manifestación de correntes autónomas dentro dos feminismos. Pola outra, a multiplicación nesta época de ONGs na rexión para *aliviar* situacións de pobreza agravadas polas situacións políticas fíxolles ver ás feministas que estas organizacións eran un dos poucos espazos permitidos de acción cívica, e axiña lles imprimiron as súas convicións converténdoas no canal de expresión perfecto do feminismo. Deste xeito, en moitos países os noutrora grupos activistas feministas reconvertéronse dentro das oenegués (aínda que con excepcións como Colombia, onde malia a violencia armada o continuo institucional non alentou este proceso). Aínda que as guerrillas e exércitos paramilitares tendían a ver o feminismo como unha loita pequeno-burguesa antirrevolucionaria, co tempo tamén se agruparon nas oenegués antigas membras das guerrillas desmobilizadas polo carácter discriminatorio que vivían nelas (cómpre ter presente que, por exemplo en Nicaragua, as mulleres representaban o 30 por cento do exército Sandinista de Liberación).

Este camiño propio da oeneguización do feminismo latinoamericano permite falar dunha profesionalización da causa feminista, un tipo de institucionalización moito máis temperá da que se produciu nos países occidentais. En calquera caso, as oenegués tiñan un carácter híbrido, pois eran ao mesmo tempo centros de traballo cun estilo organizativo xerárquico e espazos de movemento social caracterizados pola horizontalidade, pola defensa dos intereses dunha parte extensa da poboación de recursos escasos e pola desconfianza cara aos gobernos ditatoriais no poder (de xeito que a autonomía económica das organizacións era condición necesaria para a súa subsistencia). En segundo lugar, outras feministas tiveron claro que as súas demandas só poderían acadarse dentro dun cambio político e social que ampliase os espazos de participación cidadá. Deste xeito, a súa foi unha militancia dobre, reflectida na proclama chilena de Julieta Kirwood e Margarita Pissano, «democracia no país, na casa e na cama». Xunto ás feministas das oenegués e ás feministas vinculadas aos partidos de esquerda contra os réximes ditatoriais, pódese identificar un gran terceiro grupo de feministas que se reunían en grupos de autoconsciencia e se declararon autónomas, pondo énfase en cuestionar aquilo que permanecía privado a ollos alleos: a sexualidade, a intimidade e os papeis domésticos.

No agromo das reflexións teóricas que se propuñan desde estes tres grupos de feministas (das oenegués, da dobre militancia e as autónomas) unha preocupación constante foi a de buscarse a si mesmas, é dicir, intentar definir o perfil *do* feminismo latinoamericano marcando para iso as diferenzas respecto do feminismo poscolonial incipiente nesta época, e sobre todo, marcando as diferenzas respecto a occidente. Isto implicaba rexeitar as categorías hexemónicas euro-estadounidenses en vagas, aducindo que invisibilizan as etapas do feminismo latinoamericano que polas súas propias continxencias foi, respecto da clasificación canónica, á zaga nalgúns momentos pero á vangarda noutros. Con todo, houbo tamén autoras (como por exemplo, algunhas cubanas ou panameñas) que recoñecían a influencia estadounidense, nestes casos concretos pola proximidade xeográfica e pola ocupación estadounidense de bases militares situadas nas súas fronteiras. Alén desta preocupación, cómpre destacar que nas tres posturas políticas feministas principais desta época, as aproximacións ás relacións de xénero das feministas latinoamericanas e caribeñas dos 70 adoeceron polo xeral dunha gran limitación: a tépeda comprobación que fixeron da diversidade de mulleres (en canto a etnias, razas, clases e orientación sexual, por exemplo) do continente.

Deste xeito, os feminismos latinoamericanos entraban na década dos 80 sen unha liña consistente de análise sobre o vínculo entre a dominación de xénero e outras formas de dominación. E en segundo lugar, entraban tamén nesta década marcados por unha nova conxuntura política, xa que neste tempo foise producindo (sempre con matizacións) a caída paulatina dos réximes militares, a cal daría lugar a novas situacións políticas definidas pola democratización (co marco formal igualitario das Constitucións), a globalización e o modelo económico capitalista. En moitas das transicións democráticas as feministas realizaron hábiles negociacións polas que acordaron cos partidos políticos da oposición diferentes prioridades de compromiso, que entre outras cousas incluían a creación de espazos institucionais que atendesen as súas demandas. Ora ben, cómpre ter presente que estas revolucións políticas non tiveron lugar no social, pois esta inxente área xeográfica segue na actualidade marcada pola dependencia económica (iso si, inserida no capitalismo de libre mercado) que lle deixa pouca capacidade para competir a escala internacional, o que mantén a poboación (e de forma preeminente as mulleres) nunha situación de pobreza xeneralizada.

En calquera caso, estas dúas características marcarían os principais debates teóricos do feminismo latinoamericano e caribeño a partir deste momento, sobre todo desde que en 1981 se puxesen en marcha os xa mencionados Encontros Feministas Latinoamericanos e do Caribe: por un lado, a necesidade de articular ligazóns entre a dominación de xénero e outras formas de dominación, coa especificidade de estar baseadas non só na clase ou na orientación sexual, senón sobre todo na procedencia étnica (a partir dunha amálgama de raíces poboacionais diferentes como a autóctona indíxena, a europea branca e a negra afrodescendente, á que se unen na actualidade as migracións asiáticas) que marca á inmensa maioría das mulleres latinoamericanas e caribeñas. Polo outro lado, articulouse un forte debate tocante aos retos que as democracias políticas recentes presentaban ao noutrora feminismo oeneguizado.

Respecto ao primeiro debate, púxose de manifesto a exclusión de clase e de raza do feminismo defendido até o momento. Desde o comezo saíu á luz a tensión (até entón implícita) de que as mulleres chamadas populares, na súa maioría afrodescendentes e indíxenas, non eran consideradas feministas (independentemente de que estas así se denominasen ou non) simplemente por pertenceren aos grupos de base. Isto, sen dúbida, constituía un claro exemplo das barreiras de clase e raza e das xerarquías de coñecemento do feminismo latinoamericano hexemónico. En consecuencia, no segundo Encontro Feminista de 1983 inclúese na axenda o tema do racismo (aínda visto con timidez e cunha certa visión identitaria esencialista), e deste xeito posibilítase que as afrodescendentes e indíxenas comecen a organizar espazos de debate dentro dos encontros. Nestes espazos, feministas como a afrobrasileira Leila Gonzáles denunciaron que «o proceso de *latinidade* deste feminismo é unha forma de eurocentrismo, na medida en que subestima ou descarta as dimensións indíxenas e negras na construción das Américas». Noutras palabras, o feminismo latinoamericano e caribeño estaba tan preocupado en definir o seu perfil propio para diferenciarse de occidente, que acababa borrando a enorme diversidade integradora que o definía, cando paradoxalmente era precisamente nesa diversidade onde residían algúns dos seus trazos máis específicos. A propia Gonzáles formulou a súa proposta política propia, unha visión internacionalista da loita antirracista que define a experiencia común dos e das afrodescendentes nas Américas: a amefricanidade. Para esta autora, a amefricanidade baséase por unha banda na negación da latinidade das Américas ao considerar a preponderancia de elementos culturais indíxenas e negros, e pola outra, na propia formación de España e Portugal, que só pode entenderse tomándose como punto de partida a longa dominación da península ibérica polo pobo mouro (de orixe, tamén, africana). Así, entendía a amerifricanidade como un proceso histórico de resistencia, de reinterpretación e de creación de novas formas culturais a partir de modelos africanos, rescatando e revalorizando así as herdanzas culturais africanas (culinaria, estética e sobre todo relixiosa) para construír un discurso e unha práctica sobre unha alternativa á latina.

Á parte da proposta de Gonzáles, as afrodescendentes e indíxenas aproveitaron o espazo que lles fornecían os Encontros para reivindicar a necesidade de abordar o racismo na proposta feminista, a necesidade de tratar o sexismo na loita antirracista do movemento negro mixto, no que Sueli Carneiro denominou como a dobre necesidade de «ennegrecer o feminismo e feminizar a loita antiracista». As afrodescendentes denunciaron a invisibilización ás que son sometidas pola non desagregación de datos nas estatísticas oficiais, aspecto que xerou en si mesmo unha gran tensión: como determinar quen é ou quen non é afrodescendente ou indíxena nunha sociedade mestiza como a latinoamericana e caribeña? Non obstante, as afrodescendentes e indíxenas demostraron os efectos do racismo sobre elas nas políticas demográficas (coa esterilización forzosa propiciada polos estados que as tivo a elas como vítimas principais), na imaxe estereotipada dos seus corpos e no carácter racial da violencia cotiá por parte dos aparatos policiais. Amais, denunciaron como á división sexual do traballo se suma a variábel racial, colocándoas nas esferas laborais peor pagadas e menos valoradas como o traballo doméstico, zonas francas e traballo informal, funcionando deste xeito coas mesmas lóxicas discriminatorias que tiña a escravitude en épocas de colonización.

Aínda así, segundo Curiel Ochy en *Perfís do feminismo iberoamericano* o corpo teórico que sustentou a acción política da loita antirracista e antisexista latinoamericana e caribeña segue a ser débil debido á precariedade material e educativa en que se atopan a maioría das afrodescendentes e ao feito de que o racismo non se trate nos centros de estudos das mulleres. Ademais, esta mesma autora sinala a aínda falta de integración das múltiples opresións nos estudos feministas.

Nestas críticas ao feminismo latinoamericano tívose igualmente presente o seu carácter heterosexista. Os encontros forneceron tamén un espazo de diálogo e debate para as feministas lesbianas, dobremente discriminadas polos feminismos (por mor da súa orientación sexual), e polo movemento homosexual mixto (por mor da súa condición de mulleres), situación á que se superpoñían outras capas de discriminación no caso das mulleres marcadas tamén por categorías étnicas ou de clase.

En paralelo a este debate, articulouse un segundo igualmente complexo sobre os desafíos que formulaban as recentes democracias políticas ao noutrora feminismo oeneguizado. Coa paulatina construción da cultura política democrática (democracia en tanto que forma de goberno validada por eleccións, aínda que como denuncian algúns sectores sociais non en termos de participación cidadá nas decisións económicas e políticas) levantáronse as maquinarias estatais requiridas polas feministas para atender os chamados *asuntos da muller* (Direccións nacionais da equidade, Institutos de desenvolvemento da muller, Consellos nacionais da muller, Servizos nacionais de promoción da muller, etc.). Cada contexto político pautou un comportamento determinado das feministas, pero a grandes trazos podemos afirmar que a posta en marcha de programas destinados ás mulleres nos anos 90 produciu unha fascinación e desconcerto inicial fronte á flexibilidade dos aparatos políticos para acoller propostas da sociedade. Coa adopción destas medidas os estados conseguiron neutralizar as críticas feministas contra a opresión das mulleres, que ficaron diluídas nos discursos e prácticas destas institucións, así como eliminar da esfera pública as protestas sociais dos movementos populares feministas (neste sentido, por exemplo, o 8 de marzo deixou de ser unha manifestación de protesta pola situación aínda discriminatoria das mulleres, para converterse nunha aclamación ás políticas estatais). En moitos casos estas políticas non eran feminismo de ningún tipo. Boa mostra das situacións rocambolescas que chegaron a darse é o caso do presidente peruano electo en 1990 Alberto Fujimori, que malia acumular denuncias por violación dos dereitos humanos, en 1996 anunciou a creación dun ministerio da muller, a primeira instancia estatal co rango de ministerio en toda América Latina. Finalmente a entidade acabou chamándose Ministerio de Promoción da Muller e Desenvolvemento Humano, e do seu nome pode deducirse que se concibiu como un caixón de xastre que, malia recibir pouco máis do 1 por cento do orzamento estatal, se encargou da distribución de alimentos e políticas de alivio da pobreza, da esterilización masiva de cen mil mulleres campesiñas sen un consentimento informado (algunhas das cales morreron polas precarias condicións nas que se realizaron as intervencións) e en xeral, de aceptar a adopción de políticas macroeconómicas sen avaliar os impactos negativos sobre as mulleres dos sectores máis vulnerábeis e menos poderosas.

Ademais disto, a institucionalización dos feminismos nas políticas de estado obrigou a moitas oenegués a reorientar as súas actividades para poder lexitimar a súa existencia. As oenegués deixaron de ser espazos de movemento social para ficar unicamente coa súa identidade de centros de traballo. Daquela, por un lado provocaron un baleiro de mobilización social, que se foi suplindo coa creación de novas organizacións (Foro de Mulleres Políticas en Bolivia, Movemento Feminista Autónomo do Ecuador, Movemento Amplo de Mulleres en Perú, etc.). Polo outro, a nova situación levou a unha maior profesionalización das onegués, agora convertidas en consultorías e servizos especializados de expertas sobre temas de xénero, ante a cada vez maior demanda dos organismos estatais nacionais e internacionais (resultado á súa vez da presión feminista nos foros internacionais, que denunciara a invisibilización das mulleres nas demandas sectoriais e nas políticas públicas).

No entanto, esta política supuxo un cambio nas vías de financiamento das organizacións, cuxa supervivencia económica depende desde agora en maior medida de que estivesen dispostas a asumir a axenda oficial dos estados. Son moitas as feministas que denuncian que esta estreita dependencia das oenegués feministas por parte dos gobernos lles fai perder autonomía de pensamento e acción, incorrendo na autocensura. De aí que desde os 90 tanto os estados como as oenegués lles desen prioridade absoluta ás políticas públicas, relegasen ao plano da intimidade despolitizada temas como a afectividade, a sexualidade ou a corporalidade, e descoidasen o traballo de base con grupos de mulleres máis amplos e empobrecidos que deberían ter en conta ademais a enorme diversidade étnica do continente. Foise así producindo un abismo cada vez maior entre as mulleres das clases populares e as feministas profesionalistas e, por extensión, unha fragmentación das posturas feministas ante as novas realidades sociais e políticas de cada país.

A partir deste novo contexto a distancia entre posicións teóricas aumentou considerabelmente e quedou patente de forma oficial desde o Encontro Feminista Latinoamericano e do Caribe celebrado no Salvador en 1993. Nese encontro bosquexouse a separación entre as feministas do posíbel (ou feministas institucionalizadas) e máis as feministas utópicas (ou autónomas). Esta separación adquiriu maior contundencia no seguinte congreso (Chile, 1996) no que as feministas do posíbel (que articulaban a súa acción a través dos partidos políticos, das entidades estatais e das oenegués) insistiron en que só a través do seu traballo ían influíndo nas políticas de estado e conseguindo melloras. Ao contrario, as utópicas cuestionaban delas que se autoproclamasen expertas en políticas de xénero representando a todas as mulleres, e lembrábanlles que o seu lugar de traballo non era neutro, senón unha institución que pertencía a un determinado sistema, do que se financiaban e ao que contribuían a soster. Coa chilena Margarita Pisano como figura central, as utópicas tamén lles reprochaban que nos seus asesoramentos non tivesen en conta a transversalización das estruturas patriarcais coa variábel étnica.

Á parte de servir como catalizadores destes dous debates tan importantes, os Encontros fóronse definindo como un espazo de articulación política rexional baseado na lóxica de solidariedade (permitindo que as identidades políticas locais se constituísen a través de relacións solidarias con outras identidades políticas que se enfrontaban a procesos de marxinación semellantes) e tamén como un espazo de reflexión crítica grazas ao que se teceron redes de actuación colectiva e se marcaron datas de loitas comúns (como a proclamación do 28 de setembro de xornada pola despenalización do aborto en América Latina e o Caribe). Estes encontros serviron amais para que as mulleres comezasen a adquirir conciencia explícita da súa *mesmedade*, non no sentido de ser iguais as unhas ás outras, senón de ser alguén por elas mesmas deixando de definirse como seres relativos en función dos seus papeis. Como xa dixera Rosario Castellanos na súa obra *O eterno feminino*: «non abonda sequera con descubrir o que somos. Cómpre inventarnos». En calquera caso, esta conciencia ocasionaría non poucos enfrontamentos con outras asociacións de mulleres que, nalgúns casos mesmo autoproclamándose feministas, se baseaban no concepto da maternidade militante para esixir respostas polas represións militares que fixeran *desaparecer* as súas fillas e fillos (como as Avoas da Praza de Maio, os Comités de Nais de Desaparecidas/os), o que en última instancia reincidía no papel tradicional da muller como nai. Isto dá mostra da preocupación constante do feminismo latinoamericano de, desde os seus inicios, definir os seus límites.

Os encontros conxuntos entre feministas latinoamericanas e caribeñas foron tamén o detonante para o agromar dun feminismo académico, que levou a que varias universidades incluísen liñas de investigación feminista e mesmo instaurasen programas oficiais de estudos de xénero. Desde ese encontro o movemento feminista de América Latina e do Caribe seguiu o seu propio camiño imparábel entrando con forza no século XXI, fomentando o traballo académico de forma espectacular e articulando novos debates teóricos como os de María Luisa Femenías, que trata de situar a especificidade dun feminismo latinoamericano plural e múltiple dentro do marco de análise posmoderna. No terreo social, as feministas latinoamericanas teceron dinámicas redes de ciberfeminismo entre elas e co resto do mundo. Deste xeito conseguiron que na actualidade a igualdade alcance unha visibilización importante, aínda que como acabamos de ver na práctica os estados só a recoñecen parcialmente e fana efectiva menos aínda, cuns niveis alarmantes de incumprimento en zonas onde a variábel de xénero interacciona coa categoría étnica.

Os cambios na práctica feminista das últimas décadas deron lugar a novos desafíos no pensamento crítico que no momento actual intenta reformular a relación do feminismo cos estados e institucións para superar a tecnocracia de xénero (avaliando, por exemplo, a presenza de feministas en espazos oficiais de gobernos deslexitimados), pero tamén a súa relación cos movementos sociais de base aos que concibir como espazo de empoderamento das mulleres das clases populares, e tendo en conta como as relacións sociais de xénero se engarzan con outras formas múltiples de dominación.

Alén diso, enfróntanse a un futuro no que a política do público non debe seguir silenciando as cuestións do ámbito privado, senón politizalo como medio para seguir presionando para rematar coa violencia que azouta impunemente a milleiros de mulleres.

Xunto ás vítimas da explotación sexual organizada en redes de turismo para consumo de occidentais, un dos casos de violencia de xénero máis sangrantes son os feminicidios en Ciudad Juárez, cidade fronteiriza do norte de México onde foron secuestradas, torturadas, mutiladas, violadas e asasinadas máis de mil mulleres desde 1993, ano en que empezaron a documentarse os crimes. Como denuncian as feministas mexicanas, asociacións como As Nosas Fillas de Regreso á Casa e as organizacións internacionais de dereitos humanos, a impunidade coa que actúan as redes de asasinos só pode entenderse a partir da conivencia do estado nestes delitos, mediante a falta de investigación e a deixadez de actuación, pois a maioría dos asasinatos non teñen nin a máis mínima resposta policial ou xudicial de acordo á lei. Esta complicidade semella tan obvia que a propia Corte Interamericana de Dereitos Humanos xulgou por vez primeira, en abril de 2009, ao estado de México pola súa responsabilidade internacional respecto da impunidade e falta de investigación destes crimes contra a humanidade. Aínda así, malia ser o caso máis coñecido, a situación de Ciudad Juárez non é única en Latinoamérica, dado que por desgraza hai moitos máis exemplos que non saen á luz internacionalmente onde queda clara a relevancia e necesidade de todos os movementos feministas nesta activa zona mundial.

5. ANTIGA URSS

Malia as enormes diferenzas que poden detectarse nas distintas repúblicas que integraron a Unión Soviética, a experiencia compartida de pertenza a este bloque durante máis de setenta anos caracteriza unha serie de fenómenos comúns que permiten analizar a zona de Europa oriental e Asia central como un único conxunto. As evolucións recentes dos feminismos nesta zona do mundo están profundamente marcadas pola transición desde o comunismo ás economías de mercado, cunha regresión case sen parangón da situación das mulleres que provocou tamén a súa mobilización. Cómpre, xa que logo, facer unha contextualización do movemento e das circunstancias das mulleres para comprender as correntes existentes nas repúblicas na actualidade.

Primeiramente, non se pode esquecer a presenza dos precedentes do feminismo nesta rexión do mundo desde principios do século XIX, cando se funda a Sociedade Patriótica das Mulleres en Rusia (1812) co obxectivo de pór en marcha un movemento para conseguir o acceso das mulleres á educación e tamén a erradicación da discriminación no mercado laboral, eliminando o concepto de traballo para as mulleres e traballo para os homes. Como se pode contemplar, esta última reivindicación segue de plena actualidade e está moi lonxe de conseguirse a nivel mundial. Durante o que se considera a primeira vaga do movemento feminista en Rusia (que vai desde principios do século XIX até 1905, o ano da revolución), os movementos de mulleres e mais a abolición da servidume en 1861 conseguen que as mulleres accedan á propiedade e poidan pór en marcha os seus propios proxectos sociais (algúns semellantes aos das mulleres de clase alta occidentais, como a caridade, e outros totalmente diferentes, como cooperativas).

Durante este primeiro período destaca o forte vínculo entre a literatura, a vida política e os movementos de mulleres na conformación do futuro movemento feminista, así como unha loita contra os estereotipos da muller e do feminino como algo divino, ideas promovidas por filósofos e autores da época como Solovyov, que falaba dun principio feminino da natureza. As activistas da época foron capaces de crear un amplo debate social que obviamente tivo os seus detractores, entre eles algúns *ilustres* escritores como Tolstoi, analizado desde entón e até a época actual pola súa aberta misoxinia; ou como Alexis Khomyakov, que igual que outros pensadores do ámbito europeo occidental consideraban que a igualdade levaría a que as mulleres adquirisen *vicios* que levarían á fin da sociedade, unha idea defendida en Europa occidental xa desde a Ilustración. As autoras Anna Tyrkova ou Maria Pokrovskaya, pola contra, reaccionaron aos seus ataques e falaron xa da necesidade de rachar con tales estereotipos de toda caste, e denomináronos o «gueto espiritual» ou «trampas de seda» contra as que había que loitar.

Coas primeiras loitas revolucionarias de 1905 comeza a medrar a conciencia entre as activistas de que a situación das mulleres é algo social e que cómpre reclamar todos os dereitos civís e políticos. Os inicios do século XX marcaron un período de moita axitación en todos os territorios que máis adiante habían formar parte da Unión Soviética. O movemento feminista viuse dividido tamén polos avatares políticos do momento con tres visións bastante ben diferenciadas que serían de especial relevancia para o debate sufraxista, que tamén se desenvolve nestes anos. Unha destas visións foi a representada pola Sociedade de Filantropía Mutua, liderada pola feminista Anna Filosofova, que buscaba a unidade das mulleres a través dun ideal caritativo que axiña comezou a coller tamén implicacións de corte político coa reclamación do voto. Nesta sociedade traballou tamén Anna Nikitichna Shabanova, licenciada en Medicina en Helsinki e defensora dos dereitos das mulleres e crianzas nun enfoque moi paralelo ao da galega Concepción Arenal. Esta asociación estableceu vínculos internacionais co Consello Internacional das Mulleres (ICW) e buscou o apoio do movemento sufraxista noutros países. Por outra banda, créase a Unión pola Igualdade das Mulleres que tiña como obxectivo a liberdade e igualdade ante a lei con independencia do sexo. Esta organización foi impulsada por varias xornalistas, Zinaida Mirovich-Ivanova e Anna Kalmanovich en Moscova e Lyubov Gurevich e Mariya Chekhova en San Petersburgo. O programa da Unión incluía o sufraxio sen distinción de nacionalidade, relixión ou sexo, autonomía nacional, igualdade de dereitos, igualdade para as labregas nas reformas agrarias, protección para as obreiras, igualdade de oportunidades, coeducación a todos os niveis, reforma das leis sobre a prostitución e abolición da pena de morte. Como pode comprobarse, o programa era amplo. Finalmente o outro grupo activo no sufraxismo foi fundado por Mariya Ivanovna Pokrovskaya na forma dun partido político, o Partido Progresista das Mulleres, que buscaba ser unha ampla plataforma política novamente buscando tamén unha igualdade económica e formal e outras cuestións máis xerais como a fin do militarismo. O partido era un lugar intermedio entre a visión máis conservadora da Misión e a máis militante da Unión. Ademais destas tres asociacións que loitaron polo sufraxio con distintos colectivos de clase máis burguesa, cómpre non esquecer a relevancia do movemento socialista que nestes anos se vía liderado por figuras como a alemá Clara Zetkin e Alexandra Kollontai e do que pola súa relevancia posterior falaremos máis adiante. Aínda así cómpre sinalar a animadversión deste último movemento cara ás organizacións antes mencionadas por velas como expresións de clase burguesa nas que non collían os intereses obreiros.

No movemento socialista tamén se defendía o sufraxio das mulleres dentro do marco do sufraxio universal e non como un elemento á parte. O traballo de todas estas asociacións fundadas en Rusia e con influencia nos territorios lindeiros e outras de tipo semellante estabelecidas en Polonia, Bulgaria, Romanía, etc., foron as que impulsaron que se chegase a conseguir o voto nas primeiras décadas do século XX, malia a persecución permanente das activistas e das súas organizacións. En Rusia, o resultado deste traballo conseguiuse no 1917, aínda que non tivo grandes repercusións debido á revolución. En Polonia, Bielorrusia, Ucraína e Estonia en 1919. Anteriormente xa se conseguira o voto en Finlandia, en 1906, grazas ao traballo das mulleres que conseguiron acordar unha serie de puntos mínimos e reducir as diferenzas de enfoque. A súa unidade levou a que o movemento nacionalista finés aceptase o sufraxio nesta data tan temperá.

O feminismo socialista iniciado por Clara Zetkin tivo unha grandísima repercusión na zona que habería de ser logo a Unión Soviética. As mulleres entraran no movemento como tema de estudo desde a súa propia fundación dado que xa Marx e Engels trataran cuestións relativas ás mulleres obreiras no *Manifesto Comunista* pero foi sobre todo o libro de August Bebel *Muller e socialismo* o que puxo as bases para o debate feminista no seo do movemento socialista. Zetkin de feito anunciaba a relevancia do escrito de Bebel ao describilo como «non só un libro, senón un acontecemento». As consignas de Zetkin tiraron dos debates presentados nel para concluír no carácter liberador do traballo (remunerado), a vida pública e a actividade política para as mulleres, a incapacidade dos movementos só de mulleres de levar á emancipación total e a necesidade de organizar un traballo específico para a formación das mulleres dentro do movemento socialista. Estas ideas foron axiña asimiladas pola contorna da futura Unión Soviética, aínda que con voces claramente discordantes e críticas como a de Anna Kalmanovich, que atacaba tanto o movemento socialista pola súa ambigüidade (por exemplo con respecto ao voto das mulleres, que foi aceptado despois de importantes reticencias cando se supuña que debía de formar parte do corolario básico do movemento) coma o intento dos homes de apropiarse do traballo e consignas das mulleres.

Sen dúbida a figura máis sobranceira do movemento feminista socialista nesta época é Alexandra Kollontai, unha voz crítica cos movementos de mulleres burgueses e activista sen pausa pola causa das mulleres obreiras. O seu activismo comezou precisamente durante a primeira revolución rusa de 1905 e coa participación no Congreso de Mulleres de Toda Rusia de 1908, ao que acudiron máis de mil mulleres e onde ela xa expresou a súa preocupación polas cuestións de clase. A súa figura estivo vinculada á de Zetkin, que instaurou, como xa vimos, o 8 de marzo como Día Internacional da Muller (inicialmente) Traballadora. Kollontai incorporouse posteriormente ao réxime soviético, onde tivo xa problemas na época de Lenin, que a enviou de embaixadora a Noruega como castigo por difundir as súas ideas nas que defendía que unhas boas relacións colectivas e interpersoais melloraban a produtividade obreira e que se debía prescindir de figuras de poder, algo moi en liña con tantas outras feministas de todas as épocas e tan mal dixerido mesmo por un movemento que pretendía inicialmente liberar as clases oprimidas. Kollontai foi a primeira muller en ocupar o cargo de embaixadora (ademais de antes o de ministra), e tras o seu paso por Noruega foi tamén embaixadora noutros países, aínda que neste caso o seu nomeamento non foi un premio ao seu bo traballo, senón un xeito de afastala da primeira liña da política soviética. Ademais, resultou tamén incómoda pola súa postura pouco ortodoxa con respecto ao sexo libre (que ela vía como unha necesidade humana natural) e á familia, ao contrapor a sociedade fronte ao que consideraba un construto burgués. Así, defendía que as crianzas debían de pertencer a toda a sociedade e que os seus membros tiñan que facerse por tanto cargo delas.

Malia que a historia tamén deturpou a súa imaxe polos acontecementos posteriores e a súa relación de parella con Vladimir Lenin, outra teórica e activista importante da primeira revolución rusa foi Nadezhda Krupskaya, que escribiu tratados como o seu *Muller Traballadora* en 1900 que se baseaban en estudos empíricos das condicións de traballo das mulleres e incidían nas posturas filosóficas de Zetkin. Krupskaya seguiu activa durante o mandato de Lenin tentando promover a educación das traballadoras, pero a súa oposición a Stalin fixo que o seu traballo volvese cinguirse ao eido do xornalismo.

A importancia dos movementos obreiros no ámbito soviético antes da Revolución Rusa e a importancia da participación das mulleres nestes fai que a súa pegada fose moito máis marcada ca a do movemento sufraxista. Tamén, sen dúbida, coa instauración da Unión Soviética en 1921, a institucionalización (polo menos aparente) dalgunhas destas ideas fai que teñamos que dedicarlles máis atención ca a outros movementos. A revolución de 1917 e os acontecementos posteriores demostraron que as demandas das mulleres estaban moi lonxe de conseguirse coa chegada ao poder dos bolxeviques e máis tarde co réxime soviético.

O réxime soviético foi capaz de apropiarse das proclamas das mulleres de antes da revolución e de transformalas nun ideario superficial baseado nun patriarcado forte e resistente. Referímonos aquí á adopción da idea da igualdade na educación, no traballo e na representación política, o cal levaba a contar con postos designados para mulleres (en calquera caso, todos os postos eran designados) e promover o ideal da muller obreira en contraposición ás ideas burguesas do fogar e da maternidade. Aínda así, como ben criticaría a propia Kollontai, o estado soviético dirixíano homes, as mulleres só ficaban en postos subordinados. Outra cuestión de relevancia ten que ver precisamente cos espazos do privado, que quedaron sen modificar e novamente o gueto espiritual conformouse arredor de ideas que combinaban o culto á muller obreira co culto á nai, sobre todo no sentido da *nación* (o estado/partido) pero tamén no doméstico, onde o único que se promovía era a responsabilización total das mulleres dese espazo. Aínda así, cómpre sinalar que se ben dunha maneira paternalista en absoluto libre de sexismo, as mulleres tiñan recoñecidos amplos dereitos tanto laborais como reprodutivos. Isto levou a unha longa noite de pedra para o feminismo, dado que semellaba que a igualdade formal era suficiente e ademais a represión contra as voces discordantes era brutal. Esta situación conduciu a que as activistas tivesen que traballar de forma clandestina, e mesmo nos anos 70 o grupo de estudosas de Leningrado coordinado por Tatyana Mamonova (que en 1979 ousaron publicar un libro titulado *Mulleres e Rusia* no que avaliaban os efectos do sistema soviético nas mulleres) foron interrogadas pola KGB e obrigadas a exiliarse.

Coa caída do muro e a chegada da suposta liberación (liberalización, máis ben) do capitalismo, mesmo a feble igualdade formal da antiga Unión Soviética se viu en perigo. Ante a ameaza de desemprego masivo iniciada pola entrada no mercado capitalista, os gobernos de todas as repúblicas comezaron campañas máis ou menos coercitivas para enviar as mulleres de volta ao fogar. A figura da muller-nai foi amplamente reforzada e utilizada polos novos gobernos para enfatizar o papel reprodutor das mulleres e impedir a súa participación no mercado. Aínda así, son moitos os estudos feministas que demostran a futilidade destes intentos, dado que as mulleres tiveron que moverse na economía informal para poder saír adiante en situacións económicas sumamente complexas. O único que fixeron estas medidas foi dificultar as circunstancias de vida das mulleres e abrir aínda máis a fenda da desigualdade. En xeral houbo tamén unha degradación da protección das mulleres que pode verse por exemplo no campo dos dereitos reprodutivos. Neste sentido resulta ilustrativo ver xa non só a lexislación, senón a práctica do aborto en Polonia, onde mesmo nos supostos de despenalización as mulleres atopan acérrima oposición do sistema médico a practicar abortos, que en moitos casos se converten en cuestións públicas con terríbeis consecuencias para as mulleres, expostas á crítica e á crueldade social. Tamén queda patente a desprotección das mulleres no aumento e reacción ante a violencia sexual, pois as diferentes lexislacións con respecto á violación resultan en si mesmas un agravio contra os dereitos humanos das mulleres. En xeral a percepción social das mulleres vese marcada por un regreso a discursos de tipo reaccionario e por veces relixioso (coa adopción do pano en certas repúblicas onde non se contemplara tal posibilidade en case un século, ou coa intervención da igrexa na vida pública polaca) como aparente xeito de distanciarse do discurso soviético e tamén do occidental.

Por suposto, esta situación non foi recibida sen oposición. A apertura que desde outros puntos de vista (liberdade de expresión ou asociación) se deu nos anos 80 volveu crear un espazo para o activismo das mulleres que continúa até a actualidade. Así, en 1988 créase a Liga para a Liberación de Estereotipos (LOTOS, en ruso), que foi promovido por un grupo de investigadoras, nomeadamente Olga Voronina, Natalia Zakharova, Natalia Rimashevskaia e Valya Konstantinova, que se reuniron informalmente para tratar os estereotipos de xénero que o estado promovía, sobre todo a cuestión da promoción do regreso das mulleres ao fogar e o abandono do traballo remunerado. O seu ideal promovía enriquecer a perestroika coas ideas da igualdade e o acceso das mulleres ao traballo remunerado e dos homes ao doméstico. Estas ideas foron levadas máis tarde á práctica política directa cando Rimashevskaia recibiu o encargo do congreso soviético de realizar unha proposta política para o programa estatal de mellora do estatus das mulleres, a familia e a protección da maternidade e a infancia. As activistas puxeron sobre o papel a necesidade, por exemplo, de tratar a maternidade como un asunto social e non só relativo ás mulleres (por exemplo dando axudas ás familias e non ás nais) ou a necesidade dunha educación non sexista para a infancia. Este traballo foi o xermolo da creación do Centro de Estudos das Mulleres de Moscova. Tamén se crearon outros grupos como o NeZhDI (Iniciativa Democrática Independente das Mulleres), que compartía membras co centro de Moscova, aínda que buscaba un enfoque máis horizontal. As feministas, pois, estudan desde diversos puntos de vista as construcións locais dos papeis de xénero e procuran pór en dúbida tales definicións. Segundo as teóricas Zuykova e Yeruslanova na actualidade existen catro respostas oficiais ás cuestións de xénero no eido da antiga URSS: a patriarcal (as mulleres como nais), a económica (as mulleres como traballadoras menos efectivas), a demográfica (as mulleres como parideiras) e a igualitaria (a da igualdade de xénero). Podemos comprobar como o marco feminista nas antigas repúblicas soviéticas recoñece as estratexias de enxalzamento da maternidade e os enfoques meramente económicos como parte do patriarcado. O chamado feminismo postsoviético pode definirse, segundo a teórica Olga Voronina, como un movemento que «(a) se centra na importancia da personalidade e desenvolvemento das mulleres (b) critica a cultura tradicional patriarcal que implica a supremacía dos homes con respecto ás mulleres».

Como constata Posadskaya, «o feminismo implica un rexeitamento específico da percepción de que a sociedade é neutra con respecto ao xénero. O feminismo tamén implica unha serie de prioridades a nivel mundial e non só a nivel nacional».

A nivel local unha das maiores preocupacións das feministas é a propia percepción social das mulleres dos seus problemas. A desmobilización das mulleres aconteceu dun xeito tan profundo durante a URSS e logo na transición, que Chikalova defende que a maioría das mulleres neste momento non identifican os seus intereses propios como problemas sociais que deben resolverse a este nivel, senón que a maioría se identifican no seu papel de nais e esposas e que non cren que haxa unha necesidade de loitar pola igualdade de xénero e moito menos de organizarse. Isto pon en evidencia, como defende a teórica ucraína Irina Zherebkina, que existe unha necesidade primeira de traballo desde os feminismos de levar as mulleres a identificar os seus intereses alén da familia e de considerar a desigualdade de xénero un factor social. Se ben as mulleres como colectivo pode que non cheguen a este recoñecemento do xénero como un factor determinante nas condicións de vida materiais, as feministas postsoviéticas utilizan o concepto para analizar desde moi diversos puntos de vista as condicións xa descritas e para tentar ofrecer alternativas desde o legal até o social, o económico e sobre todo na construción das identidades, superando a difícil tarefa de enfrontarse ao legado soviético e simultaneamente aos perigos da transición ao capitalismo.

Como noutros lugares do mundo, a ameaza de colonización cultural occidental utilizouse non para pór freo a un consumismo crecente ou a unha desprotección social sen parangón, senón para eliminar calquera reclamación de igualdade como algo propio. As feministas teñen que nadar entre as augas perigosas de ser asociadas con occidente, e as augas en certos casos aínda máis arriscadas de asociarse a un regreso ao réxime comunista e por tanto rexeitábel. Por suposto, o resto de trazos do réxime soviético que permanecen en todas as repúblicas (redes clientelares, imperialismo ruso, oligarquías) non reciben a mesma crítica, como tampouco a reciben aqueles trazos occidentais do capitalismo que son axeitados para o patriarcado (sobre todo a familia nuclear na que o home pode traballar fóra porque a muller mantén o fogar, algo que chegou ao punto de mitificarse nalgúns lugares como a Ucraína para definir a *esencia nacional*, cando está abondo estudado que nas sociedades precapitalistas a definición da familia non respondía en absoluto a este patrón).

Un campo de acción específico onde poden verse perfectamente tales interaccións é o do lesbianismo. O réxime soviético manifestou un corte fondamente heterosexista que deixaba fóra a posibilidade dunha orientación sexual que non fose esta. O reforzo dos papeis das mulleres como nais, coidadoras do fogar e esposas, reforza tamén os patróns heterosexistas que non permiten un espazo para as identidades lesbianas. De feito hai autoras como Nadezda Nartova que argumentan que a división do espazo público oficial soviético e privado (onde a xente podía exercer actividades sen o control do estado, pero dun xeito ás veces clandestino, como as do mercado negro) poden ser termos útiles para analizar a situación e identidades flutuantes das lesbianas nas antigas repúblicas soviéticas. Nartova é tamén crítica coas teorías occidentais, sobre todo coas *queer*, pois pensa que non se axustan ao contexto que acabamos de describir, xa que non contemplan os elementos que tan fortemente marcan a necesidade de manter unha identidade múltiple na antiga URSS. É dicir, para Nartova o feito de que as lesbianas adopten en certos momentos identidades heterosexuais, responde á simple explicación práctica da supervivencia nun contexto hostil que se repara no espazo clandestino do privado.

No espazo clandestino semella estar tamén moitas veces a propia palabra feminismo, que volve ser maldita e é xeralmente substituída polo ambiguo mulleres. Aínda así, o activismo das feministas nas antigas repúblicas soviéticas segue reforzándose con institucións e asociacións que antes mencionamos, e tamén coas xuntanzas, creación de redes, estudos universitarios e no pulo de axencias internacionais (UNIFEM, entre outras).

6. CHINA

A situación actual da China resulta excepcional por moitos motivos. O desenvolvemento dos feminismos está determinado polo marco xeral no que transcorren os movementos sociais e as correntes de pensamento, o cal estabelece un *dentro* e un *fóra* dependendo de se o movemento ou teoría que se desenvolve entra no admisíbel para o Partido Comunista Chinés ou non. Por tanto, a situación do feminismo está igualmente influída por esta dicotomía e tamén por algúns aspectos que son comparábeis á situación da antiga URSS antes da caída do muro, malia as importantes diferenzas culturais de base entre estas dúas zonas do mundo.

O primeiro enfrontamento que atopamos está na propia determinación histórica do feminismo como corrente de pensamento na China. As voces próximas ao partido tentaron silenciar a presenza de axitación feminista previa á revolución comunista. Os círculos feministas alleos ao partido (ou polo menos alleos á unificación que este pretende) dividiron a historia dos feminismos na China no período da dinastía Quing até o Catro de Maio (do século XIX até 1919), o feminismo da República Popular Chinesa e o feminismo a partir da Conferencia Internacional das Nacións Unidas en Beijing (desde 1995). Malia existiren críticas a esta división dos períodos históricos por tentar unificar correntes e movementos diferentes en cada un deses períodos da historia patriarcal, pasaremos a describir brevemente esta evolución.

Os debates de corte feminista comezaron na China (continental) a finais do século XIX asociados tamén ás revoltas e reformas para cambiar a dinastía Quing e continuaron a primeiros do século XX cando as mulleres estaban xa organizadas en diferentes asociacións que colleron pulo, iso si, co movemento do Catro de Maio de 1919 ao atopar importantes sinerxias na busca dunha abolición da cultura tradicional e a ideoloxía confucianista da familia e o matrimonio. Porén, desde un principio a relación destas primeiras feministas cos discursos patriarcais dos novos movementos sociais resultou de loita por atopar un papel político relevante e por evitar a utilización das mulleres para diferentes fins (mantemento da cultura tradicional, da nación, do ideal de saúde, etc.). Como noutras partes do mundo, a imaxe do que representa socialmente ser unha muller constituíuse nun dos elementos de debate máis importante no transcorrer dos cambios históricos. Desde os primeiros momentos, estudosas como Mizuyo Sudo analizan a presenza de catro imaxes diferentes das mulleres que logo foron marcando o movemento feminista: a defendida por Jin Tianhe e outros homes que avogaban pola educación para as mulleres aínda que as presentaban como *nais da nación* (e por tanto os seus dereitos vinculábanse a esta función); a defendida por Qiu Jin que presentaba as mulleres como iguais aos homes nas obrigas; a terceira de Zhang Zhujun como a necesidade de que as mulleres buscasen novos papeis; e unha cuarta idea, defendida por He Zhen, como a denuncia da denegación da cidadanía feminina. O discurso de nais da nación, que exaltaba este papel das mulleres como base dos seus dereitos, provocou importantes reaccións entre as feministas. Qiu Jin é a representante máis sobranceira (que ademais foi executada polas súas actividades revolucionarias e por tanto segue sendo unha icona do feminismo chinés) en defender que as mulleres tiñan que ter os mesmos dereitos ca os homes, e ademais que estes dereitos tiñan que vincularse coa independencia da China dos poderes foráneos (occidente e Xapón). Esta activista reclamaba que as mulleres fosen independentes e que se liberasen tanto das cadeas dos papeis tradicionais coma dos novos papeis defendidos por aqueles homes que as reclamaban como nais da nación. Ademais, acuñou o termo de que as mulleres eran escravas e tiñan que loitar por saír desa posición. O seu afán de igualdade, porén, levouna a enxalzar certos aspectos do campo masculino, como a necesidade da violencia (puxo en marcha un exército de mulleres) que foron criticados por outras voces como a de Zhang Zhujun, que se ben partía da mesma premisa no tocante á necesidade de independencia das mulleres, analizaba esta situación como un estado psicolóxico que a sociedade impuxera ás mulleres ao longo dos séculos. O enfoque de Zhang Zhujun é certamente moi contemporáneo na súa análise da discriminación como algo asimilado e adquirido pola socialización, así como na súa conclusión de que as mulleres non poderán adquirir papeis fóra dos construtos de xénero até que esa aprendizaxe sexa modificada. Así, ela defendía desde aí a necesidade de educar as mulleres e tamén a de crear asociacións e colectivos que perseguisen ese obxectivo.

Un paso máis tomouno a anarquista He Zhen, que descartaba os papeis sociais en xeral e a idea mesma do estado nación, importada de occidente e impulsora en gran medida dos discursos relacionados coas nais da nación (que eran necesarias para pór en marcha os procesos de industrialización de corte occidental). Esta autora argumentaba, en palabras que lembran ás da occidental Adrienne Rich, que o modelo de colonización comezou na desigualdade de xénero dentro do fogar, e que «para pór en marcha unha revolución social, debemos comezar cunha revolución entre homes e mulleres». Zhen analizou tamén as ideas confucianistas da familia e como se trazaran para controlar sobre todo o campo da sexualidade. Amais, atacou duramente os homes que nese período propuñan a suposta liberación das mulleres, dado que estes tiñan en realidade intereses moi afastados deste fin. Os intereses dos homes eran, na opinión de Zhen, imitar os poderes occidentais (Zhen tiña a clarividencia de ironizar sobre o suposto poder exemplificante de occidente proclamando que malamente podía ser un exemplo, se no seu propio territorio non se acadaran en absoluto os supostos dereitos), mellorar a súa situación económica (coa contribución monetaria das mulleres ao fogar), ou criar fillas e fillos *superiores* (grazas á educación das nais na saúde e cuestións domésticas). Outro elemento fundamental das teorías de Zhen é que nas súas ideas de igualdade non cabía o militarismo, e por tanto defendía que o obxectivo do movemento feminista tiña que ser «facer aos homes iguais ás mulleres», é dicir, eliminar da súa construción social de xénero a violencia. Tendo en conta que estamos falando de teorías desenvolvidas na primeira década do século XX, sen dúbida cómpre sinalar a súa actualidade. No caso de Zhen, destaca a súa revolta total contra as convencións e a súa capacidade de ofrecer alternativas sólidas e sen dúbida con todos os elementos que aínda na actualidade se agardan dos feminismos.

A evolución a partir de 1911 vén marcada polas revoltas, entre as que cómpre salientar a do Catro de Maio de 1919, que levarían finalmente ao establecemento da República Popular Chinesa. Nos anos 20 era significativo o número de asociacións de mulleres creadas polas activistas feministas ou polos movementos revolucionarios, e é xusto nese período cando as mulleres das asociacións formadas até o momento loitaron por integrarse na primeira grande alianza entre o Kuomindang (KMD ou Partido Nacionalista da China, que sería liderado nunha república absolutista por Chian Kai-Shek até a Guerra Civil chinesa na que chegou finalmente ao poder o comunismo) e o Partido Comunista da China, que fixo tamén que as mulleres rurais comezasen a participar de forma máis activa no movemento revolucionario. Esta integración, malia permitir ás organizacións de mulleres chegar de forma máis ampla coas súas mensaxes de emancipación a máis mulleres, tivo que pagar tamén unha peaxe: a de asociar o feminismo a algunha das dúas tendencias representadas polas dúas faccións que acabarían articulando a guerra civil con máis vítimas da historia. O KMD propuña unha amálgama de modernización de corte occidental fronte á defensa sen cuartel dos valores tradicionais do confucianismo, contradición que afectaba en especial ás mulleres. Así, o ideal importado do Xapón das boas mulleres e esposas (as *ryosai kenbo* en Xapón e *xianqi liangmu* na China) convivía coa tendencia promovida por diferentes países europeos nos anos 30 da chamada *nova vida* cunha énfase no deporte que levou a cambiar de xeito importante as expectativas do xénero e á creación de revistas de corte feminista como *Linglong*, onde se promovía a liberdade das mulleres e un modelo de fortaleza física que se contrapuña aos valores tradicionais. Este último movemento foi bastante reprimido polo KMD, como unha maneira de controlar a rebelión interna e a ameaza comunista. Co estabelecemento da

República Popular Chinesa, a opresión das mulleres asociouse ao capitalismo e ao estabelecemento da propiedade privada e deixáronse fóra da análise as voces que reclamaban unha revisión das estruturas do poder nas novas institucións e no Partido Comunista Chinés, ou simplemente formas distintas de entender a opresión das mulleres.

A República Popular Chinesa asimilou, como no comunismo noutros lugares, o obxectivo formal da igualdade das mulleres. Así, no 1949 fórmase a Federación de Mulleres da China, encargada de pór en marcha importantes políticas para a mellora da situación de vida concreta das mulleres nun enfoque de arriba abaixo. No entanto, esta federación tamén foi utilizada como órgano de control político, e influíu entre outras cousas na aprobación e aplicación da Lei de control da natalidade que levou á práctica masiva do infanticidio feminino ou ao abandono das nenas, unha proba en si mesma do pouco cambio real que se produciu nas estruturas patriarcais malia a suposta liberación das mulleres durante o comunismo. O período entre os anos 50 e 70 foi de especial dificultade para o movemento feminista na China, especialmente porque no ano 1957 o partido obrigou a declarar que o socialismo xa acadara a igualdade entre homes e mulleres e que por tanto non se precisaban políticas neste sentido, nin tan sequera a propia Federación, que foi abolida até o ano 1978. Nesta etapa foi enorme a presión que se exerceu sobre as mulleres para que se integrasen no mercado de traballo, nunha visión puramente utilitarista, como man de obra que o estado debía utilizar para aquilo que fose necesario. Aínda así, as feministas aproveitaron as revoltas da Revolución Cultural para incidir nos problemas das mulleres que, malia teren acceso ao traballo, non viran máis que empeorar moitas outras circunstancias vitais, como por exemplo o aumento do tráfico de mulleres e a prostitución, a ausencia de mulleres en posicións de poder, a dificultade da vida das mulleres no rural polas medidas aplicadas á agricultura, e por suposto as medidas de control da natalidade. As feministas neste período dedicáronse a documentar este tipo de situacións e comezar unha campaña que levou a que novamente no ano 1978 o partido recuase na súa afirmación taxativa de que a igualdade xa se conseguira, e deste xeito restabelecese a Federación de Mulleres da China, con todas as súas luces e sombras.

Os anos 90 viron o inicio da apertura chinesa, o cal tamén trouxo canda si a oportunidade de ampliar a prensa dedicada ás mulleres e a aparición dos estudos das mulleres nas universidades, os cales se centraron na recuperación da historia das mulleres como un proxecto crucial. Este enfoque manifestouse en dous macro proxectos, o Museo das Mulleres e o Proxecto de Historia Oral das Mulleres do século XX. Finalmente, non podemos ignorar a importancia da celebración da Conferencia das Nacións Unidas en Beijing en 1995, que supuxo unha plataforma para os feminismos de todo o mundo e tamén unha nova unión do movemento chinés. Beijing axudou tamén a reincorporar un elemento ausente até aquel momento dentro do feminismo chinés como é o da diversidade. A historia dos feminismos, tanto dentro como fóra do Partido Comunista Chinés, tende a ignorar a variedade étnica e unificar o movemento arredor da voz da etnia Han, deixando de lado por exemplo a situación dos feminismos en Taiwán, Hong Kong e Macao, así como as diferenzas na China continental. Autoras como Ya-Chen Yen argumentan neste sentido que este é un factor fundamental para definir o feminismo na actualidade como feminismos, en plural, e tentar recompor as súas historias concretas.

Como noutros lugares do planeta, o desenvolvemento da teoría feminista na China loita contra as críticas de occidentalización, ao utilizar os poderes patriarcais este tipo de argumentos de forma intereseira para limitar o avance das mulleres (malia que, por suposto, a ninguén se lle ocorre mencionar que o propio socialismo/comunismo ten orixe nas teorías dun señor nacido en Alemaña). Este tipo de presións teñen consecuencias interesantes nalgúns casos, como é o uso de dous termos diferentes para o concepto de feminismo en chinés, manifestando dous enfoques diferentes. O *nuquan zhuyi* pode traducirse como movemento dos dereitos das mulleres, e asóciase co feminismo occidental, aínda que en realidade o concepto dos dereitos das mulleres xa se desenvolvera de forma autónoma na China antes da caída do imperio Quing, mentres que o *nuxing zhuyi* ou movemento do feminino aplícase ás teorías desenvolvidas dentro da China, aínda que de forma interesada para combinar os intereses de comunismo e capitalismo. Certas teóricas chinesas interpretan esta división como unha presión por parte da contorna social, na cal o uso da palabra *nuquan* (dereitos das mulleres) pode soar demasiado *forte* para o réxime, e as feministas tentan protexer o seu traballo utilizando unha palabra que resulte menos agresiva para os poderes públicos. Sen dúbida, esta situación lembra o que acontece en occidente respecto da utilización da palabra xénero en lugar de feminismo para suavizar o ton reivindicativo. Por outra banda, as voces máis próximas ao partido tenden a argumentar que na China as mulleres xa obtiveron a igualdade e que teñen que reflexionar sobre outros aspectos como a recuperación da historia das mulleres e a integración do punto de vista das mulleres para formular as políticas. Este último punto pode entenderse como a transversalidade ou *mainstreaming* de xénero, que é unha das recomendacións da Plataforma de Acción de Beijing, pero tamén pode entenderse como unha forma despolitizada de acción, moi criticada nos feminismos de todo o mundo, onde se busca un regreso aos papeis de xénero femininos. Vista a evolución que se deu nas antigas repúblicas soviéticas e o intento de imposición dun modelo de muller andróxino por parte do réxime chinés, esta segunda acepción por desgraza semella estar tomando certa forza entre as mulleres como colectivo que entenden parte da súa *liberación* (novamente preguntamos: liberalización como ben de consumo?) como un regreso ao fogar, aos cosméticos e á preocupación polo aspecto físico.

Esta división de termos ten tamén unha orixe que non está relacionada coa presión exterior senón máis ben coa preocupación desde os feminismos chineses pola propia definición de muller, que ten que ser negociada entre o legado do comunismo e a renegación actual deste legado. A sociedade chinesa semella ter promovido co capitalismo un rexeitamento da muller forte e enfatizar a beleza e as diferenzas de xénero estabelecidas polo patriarcado. En calquera caso todas estas imaxes, como indican Dorothy Ko e Wang Zheng, promoveron o uso do corpo das mulleres segundo interesase aos poderes políticos do momento. Por iso o campo de traballo das feministas na actualidade tenta recuperar e enfrontarse ao pasado, dar conta da diversidade cultural e de voces dentro do movemento, e arreporse a novas formas de discriminación como pode ser a obxectualización das mulleres tan propia do discurso dos bens de consumo capitalistas (resultan sumamente interesantes as análises de Xueping Zhong do movemento literario da escrita do corpo, por exemplo, que abre unha ambivalencia entre os valores feministas da recuperación da sexualidade feminina e mais a apropiación do patriarcado como se fosen textos de escrita pornográfica para goce masculino).

Ademais, a cuestión do lesbianismo resulta certamente interesante nese tipo de debates. A homosexualidade está despenalizada en todo o territorio chinés, aínda que segue existindo un importante estigma vinculado á orientación sexual non heterosexual. O movemento feminista lesbiano foi capaz de recuperar unha longuísima historia do lesbianismo na literatura chinesa de diferentes períodos históricos que a tradición heterosexual eliminou da transmisión popular, como demostra o traballo no que Tze-lan D. Sang realiza un percorrido literario por obras tanto abertamente lesbianas coma por obras clásicas como o libro anónimo do século XVII *Contos estraños Liaozhai*. Isto fai pensar a autoras como Hui Xiao que o lesbianismo adoitaba ser unha práctica socialmente aceptada na China previa á idade moderna e á revolución, que é o momento tamén en que entra a sexoloxía occidental no país e se penalizan prácticas que até daquela eran toleradas pola sociedade chinesa. Aínda así, activistas como a sexóloga Lin Yinhe enfatizan a necesidade de reconsiderar os papeis referentes á orientación sexual asignados socialmente a través de institucións como as diversas relixións ou o partido comunista. Yinhe leva varios anos tentando que se aprobe o dereito ao matrimonio homosexual na China, aínda sen éxito.

Todo isto, no nada doado contexto no que o desenvolvemento das teorías e das prácticas vén marcado polo patrón predeterminado do partido. Aínda así, podemos afirmar que os feminismos na China marcan un motivo de esperanza para os movementos de tipo cívico, ao manterse activos e tentar promover o cambio social desde dentro e fóra das estruturas de poder.

7. INDIA

A traxectoria da axitación feminista na India comeza na época anterior á Independencia e desenvólvese de maneira plena na loita pola liberación do país e nos períodos posteriores. Cómpre sinalar, non obstante, que nesta parte do mundo existen xa debates sobre a situación das mulleres (coma o mantido dentro do budismo no século IV a.C.) e importantes exemplos de escritoras (como a támil Avvaiyar do século I, ou máis adiante Andaal no século X e Mirabai no XV) que deron a súa perspectiva sobre a sociedade e se centraron precisamente na opresión das mulleres. Aínda ben, foi no século XIX cando comezaron a articularse os primeiros movementos, como o que buscaba a educación das mulleres, e neles destacan activistas como Cornelia Sorabji e a importante Conferencia de Mulleres de Toda a India (AIWC) que organizou unha serie de relatorios desde o ano 1926 para tratar sobre todo o tema da educación.

Como no resto dos países que padeceron a colonización, o desenvolvemento da loita feminista e os problemas derivados da definición das mulleres presentaron o campo de debate máis amplo. As mulleres foron un piar fundamental da loita pola independencia da India, pero esta participación non puido evitar a tendencia do nacionalismo a tentar defender unha definición da nación na que a muller ía desempeñar o seu habitual papel de repositorio da pureza do pobo e dos seus *valores esenciais*. Neste caso, esta idea estaba ademais tinguida polos matices do hinduísmo, a relixión maioritaria e que aglutinou a India fronte á identidade musulmá do novo país creado en 1947, Paquistán e polos matices de clase social (alta) e procedencia cultural (do norte da India).

Non debemos esquecer, pola contra, a importancia de certas voces diverxentes con respecto ao discurso nacionalista que logo se adoptaría, como a ben coñecida de Mahatma Gandhi, que non só promovían unha imaxe da India que defendese a súa pluralidade relixiosa, a necesidade de eliminar o sistema de castas e o rexeitamento dunha retórica baseada no hinduísmo, senón que tamén desenvolvían a súa propia retórica que tiraba dos espazos femininos como un valor de resistencia. Isto pode verse no boicot ao sal e aos tecidos, ambas as actividades en mans de mulleres (Gandhi percorreu as aldeas de Gujarat aprendendo a tecer) e que eran a base da colonización británica (que tiraba as materias primas da India sen deixar que as e os seus habitantes as utilizasen, até o punto de que se podía ir ao cárcere por coller unha presada de sal). Gandhi dixo ademais ter aprendido os principios da loita pacífica da súa muller, Kasturbai, e aínda que o legado del e dela foi revisado polas feministas, segue sendo utilizado como exemplo alternativo de definición nacional. Tamén destaca a menos coñecida loita do líder támil Periyar, que defendía que as mulleres e as comunidades intocábeis tiñan que se converter nos suxeitos da historia. Outra consecuencia do activismo das mulleres antes da independencia foi a determinación a nivel formal dunha serie de dereitos básicos, entre eles o voto, que habían de realizarse coa consecución da independencia. Efectivamente, o Partido do Congreso foi fiel á súa declaración de Karachi do ano 1931 na que se incluían estas demandas das mulleres.

Con todo, a loita feminista a partir de entón pasou por diferentes etapas marcadas por diversos incidentes concretos, até chegar na actualidade a formar un movemento cohesionado nun país enorme, tanto na súa extensión xeográfica como en canto á súa diversidade cultural.

A forza dos grupos de esquerdas na India desde o período da Independencia en 1947 estivo fortemente ligada ao desenvolvemento dos feminismos. Un exemplo disto témolo no apoio que moitas das reclamacións feministas tiveron por parte destes grupos nos anos 50, ou máis tarde coa creación das primeiras asociacións feministas con fondas bases nas ideoloxías de esquerdas, como a Organización Progresista de Mulleres fundada en 1974 en Hyderabad e de ideoloxía maoísta. Mais isto non quere dicir que os grupos de esquerdas (os homes) apoiasen unha filosofía feminista, e a oposición a este termo foi ampla entre a esquerda. O que si celebraban eran certas mobilizacións postas en marcha polas feministas para reclamar a mellora das condicións de vida das mulleres ou a consecución de dereitos (como por exemplo as revoltas pola suba de prezos en Gujarat). Internamente, as feministas indias dos anos 70 debatían a posibilidade de traballar dentro ou fóra destes partidos, optando maioritariamente por crear as súas organizacións independentes, algunhas de vital importancia tamén na actualidade, como a Organización de Mulleres Autónomas (SEWA). Os dous temas que centraron a loita feminista nestes anos foron a violación e o dote. Tocante á violación, tivo especial repercusión a violación policial, un feito que o goberno chegou a cuantificar como diario nas zonas tribais e entre as mulleres de castas baixas. A axitación feminista tomou forza masiva ante a violación dunha muller, Devamma, e o asasinato do seu home a mans da policía. Este caso levantou protestas e manifestacións en todo o país que levaron a cambios na lexislación e á introdución masiva de mulleres nos servizos de policía, ademais da instauración de células policiais só de/para mulleres. Durante estes anos o movemento feminista tivo como segundo tema central o dote. Esta práctica de a familia da muller entregar cartos cando ela casa (en matrimonio arranxado) levara ao asasinato masivo ou á indución ao suicidio de mozas que eran maltratadas polas súas familias políticas e maridos para cobrar máis dote. Ora ben, o caso de Tarvinder Karu, que deixou unha carta de suicidio explicando a súa situación, deu visibilidade pública ao tema e as feministas loitaron por recoller testemuños e presentar casos ante os tribunais. Así conseguiron novamente un cambio na lexislación que obriga a abrir unha investigación policial ante a morte de calquera muller nos primeiros sete anos de matrimonio. Estas campañas conseguiron tamén cambios significativos no Código Penal e un amplo apoio popular para a causa feminista. Como exemplo podemos citar a mobilización de 22.000 persoas en Hyderabad para protestar pola violación de Rameeza Bee a mans da policía en 1978.

Non obstante, o destino da loita feminista no país vai ter que enfrontarse a importantes dificultades a partir dos anos 80 que duran até a actualidade. É certo que os anos 80 viron un enorme crecemento no estabelecemento de redes entre as feministas de todo o país, algo anovador, pois até ese momento actuaran de forma illada os diferentes grupos nos seus distintos estados de orixe. Con todo, o Foro contra a violación (FAR) de Mumbai decidiu contactar con todos os grupos feministas do país para organizar os actos do 8 de marzo de 1980 e obrigar a que se reabrise un caso de violación (coñecido como o caso Mathura) onde os violadores quedaran en liberdade argumentando que a muller tiña un mozo e por tanto era case unha muller sen moral, o que xustificaba a violación. O movemento feminista uniuse en toda a India e conseguiu a reapertura do caso. Aínda así, neste momento as feministas comezaron a detectar varios perigos na estratexia seguida até ese momento: por unha banda, a utilización partidista das causas feministas, sobre todo da violación, que comezou a empregarse no debate político con fins electorais, cousa que se agravaría nos anos vindeiros con nefastas consecuencias para as propias feministas. Por outra banda, o movemento feminista comezou a ver a necesidade de traballar desde a solidariedade e así comezaron a aparecer centros de apoio ás mulleres, que se diferenciaban dos xa existentes en que carecían do enfoque caritativo anterior para centrarse agora na solidariedade feminista para o seu traballo (é dicir, acollían as mulleres que tiñan problemas e intentaban axudalas desde un punto de vista holístico, pero tamén celebraban a unión das mulleres, a súa forza creativa, historias e coñecementos). Nesta época faise tamén moito fincapé na recuperación da historia das mulleres e dos mitos e símbolos que axudan a cambiar as percepcións e papeis de xénero (por exemplo, o uso da deusa Kali como unha imaxe poderosa do feminino).

As feministas conseguiran, xa que logo, institucionalizar bastantes das súas demandas (se ben non de forma satisfactoria para elas, dado que aínda persisten moitos problemas na definición legal da violación, por pór un exemplo), ter espazo na prensa e tamén facer ouvir a súa voz en campos como a medicina (coas súas denuncias ao uso de mulleres indias por parte de multinacionais para probar contraceptivos inxectábeis altamente nocivos). Esta situación levou a unha reacción do patriarcado ante a ameaza que estes cambios supuñan para o poder masculino, a cal se agravou co inicio do denominado comunalismo ou división por relixión/casta. O punto culminante das tensións chega no ano 1984 co conflito sobre a mesquita de Babri Masjid, considerada un lugar sagrado para os integristas hindús, que pretendían derrubala para construír un templo. Isto levou a que se reavivasen as tendencias que buscaban unha identificación con cada relixión na que as mulleres tiñan que cumprir os seus papeis tradicionais para amosar a súa fidelidade á súa relixión respectiva no medio dos masacres e liortas.

Este é tamén o ano do asasinato de Indira Gandhi, que levou a importantes revoltas e represalias contra a poboación *sikh*. O laicismo e a relixiosidade comezaron a entrar en conflito e afectar directamente á loita feminista. As feministas van ter que exporse a unha serie de críticas novas, que se ben xa estaban na sociedade, nese momento comezan a aparecer na liña de fronte do debate público. As revoltas polo conflito da mesquita de Babri Masjid coincidiron no tempo co caso de divorcio dunha muller musulmá, Shah Bhano, que reclamaba unha pensión de divorcio do seu home. As feministas levaban tempo loitando do lado de Shah Bhano para conseguir que se fixese xustiza. Este caso foi tomado polos fundamentalismos como un espazo no que librar a súa batalla. O dereito de familia indio herdou a división colonial por relixións (é dicir, as condicións de divorcio, matrimonio, etc., non son iguais para persoas hindús, musulmás ou cristiás), cousa contra a que as feministas levaban anos loitando. Nese momento os fundamentalismos de todas as relixións utilizaron o dereito de familia e obviamente as mulleres para a súa causa. As feministas tiveron que enfrontarse a manifestacións de mulleres que representaban o fundamentalismo e que reclamaban como *dereito* (é dicir, apropiándose da linguaxe da loita feminista) por exemplo o *sati* (queima das viúvas na pira funeraria, tradicional dunha minoría Rajput e logo estendida polo fundamentalismo hindú como unha práctica *tradicional* do hinduísmo). Así, os fundamentalismos e o patriarcado comezaron a utilizar o concepto das mulleres de verdade, en contraposición coas feministas que axiña foron identificadas como occidentalizadas, conflito que dura até a actualidade e que escurece a ampla organización das mulleres e as súas loitas.

Esta argumentación é amplamente utilizada hoxe en día con maior animadversión aínda no caso do lesbianismo, que se converte na abxecta corrupción occidental que os fundamentalismos relixiosos (neste caso de todas as relixións) pretenden extirpar cunha serie de definicións estritas das identidades. As teóricas do lesbianismo na India deben de recuperar as súas historias, como veremos máis adiante, como un xeito de xustificar a súa opción vital e política ante a presión social lindeira. Un exemplo coñecido das reaccións do fundamentalismo ante calquera tipo de manifestación do lesbianismo atopámolo na estrea na India en 1996 da película *Fire* (Lume) da directora Deepa Mehta, que trata a relación entre dúas mulleres e que provocou a queima de cinemas por parte destes colectivos. Significativamente, a industria de Bollywood aproveitou a controversia iniciada por esta película feminista para lanzar un produto sensacionalista e adaptado ao gusto da mirada patriarcal, *Girlfriend* (Moza) onde se facía unha representación da protagonista lesbiana como unha muller occidentalizada, masculinizada, malvada e que compite cos homes tamén con violencia, e por iso é castigada ao final coa morte. As dúas películas foron amplamente analizadas polas feministas lesbianas tanto desde o punto de vista da representación coma do impacto social. Mentres que *Fire* axudou a abrir o debate sobre as realidades lesbianas na India (até daquelas un tema invisíbel que comezou a saír na prensa e facerse visíbel), *Girlfriend* articulou todos os estereotipos patriarcais con respecto ao lesbianismo.

A tensión con occidente e o nacionalismo hindú segue sendo un dos maiores temas a nivel teórico que se atopan as feministas indias, onde o equilibrio resulta difícil de conseguir. A maioría das teóricas son críticas coas acusacións que o nacionalismo hindú fai de occidentalización do feminismo dado que, como indican Kamla Bhasin e Nighat Said Khan, «por suposto que o termo feminismo non naceu no sur de Asia, pero tampouco o fixeron a revolución industrial, o marxismo, o socialismo ou para o caso mesmo algunhas das relixións que alí se practican». Estas autoras defenden que o termo veu dar nome a un «proceso de transformación» que comezara de forma autónoma na súa parte do mundo.

Tampouco é posíbel unha convivencia pacífica coas teorías feministas occidentais, entre outras cousas pola tendencia habitual destas a ignorar a situación e relevancia das teorías que proceden doutros lugares. Madhu Kishwar comenta como exemplo as ideas prexuizosas de Marx sobre a India, nas súas descricións do país que partían dun descoñecemento absoluto e se baseaban en asuncións sobre a pureza espiritual dos hindús que fora conquistada pola superioridade británica ou o uso que se fai de Gandhi en occidente coma unha icona da paz despolitizada como exemplos dunha forma de «asumir que (o mundo occidental) ten dereito a definir a súa auto-imaxe e elixir a súa propia terminoloxía para describirse a si mesmo», dereito que segundo ela non se lle concede igualmente ao resto dos pobos. Non obstante, a busca dunha expresión autóctona do feminismo levou á utilización de imaxes e simboloxía hinduísta que na actualidade é novamente criticada por teóricas como Flavia Agnes polo seu carácter esencialista, é dicir, porque o uso de símbolos hindús exclúe outras identidades relixiosas. Esta autora tamén cuestiona o axeitado de utilizar a relixión como forza motriz dunha alternativa feminista (cómpre sinalar que mesmo o lesbianismo contempla o uso de certas narrativas do hinduísmo para xustificarse, cousa que a moitas teóricas como Agnes lles parece sumamente problemático). O uso destes símbolos reforza a ideoloxía *hindutava* (fundamentalista hindú) de regresar á relixión como único marco de análise do social. Segundo Chaudhuri, precisamente a maior contribución das feministas nos últimos anos foi a súa crítica das nocións esencialistas tanto da nación india como das mulleres no discurso nacionalista dominante.

Porén, o debate actual máis patente e vivo no feminismo indio ten que ver coa diversidade do propio país e coa necesidade de integrar, analizar e arreporse ás capas de discriminación existentes segundo a casta, clase, lingua, etc. Vasaanthi Raman acuñou o termo «patriarcados múltiples» para facer ver que a situación das mulleres na India está fondamente marcada por estas características (a da casta especialmente) e que o movemento feminista ten que dar voz sobre todo ás mulleres intocábeis ou *dalits*, excluídas amplamente dos discursos sociais en xeral.

Cómpre sinalar finalmente a importancia que certas correntes dentro dos feminismos indios tiveron para os feminismos internacionais. Unha delas é a do ecofeminismo, que trataremos xa como unha corrente global pero que se orixina no país e as outras teñen que ver coa énfase na opresión mundial como lente de análise para a opresión concreta das mulleres. Se ben este é un aspecto que caracteriza os feminismos no mundo na actualidade, pode que sexa na India onde atopa a súa máxima expresión e onde os debates sobre a globalización e a explotación das mulleres desde o feminismo presentan alternativas máis interesantes. Non en van certas teóricas enfatizan como característica local que o feminismo na India se move sempre na análise dun mundo global desigual, e que dentro deste marco busca dar alternativas válidas desde a teoría, o activismo, a literatura e as artes.

8. MAGREB, ORIENTE MEDIO E PAÍSES ÁRABES

A situación xeral do Magreb, oriente medio e os países árabes resulta unha das máis complexas para a situación das mulleres e o desenvolvemento do movemento feminista. Porén, é tamén nesta zona do mundo onde se demostra de xeito máis claro que mesmo nas circunstancias máis adversas os feminismos seguen loitando por acadar a igualdade e a xustiza social, moitas veces a costa das vidas das activistas, da perda da súa liberdade ou do exilio. Igual que acontece noutras zonas do mundo, a situación no Magreb, oriente medio e os países árabes está obviamente marcada polo neocolonialismo e o auxe dos fundamentalismos en complexa relación con esta primeira circunstancia. Por iso cómpre contextualizar ben o movemento feminista, a súa historia, avances e retrocesos no marco desa neocolonización, definida principalmente pola necesidade de acceso ao petróleo das potencias occidentais e o uso sistemático de diferentes formas de violencia contra as poboacións.

Para comprender as encrucilladas actuais para as mulleres e tamén para os feminismos, precisamos entender unha historia de activismo moi antiga, que comeza de forma clara no campo literario coa obra de Al-Khansa (575-664), a primeira poeta en árabe que ademais foi crítica literaria. Esta autora mantivo as súas herdeiras (invisíbeis para occidente, iso si) ao longo da historia, até o punto que a primeira novela moderna en árabe foi escrita por unha muller, a libanesa Afifa Karam (1906). Tanto dentro coma fóra das sociedades desta zona hai unha tendencia a invisibilizar a loita das feministas que desde o século XVIII e XIX traballaron na recuperación da historia das mulleres. Hai casos sobranceiros en todos os países, pero por mencionar só algúns, podemos referirnos a Taj Al-Saltana que creceu no harén da dinastía Qajar en Irán e acabou opóndose á súa propia familia, amosando en público o seu rostro, loitando polos dereitos políticos e civís das mulleres e fundando os primeiros *anjumans* (sociedades secretas) de mulleres. Ademais, é de destacar que numerosas activistas fundasen escolas de mulleres a principios do século XX, cando estaba totalmente prohibido, ou iniciasen revistas feministas (Siddiqeh Dowlatabadi fundou en 1919 o primeiro xornal nacionalista e feminista e creou escolas para mulleres en Irán, Alexandra Afernuh en Exipto, Afifa Sa'ab no Líbano, etc.). E cómpre tamén mencionar as mulleres que loitaron contra a invasión foránea reclamando o seu espazo, como Hassiba Ben Bouali, de Alxeria. No seu caso, o fundamentalismo tentou apropiarse da súa imaxe nos anos 90 con proclamas que dicían «Hassiba Ben Bouali, se vises a nosa Alxeria» referíndose á *degradación* (cambios na vestimenta, traballo fóra do fogar, etc.) das mulleres que a ollos dos nacionalistas tería insultado a súa memoria, ás que as feministas contestaron con pintadas nas que repuñan «Hassiba Ben Bouali, non te traizoaremos». Todas estas mulleres crearon a base para as feministas actuais, dentro e fóra dos seus países.

A situación actual dos feminismos ten que traballar na encrucillada de proxectos contraditorios. Como ben explican Fatima Mernissi ou Nawal Al-Sadawi nas súas extensas obras, existe unha relación directa entre a neocolonización occidental e o auxe dos fundamentalismos, que son dúas forzas que malia o que pode aparentar nunha visión superficial, se retroalimentan. A visión occidental do Islam como unha relixión retrógrada e invariábel, e como o único denominador dunha ampla zona xeográfica (independentemente do resto de factores sociais como a explotación foránea, clases, etnias, historia, etc.), os problemáticos procesos de descolonización, a necesidade dunha identidade propia fronte a estes procesos e o axuste sen par do fundamentalismo cos valores capitalistas do poder político e o consumismo conflúen para crear unha situación na que as mulleres se constitúen no campo de batalla máis evidente. As forzas a prol de occidente e do fundamentalismo tenden a seguir uns patróns de xénero que non admiten os discursos subversivos dos feminismos nesta rexión, sobre todo aqueles que falan a favor dun desmantelamento das estruturas sociais existentes e unha forma nova de entender as sociedades que non teña que entrar dentro de ningún dos dous polos. As mulleres convértense nun campo de batalla que vai alén do metafórico, como aconteceu en Alxeria co asasinato inexorábel durante os anos 90 das mulleres que non levaban o *hijab* (pano) por parte de fundamentalistas, e tamén daquelas que si o levaban por parte de pro-occidentais. A feminista Khalida Messaoudi, activista do Movemento pola República (MPR) que tivo que deixar o seu traballo e desaparecer da escena pública, comentaba: «Nosoutras, que non matamos a ninguén e que defendemos os valores do laicismo e da igualdade, somos as vítimas da violencia. No caso das mulleres, o que está a acontecer en Alxeria non é unha confrontación entre unha maioría e unha oposición, senón unha guerra pola definición mesma da sociedade». O activismo feminista atópase, xa que logo, no medio deste fogo cruzado de identidades, pero tamén ten que enfrontarse a necesidades moi inmediatas.

Sen dúbida, unha das necesidades máis inmediatas para as feministas desta zona do mundo é resolver a ausencia de dereitos legais, que resulta un contraste importante coa desigualdade que existe en moitos outros lugares do mundo, onde o nivel formal da lexislación chegou a unhas cotas mínimas e está en proceso aberto de revisión, sobre todo a partir do debate e aprobación nas Nacións Unidas da Convención para a eliminación de todas as formas de discriminación contra as mulleres (CEDAW). Porén, na práctica totalidade dos países desta zona as mulleres carecen agora dos dereitos básicos que en moitos casos si acadaran no pasado, previamente aos movementos fundamentalistas agravados nas últimas décadas. O movemento sufraxista, por exemplo, aínda non conseguiu os seus obxectivos nesta parte do mundo de forma xeneralizada. Se ben hai países onde os homes tampouco poden votar por estar toda a poboación sometida a réximes ditatoriais, son moitos outros onde os homes si poden votar e as mulleres non, como en Arabia Saudita, que mantivo eleccións por primeira vez en 2005 pero só se permitiu o voto dos homes. Un dos casos máis senlleiros é o de Irán, onde moitas feministas adoitan explicar o apoio ao islamismo tras a revolución contra o Shah, inicialmente civil e laica, como reacción a unha imposición pola forza dos dereitos. Por exemplo, durante a época do Shah (1941-1979) impúxose a eliminación do veo a través do castigo (igual que agora se impón o seu uso), o cal provocou rexeitamento social.

Outro caso sen dúbida doloroso é o de Iraq, que malia vivir unha situación ditatorial con Saddam Hussein, si mantivo o nivel máis elevado de participación das mulleres na esfera pública e tamén de mantemento dos seus dereitos de toda a rexión até a invasión estadounidense, onde non se garantiu en absoluto a preservación destes avances e as mulleres foron e son as primeiras vítimas da guerra. Mesmo en países de altos ingresos onde a participación das mulleres no emprego ou na educación é elevada, como Kuwait, os dereitos básicos seguen sen conseguirse, entre eles o dereito ao voto (que si existe para os homes, como en Arabia Saudita).

Cómpre sinalar tamén o retroceso nalgúns países onde o feminismo conseguira en épocas previas unha certa institucionalización, como en Exipto ou Tunisia. Nestes dous países houbo un forte movemento feminista nos anos 50 liderado por Huda Shaarawi e Bchida Ben Mrad respectivamente, pero as políticas liberalistas impostas polo Banco Mundial e o Fondo Monetario Internacional foron desactivando os estados, algo que debilitou a situación política das mulleres até chegar ao momento actual no que, sobre todo en Exipto, a persecución das feministas e a imposición dos fundamentalismos vai en avance rampante (podemos falar aquí do exilio da feminista exipcia Nawal Al-Sadawi, a quen lle tentaron mesmo quitar a nacionalidade exipcia pola súa escrita rompedora sobre a sexualidade, o seu activismo político e a súa loita contra os abusos contra as mulleres e o marco patriarcal e imperialista). Malia esta carencia de dereitos, as activistas estableceron as súas liñas de traballo para cambiar ese marco e tamén abriron as portas das revistas para tratar asuntos políticos, que en moitos casos as levaron ao cárcere ou ao exilio.

Se estas situacións non fosen abondo complexas, hai momentos e territorios onde o traballo resulta aínda máis complicado. Xa mencionamos os efectos da guerra sobre as mulleres en Iraq, pero igualmente poden mencionarse as consecuencias que a guerra tivo no Líbano, das que fala cumpridamente Julinda Abu Nassr ou en forma literaria Jean Said Makdesi. Especial atención merece tamén o activismo das feministas palestinas, atrapadas nunha encrucillada cada vez máis estreita: as mulleres son utilizadas para o proxecto nacionalista/islámico como símbolos por excelencia da nación e nais dos mártires, discurso este que imposibilita moitas veces a reclamación dos seus dereitos, que deben quedar sempre nun segundo plano a favor da liberación nacional. Esta idea expresouna xa nos anos 80 a Organización para a Liberación Palestina nunha campaña para silenciar as voces das feministas con slogans como «as mulleres serán liberadas cando se libere o noso pobo» ou «os homes e as mulleres deben estar xuntos na batalla», como clara referencia á necesidade de aparcar as demandas de igualdade para cando se resolvese o conflito nacional.

A partir dos anos 90 dáse un importante retroceso para os feminismos dentro dos territorios palestinos. Débese, por unha banda, á desilusión das activistas ante a falta de recoñecemento tras os moitos esforzos feitos durante a Intifada. E pola outra, ao aumento do fundamentalismo relixioso, representado por Hamas, que estabelece na súa declaración como movemento que «na resistencia o papel da muller musulmá é igual ca o do home. É unha fábrica para producir homes, e ten o papel fundamental na cría e educación das xeracións vindeiras». Este tipo de declaracións non quedaron aí, xa que pouco despois comezou un movemento instigado por Hamas para controlar o comportamento das mulleres en público, sobre todo coa imposición do *hijab*, que se promoveu como un símbolo de compromiso político. As mulleres que non levaban o *hijab* durante os anos 90 comezaron a sufrir persecución, a ser amoestadas en público e mesmo agredidas. Por desgraza, o agravamento da situación política desta zona nos últimos tempos leva consigo un agravamento maior da situación das mulleres, na encrucillada de ser fieis ao seu pobo (que é o que significa neste caso tamén o *hijab*) ou á loita polos seus dereitos. Cando a situación de agresión como pobo é tan grave como a palestina, a escolla resulta complexa e o traballo das feministas sumamente complicado. O apoio internacional ás mulleres neste caso pasa polo cesamento da colonización israelí para que poida darse unha reorganización social. Pero canto máis tempo pase, máis difícil será esta reorganización, pois como amosa o exemplo de Irán os grupos fundamentalistas poden cobrar tal forza que repriman o movemento feminista, polo xeral con medidas brutais. O apoio internacional ás feministas que se atopan nestas zonas precisa contribuír á súa visibilidade e a que representen os seus problemas sen prexuízos (como o eterno debate do pano), pois isto resulta tamén fundamental para o avance da situación das mulleres, tan complexa neste momento. Alén disto, pola outra banda as mulleres son tamén obxecto das agresións do colonizador, neste caso Israel. Mais os feminismos na zona foron capaces de estabelecer certos principios como o pacifismo, como por exemplo coa creación de Mulleres de Negro. Mulleres de Negro é na actualidade unha rede internacional de mulleres que buscan a paz e sobre todo traballan contra o militarismo en diferentes países do mundo pero que tivo a súa orixe na colaboración entre mulleres israelís e palestinas no ano 1988, que comezaron a facer concentracións regulares para pedir o cesamento da violencia, ademais doutras accións como visitar a presos palestinos encerrados en cárceres en Israel. A rede conta neste momento con centos de grupos en todo o mundo, un deles no estado español que foi crucial na recuperación das mulleres da antiga Iugoslavia despois da guerra dos Balcáns. Por desgraza, o patriarcado permítelles ás mulleres moi pouco poder de influencia nos conflitos, pero non por iso deben ficar invisíbeis os seus esforzos.

Desde outro punto de vista, cómpre sinalar de modo xeral as correntes que existen dentro dos feminismos nesta parte do mundo. Malia a diversidade de voces, podemos comprobar que aquí existe tamén unha dicotomía de discursos arredor do feminismo islámico e do feminismo laico. Desde hai un par de décadas comeza a falarse de feminismo islámico como unha corrente endóxena dos territorios de oriente medio, e en moitos casos celebrada por certas correntes de feminismo occidental como un exemplo de diversidade. O feminismo islámico pretende utilizar o marco do islam para argumentar que este non defende a inferioridade das mulleres. A aparición desta corrente ten que entenderse tamén como unha reacción á presión occidental pola creación do *novo inimigo* identificado no colectivo musulmán, así como polo uso que se fai precisamente da situación das mulleres nos países de maioría musulmá para xustificar intervencións, invasións e embargos. Mais a aparición do feminismo islámico tamén ten que ver co propio marco no que se moven as activistas, que en moitos casos non teñen máis remedio que tentar conseguir dereitos para as mulleres manexando o marco de dereito para a súa sociedade (a *sharia* ou lei coránica). Así, o feminismo islámico tenta reformular e reinterpretar aqueles versos do corán ou doutros textos legais para eliminar a discriminación das mulleres. Esta estratexia, por outra banda, é a que usan os fundamentalistas tamén para impor certas prácticas e interpretacións. Tamén pretenden as feministas islámicas *demostrar* a occidente que o islam non é en si mesmo un atranco para o avance das mulleres (menciona por exemplo o papel sobranceiro das mulleres e a súa liberdade cando Mahoma creou a relixión, estuda o dereito ancestral á propiedade do que gozan as mulleres segundo a lei islámica, etc).

Mesmo se o feminismo islámico foi capaz de conseguir algúns cambios na lexislación e sobre todo conseguiu que se escoitase a voz das mulleres dentro do sistema legal de diferentes países, o seu enfoque resulta o obxecto de crítica por parte do outro discurso, o do feminismo laico. Este último defende que non se pode lexitimar o dereito dentro dun marco que non é o axeitado (neste caso o relixioso) e que cómpre desbotar a xeneralidade do marco por patriarcal (como argumentan moitas das feministas laicas de oriente medio: é que o cristianismo ou o xudaísmo son relixións igualitarias?). O feminismo laico defende os dereitos das mulleres dentro do marco dos dereitos humanos, e rexeita o que denominan particularismo cultural como argumento para xustificar que o islam non permita aplicar certos preceptos da CEDAW (no caso dos países de oriente medio que asinaron esa convención contra a eliminación da discriminación das mulleres). O feminismo laico é profundamente crítico co relativismo cultural e coa tendencia aparentemente oposta pero complementaria da xeneralización. Por unha banda, o relativismo cultural tende a utilizarse para xustificar que as aberracións contra as mulleres poden ser tolerábeis en certas culturas (como preguntan as feministas laicas: daquela en occidente a cultura é de seu igualitaria?) e non noutras. Por outra banda, o uso pernicioso por parte de occidente da etiqueta «musulmá» e a identificación da situación das mulleres só coa relixión impide ver as circunstancias políticas e neocoloniais que se dan na zona. Sobre todo a partir do 11 de setembro a denominación ten ademais asociada a connotación de terrorista, e une a persoas de países tan distantes cultural e xeograficamente como Paquistán e Costa de Marfil. As mulleres son utilizadas nestes discursos dunha forma recorrente, fixándose a mirada occidental en aspectos como o veo e non noutras cuestións que enfatizan a responsabilidade occidental na súa situación (véxase Palestina e a base histórica do conflito con Israel, de sobra coñecida). O *hijab* ten unha variedade de significados tan ampla que resulta incomprensíbel á prexuizosa e limitada mirada occidental, incapaz de ver que na revolución de Irán se utilizou como símbolo en contra do Shah e das súas alianzas con occidente (mesmo se logo foi apropiado), ou que en Turquía se utiliza como símbolo de afiliación étnica e carece en moitísimos casos de referencia relixiosa (semellante ao caso das mulleres galegas que durante décadas levamos tamén o noso pano). O pano non pode resumir a complexidade da situación das mulleres nesta zona do mundo e moito menos converterse nun parangón de opresión (como adoita ser entendido en occidente). Ao contrario, cómpre estabelecer unha visión máis autocrítica desde occidente, permitindo que os debates sobre este tipo de símbolos se desenvolvan no contexto ao que pertencen e sendo tamén capaces de ver a existencia doutros posíbeis panos máis tipicamente occidentais, como por exemplo a maquillaxe. Este é un debate amplamente tratado por Nawal Al Saadawi, que acuñou a expresión *veo occidental* para falar dos conceptos de ser muller en occidente, igualmente opresores pero invisíbeis para quen vive na cultura propia.

A cuestión de fondo que marca os debates entre as feministas islámicas e laicas é que traballan desde dous marcos de referencia diferentes, e que as laicas critican do feminismo islámico que o seu marco de referencia segue sendo o patriarcado. En certos países, porén, dáse unha moi complexa situación das mulleres en canto aos seus dereitos, e así en certos países da zona as mulleres teñen por obriga legal obedecer ao home, e o home ten o dereito a decidir cantos fillas e fillos quere ter e tamén o dereito da potestade absoluta sobre a descendencia, co cal en caso de divorcio as crianzas son propiedade do pai ou do avó paterno, por mencionar só algúns aspectos de certas lexislacións. Debido xustamente a estas circunstancias tan complexas, as activistas das dúas correntes traballan xuntas, como é no caso de Irán, onde a revista *Zanân* foi capaz de aglutinar o pensamento de ambas as tendencias. Igualmente cómpre mencionar os innumerábeis proxectos tanto literarios como das artes que as feministas desenvolven nesta rexión. Naomi Sark recolle moitos dos relacionados cos medios de comunicación e o cine no seu volume *As mulleres e os medios de comunicación en oriente medio*. Existen tamén numerosas compilacións de escrita accesíbel a través de linguas francas como a realizada por Elizabeth Warnock Fernea e Basima Qattan Bezirgan, *As mulleres musulmás de oriente medio falan* onde se recollen obras desde a antigüidade até o presente en versión inglesa, entre elas poemas de Al-Khansa.

Un tema pouco tratado na rexión de xeito accesíbel é o da identidade sexual. Por unha banda existe o problema da penalización da homosexualidade na lexislación de moitos dos países da rexión, que fai que mesmo as feministas heterosexuais rexeiten debater o lesbianismo polas consecuencias legais que pode implicar. Como explica Kecia Ali, por moi somerxido que se atope o tema, este non deixa de florecer. Se ben os réximes tenden a condenar a homosexualidade dicindo (con pouca orixinalidade, como xa puidemos comprobar) que é un invento ou unha corrupción occidental, a literatura e mesmo a lexislación ancestral da rexión deixan claro o contrario. Aínda que a maioría da investigación neste campo amosa unha asimilación social da homosexualidade masculina, tamén existen textos que falan do *sihaq* (fregarse), a palabra que refire as relacións entre dúas mulleres. Malia o silenciamento e sobre todo á persecución, existe un afán por buscar información e unha historia propia, aínda que a loita polos dereitos colectivos pasa aínda por ter recoñecidos os dereitos básicos como muller, independentemente da orientación sexual.

Sen dúbida, as feministas de Oriente Medio tamén envían unha mensaxe clara ás feministas do resto do mundo: a necesidade de apoiar a súa visibilidade, de non obxectualizar a situación das mulleres e reducir os seus problemas a unha relixión e sobre todo a necesidade de estabelecer un marco onde as semellanzas se fagan visíbeis de xeito que as mulleres do Magreb, oriente medio e países árabes poidan comprender que os seus problemas están conectados cos das demais mulleres do mundo e que non teñen que entender as imposicións que se lles obrigan a afrontar como unha defensa da súa cultura, dado que esa cultura, como acontece en todas partes no mundo, adoita ser só a que defende o patriarcado.

9. XAPÓN

A situación actual de Xapón presenta interesantes debates para os feminismos. Xapón sitúase na encrucillada entre o capitalismo das sociedades desenvolvidas, o seu pasado como colonizador en Asia e mais a súa vinculación a unha cultura previa ao capitalismo que subsiste en moitos dos elementos que marcan as construcións do xénero e a situación das mulleres. Esta situación fai que moitos dos debates existentes nos feminismos no país vaian moi parellos aos do resto do mundo desenvolvido, pero que ao tempo sexan herdeiros dunha complexa historia que tentaremos resumir antes de falar da situación actual.

Desde os inicios das loitas polos dereitos das mulleres, sobre todo relacionadas co sufraxio no século XIX, Xapón foi un dos países onde as mulleres loitaron de forma máis encarnizada para conseguir acceder a tal dereito e ao resto de dereitos civís recoñecidos naquel momento. Desde ese momento iniciático, os feminismos en Xapón van amosar as súas características que conservarán até a actualidade: a importancia do asociacionismo, a mobilización de pensamento a través de revistas e a presenza de figuras sobranceiras que actuarían, por citar o nome da primeira revista defensora dos dereitos civís, como «Fachos de liberdade» para as demais mulleres. Resulta altamente significativo que moitos dos debates máis actuais dos feminismos occidentais comezasen a tratarse en Xapón xa no século XIX, e para entendelos cómpre explicar os conceptos máis importantes que formularon desde un punto de vista diacrónico.

Un primeiro exemplo destes debates son os artigos de Kishida Toshiko, que na década de 1880 comeza a publicar as súas controvertidas opinións sobre a necesidade de destruír a familia para cambiar a sociedade e a situación das mulleres. Esta autora expresa por primeira vez o concepto de *hakoiri musume* (fillas criadas en caixas), para referirse ao tipo de educación que recibían as mozas de clases altas e que as comparaba co cultivo de bonsais (este concepto de bonsai foi popularizado no estado español por Miguel Lorente para explicar as situacións de violencia de xénero na parella desde un punto de vista psicolóxico, de xeito que quen maltrata vai cortando a raíz da persoa maltratada até facer dela un bonsai). O revolucionario das teorías de Toshiko ten que comprenderse tamén tendo en conta un contexto, o período Meiji, no que as mulleres non tiñan nin sequera dereito de aparecer na vida pública, no que tampouco tiñan dereito a recibir unha educación e no que o estado utilizaba a familia como ente de control, nun concepto patriarcal da mesma no cal a desprotección das mulleres e nenas e nenos que non tiñan un home de referencia era total. É esta a época na que a interacción das ideas confucianistas e cristiás en Xapón levou a unha estraña amálgama para crear o concepto das *ryosai kenbo* (boas esposas e sabias nais), que perdura en diferentes formas no imaxinario colectivo a través das décadas. A definición das mulleres como obxectivo nacional estaba clara para o poder político, que promovía o fogar como o lugar de creación da identidade, co cal a familia aparece como un espazo político concibido socialmente como un lugar onde o estado ten que intervir. A ruptura dos espazos, porén, si é un obxectivo moi presente nos feminismos en todo o mundo, e en Xapón nesta época a mera aparición das mulleres no espazo público provocou unha revolución. A súa participación en xuntanzas públicas a mediados do século XIX estaba prohibida por lei pero as activistas, entre elas Kusunose Kita (a avoa dos dereitos civís), invadiron o espazo público e conseguiron que se votase o sufraxio feminino a nivel local até que a represión foi exacerbada na década de 1880. Durante décadas as mulleres tiveron que loitar pola abolición do Artigo 5 da Lei Policial de Paz Pública, que determinaba a prohibición da participación das mulleres na esfera pública (considerando que non desapareceu até 1922, podemos comprender as dificultades para o traballo do feminismo no país).

Estas loitas continuaron na seguinte fase do feminismo en Xapón, a das chamadas *novas mulleres*, que marca o inicio do século XX e onde a intervención no espazo público se traslada a un dos aspectos aínda máis controvertidos para o movemento feminista a nivel internacional: a prostitución. Os barrios de prostitución eran un lugar prohibido para as mulleres *decentes* e só os homes tiñan acceso a esas enormes seccións do espazo público onde se practicaba de forma legal a prostitución como un negocio máis. As feministas comezaron a romper coas divisións e a entrar no que para elas constituía a zona onde os dereitos das mulleres sufrían a súa violación máis extrema. A mera entrada novamente nun espazo prohibido creou unha reacción social e unha ruptura dos papeis estabelecidos, tanto de clase coma de xénero. Neste momento aparecen as primeiras voces literarias que comezan a falar de forma igualmente polémica e rexeitada pola sociedade, da sexualidade feminina. O libro de Yosano Akiko *Cabelo enguedellado* provocou novamente un grande escándalo nos círculos literarios ao falar precisamente deste tema dun xeito aberto e en primeira persoa. Nesta época aparece un dos vehículos máis importantes para o movemento feminista en Xapón e unha referencia que dura até a actualidade, a revista *Seito* (cuxo nome significa *Intelectual*), que se articula tamén como unha asociación na que comezarán a pórse de manifesto os diferentes debates e puntos de vista que a partir deste momento integran unha significativa variedade de voces. A sociedade foi iniciada en 1911 por Hiratsuka Raicho e entre as directoras da revista destacaron figuras como a anarquista Ito Noe, asasinada polo estado en 1923 xunto co seu compañeiro durante os levantamentos civís acontecidos entón.

Seito marcou un cambio fundamental no movemento feminista ao abrir un espazo propio onde apareceron moitas voces individuais que falaban de temas tabús desde distintas perspectivas. Un deses temas foi a maternidade, a cal fronte ao discurso oficial que promovía a imaxe das mulleres como produtoras de soldados e obreiros, redefiníase como un espazo conflitivo no que se debatía a propia definición da identidade das mulleres e tamén o control sobre o propio corpo e os dereitos reprodutivos básicos. Estas ideas aparecían tanto en artigos de pensamento como en traballos de tipo literario. As reivindicacións polo dereito a decidir sobre o propio corpo, as críticas á idea da virxindade como un valor social, os problemas das nais solteiras, o aborto e a demanda de servizos sociais para apoiar a crianza de fillas e fillos fixéronse explícitas grazas a *Seito*. Esta revista abriu tamén a porta á formación de novas asociacións, que foron crecendo e ampliando os seus temas para demandar o acceso das mulleres á educación e ao traballo e en resumo a abolición da desigualdade en todas as súas formas.

Nos anos 30 o feminismo está maduro para integrar precisamente algúns destes temas na chamada Onda Vermella, que se move paralela aos movementos obreiros. Precisamente a participación das mulleres no mercado laboral comeza a facerse patente como unha prioridade. Debátese no feminismo a importancia de sacar este tema a primeiro plano e acabar así coa visión das mulleres como secundarias xa non só na produción, senón no propio movemento obreiro, pois como en tantos outros lugares e movementos empezados por homes, o movemento obreiro asumía que a situación das mulleres melloraría automaticamente cando cambiasen as circunstancias que os oprimían como obreiros, e que por tanto non cumpría prestar atención específica ás desigualdades entre os sexos. Unha vez máis as feministas asumiron o seu papel de cambiar as bases, sobre todo a través, novamente, da creación das súas propias asociacións e publicacións. Cómpre lembrar que nesta época as mulleres aínda nin sequera conseguiran o acceso ao voto, co cal as loitas íanse superpoñendo as unhas ás outras. Tamén neste período Oku Mumeo estableceu o consumo como lugar de resistencia e articulou a necesidade de vincular a produción co consumo dunha forma política, un tema que aínda tardaría décadas en chegar a occidente, tanto ao movemento feminista coma aos movementos altermundistas.

Outro tema totalmente posmoderno para occidente foi tratado xa en Xapón tamén durante a década dos 30 por Yamakawa Kikue: o imperialismo e a posición das feministas xaponesas fronte aos suxeitos colonizados. Este tema impregnará todos os debates feministas das épocas seguintes. Como en case todos os lugares do mundo, o feminismo e o pacifismo tenden a ir man a man.

Son as feministas neste caso as que insisten en visibilizar a situación dos pobos colonizados, e en concreto a das mulleres, e en estabelecer relacións de igualdade entre elas. A nivel interno tamén é fundamental o traballo das feministas para ver o uso que o estado fai das mulleres en épocas de guerra ou colonización para afianzar o seu proxecto. En Xapón esta utilización foi moi clara coa organización de comedores onde as mulleres cociñaban para as tropas como un deber patriótico, por non mencionar o xa citado uso das mulleres como produtoras de soldados, algo común a moitos outros países.

A actividade militarista de Xapón, que culminou coa súa entrada na Segunda Guerra Mundial, foi seguramente o maior atranco para o movemento sufraxista no país. Malia os esforzos organizados de todas as activistas, e en particular de Ichikawa Fusae, non foi até despois da guerra que o goberno aprobou o sufraxio feminino en 1945 (os homes podían votar desde os anos 20). O sufraxio foi unha das medidas do goberno para estabilizar o país, pero aínda así, non tería sido posíbel sen un activismo sen pausa desde o século anterior. A partir dese momento e despois dos debates para aprobar a constitución e abolir un sistema legal discriminatorio, a atención das feministas tivo que centrarse en como conseguir unha sociedade non sexista a outros niveis, revisando os estereotipos que seguían funcionando na sociedade.

Os anos 50 viron o aumento (semellante se cadra á ideoloxía dominante nos Estados Unidos que levaría ás teorías de Betty Friedman) da ama de casa como un obxectivo renovado e moderno para a realización das mulleres. Recentemente Masami Ohinata escribiu un artigo revelador titulado «A mística da maternidade: unha clave para entender o cambio social e problemas familiares de Xapón» onde estuda como é precisamente neste período dos anos 50 e 60 cando se desenvolve en Xapón un ideal de familia onde as mulleres teñen que desempeñar unha reforma do papel tradicional. É dicir, ademais de atender o fogar deben recibir unha educación (que se considera fundamental para o seu papel como esposas, tanto para o ascenso social dos maridos como para a educación das crianzas), aínda que esta educación non estea encamiñada a poderen traballar fóra da casa. Como indica Ohinata, por desgraza este problema non foi só algo característico desta época e segue preocupando a moitas autoras, entre elas a Kumiko Fujimura-Fanselow e Atsuko Kameda.

A participación das feministas xaponesas nas distintas conferencias organizadas polas Nacións Unidas a partir do ano 75 demostrou tamén o seu interese en contribuír ao movemento internacional e desmarcarse da posición imperialista do seu estado.

Cómpre entender, xa que logo, este vizoso transcorrer histórico para entendermos as diferentes posicións que atopamos nos feminismos na actualidade en

Xapón. En xeral, as teóricas do feminismo xaponés tenden a dividir as correntes actuais segundo sexan anteriores á Segunda Guerra Mundial ou posteriores a esta. As anteriores (ou vello feminismo) céntranse sobre todo na defensa de dereitos, mentres que as posteriores (ou novo feminismo) centra a súa análise do patriarcado sobre todo nas relacións interpersoais, de aí a súa énfase na familia. Os debates feministas dos últimos anos recollen vellas preocupacións, como a crítica ao imperialismo, defendida entre outras pola teórica Yayoi Aoki até certas visións do feminismo ecoloxista ou a investigación da linguaxe.

Aoki defende a tese de que o imperialismo e a familia están estreitamente ligados como espazos de opresión e de feito analiza a construción do estado xaponés como *familia-nación* no que se esixen actos de servizo *filial* ás mulleres que poden incluír a propia prostitución (para ilustrar como se construíu esa relación, Aoki menciona a presentación da prostitución como un servizo ao estado).

Este é un dos campos de batalla actuais dos feminismos en Xapón, especialmente centrado no activismo contra a prostitución nas bases militares estadounidenses que en moitos casos levan tamén implícitas violacións e asasinatos da comunidade local. As feministas como Aoki estudan a relación e complicidade entre o estado, o sistema internacional e a construción do xénero para lexitimar este tipo de prácticas. Porén, esta autora recibiu duras críticas doutras teóricas, nomeadamente de Chizuko Ueno polo seu enfoque esencialista, ao defender o que Ueno denomina un feminismo da maternidade que utiliza o argumento de que as mulleres teñen unha tendencia maior ao pacifismo ou ao ecoloxismo polo seu papel como nais. Sen restarlle importancia ao espazo privado, Ueno rexeita esta teoría por considerar que volve caer na definición das mulleres como nais e esposas (que é algo de especial interese para o patriarcado), ademais de limitar a definición do que é ser muller, invisibilizar as diferenzas de orientación sexual ou clase, etc., Ueno critica tamén aspectos como a psicanálise importada de occidente nos seus aspectos sexistas e por tanto está en harmonía coas críticas feministas a esta práctica. Esta teórica define un novo concepto, o *mazakon*, que fala da relación social nai-fillo como unha relación central na construción do xénero e da identidade feminina e masculina en Xapón e que contradí frontalmente as teorías de Freud sobre a creación da personalidade (esta autora defende que en Xapón a relación que os homes teñen coa súa nai é a súa relación de maior fidelidade, pois a figura paterna semella non ter case papel ningún no desenvolvemento social dos homes nin até nin durante a idade adulta). Ueno, pola súa banda, recibiu críticas pola súa polémica afirmación de que os feminismos en Xapón chegaran a unha calella sen saída e polos seus intentos de popularizar os feminismos, cousa mal vista por parte doutras teóricas. Así, nunha polémica intervención, a teórica defendeu que aínda que a diversidade é positiva, a presenza de certas correntes que se denominan feministas (e neste caso referíase ao feminismo da maternidade) pero que contradín certos principios básicos do que ela entende como feminismo (o principio da construción social e por tanto cambiante do xénero) pode levar a unha difusión tal do termo que acabe provocando que calquera corrente, mesmo as moi conservadoras, poidan denominarse feministas e ser aceptadas no movemento como tales. Sen dúbida, isto asemellase ao debate sobre o posfeminismo en occidente, ao que xa nos temos referido. Neste sentido, Miya Yoshiko apoia a tese de Ueno sobre todo facendo fincapé na necesidade de facer un uso máis consciente e claro de termos como sexo, sexualidade e xénero, que moitas veces se mesturan e evitan unha definición clara tamén das bases dos feminismos. Este debate nace en concreto polo auxe dun certo movemento de ecofeminismo no que se defendía que para non colaborar coa explotación da natureza as mulleres debían volver ao seu papel de maternidade, cuestión obviamente moi polémica (entre outras cousas porque aos homes que defenden teses de ecoloxismo nunca tal esixencia ou proposta se lles fixo, por exemplo). Sen dúbida é este un debate, o da aceptación como feminista de calquera corrente que busque afirmar certos dereitos das (de certas) mulleres, que reside como unha tensión latente en moitos outros lugares do mundo, se cadra normalmente non de forma tan explícita.

Alén disto, Ueno é partidaria de participar en espazos que non son de corte feminista e tentar a través deles educar a cidadanía, sobre todo nas revistas *femininas* e nos medios de comunicación. Malia as críticas recibidas, son moitas as teóricas que consideran que este traballo axuda a visibilizar e a dar a coñecer o movemento feminista e a súa historia e a contrarrestar a corrente visíbel en todas as sociedades acomodadas de apropiación de certas máximas feministas que son interesantes para o recoñecemento de dereitos das mulleres polas propias mulleres pero non aquelas que cuestionan a construción dos papeis. É dicir, como critica a teórica Saito Chiyo, hai moitas mulleres de clase media que se benefician dos resultados das duras loitas feministas pero que se negan a participar ou a identificarse co movemento (o que sen dúbida é extensíbel á ampla maioría de países occidentais). Esta preocupación vese agravada pola tendencia entre este colectivo de que as mulleres deixen o traballo e se dediquen a labores domésticos en exclusiva, aceptando todos os privilexios dos dereitos adquiridos para as mulleres pero sen pór en dúbida os papeis tradicionais masculinos e femininos.

Algunhas cuestións máis que ocupan o debate dos feminismos en Xapón son o corpo e a sexualidade (sobre todo presente na literatura), a pornografía e a prostitución, así como a linguaxe. O corpo e a sexualidade son aspectos sobre os que se traballa no campo literario para recuperar a experiencia feminina e mesmo unha linguaxe propia. Resulta moi interesante o proxecto de traducir ao xaponés o libro *O noso corpo, nosoutras*, un clásico feminista estadounidense sobre sexualidade e saúde reprodutiva, o que implicou crear unha nova linguaxe sobre a sexualidade feminina, cargada de connotacións negativas. Por exemplo, a maioría dos órganos sexuais femininos constrúense cun carácter que indica *vergoñento*, *negativo*, *secreto*. Así, a vulva é o «órgano secreto ou escuro externo». As feministas cambiaron estes caracteres polo de sexual, daquela vulva é «órgano sexual externo». Dentro deste campo destacan tamén os problemas que se lles presentan ás teóricas que queren traballar desde o enfoque lesbiano dado que, malia existir certa permeabilidade social á homosexualidade, segue constituíndo un tema tabú que debe ser aínda investigado e cobrar protagonismo, como na maioría dos movementos feministas de todo o mundo. Kakefuda Hiroko, autora da novela *A miña vida como lesbiana* e activista lesbiana desde os anos 90, ten comentado en diferentes ocasións o feito de que a sociedade pode precisamente *tolerar* pero non aceptar a homosexualidade, e que as lesbianas, mesmo se poden exercer a súa opción sexual ás agachadas, non poden admitir publicamente que o son. Ela, xunto con Hara Minako falan tamén da necesidade de redefinir o concepto da lesbiana (en xaponés *rezubian*/*rezu*), que até a actualidade só describía as mulleres que participaban en pornografía masculina mantendo relacións entre elas para o goce dos homes. A palabra está vinculada case de forma unívoca con esta práctica e de feito é un dos temas que Hiroko trata na súa obra, redefinindo desde elas mesmas o que é ser lesbiana, lonxe do imaxinario patriarcal sexista e heterosexual. Ademais, a sexualidade e o corpo son tamén aspectos que entroncan coas biotecnoloxías, un aspecto que en Xapón cobra importancia nos debates feministas ante as implicacións de xénero de moitas tecnoloxías da vida e sobre o cal existen diferentes puntos de vista, desde a necesidade de que as mulleres accedan en igualdade a estas tecnoloxías, até as críticas á aplicación destas ao corpo das mulleres.

A linguaxe é un campo de intervención común a todos os feminismos, que no caso do Xapón cobra especial relevancia ao existir unha *linguaxe das mulleres* caracterizada por trazos excesivos de submisión e abaixamento da persoa que fala. Teóricas como a lingüista Ide Sachiko ou Orie Endo realizan unha análise e propostas de cambio deste tipo de linguaxe que ten importantes repercusións sociais (segundo estas autoras, o que din as mulleres non é tan importante socialmente como o xeito en que o din, dado que son obxecto de crítica simplemente por non abaixarse o suficiente a través de certos recursos lingüísticos que só as mulleres utilizan, cousa que como pode comprenderse resulta máis que preocupante).

Finalmente o vello debate sobre a prostitución actualízase coa introdución tamén da pornografía como un tema de análise para o movemento feminista, que analiza formas de pornografía específicas de Xapón (como os cómics pornográficos) na súa complicidade coa explotación das mulleres e a creación dun imaxinario patriarcal que complementa á perfección o da nai e esposa. Autoras como Kuniko Funabashi centraron a súa investigación desde un punto de vista máis amplo nas imaxes dos medios, a publicidade ou o manga, que Funabashi vincula habitualmente con diferentes formas de violencia de xénero.

Como se pode comprobar, son moitas as ideas e correntes que ferven nos feminismos en Xapón, cousa que entra en contradición, como explican as propias teóricas xaponesas, coa imaxe que se adoita ter en occidente do país e do activismo feminista, que se considera moitas veces inexistente (segundo explican as propias feministas, debido a que a teoría dos feminismos en Xapón adoita darse fóra do espazo universitario e, como non, pola falta de proxectos de tradución desde o xaponés cara a outras linguas dun corpo de textos amplo, rico e complexo). Esta breve achega amosa que a imaxe occidental fica ben lonxe da realidade.

Bloque 3

TEMAS PLANETARIOS

TEMAS PLANETARIOS

Da por forza breve presentación que realizamos no capítulo anterior sobre a situación dos feminismos no mundo podemos tirar rapidamente a conclusión de que hai temas que se van repetindo e que son de importancia en todos os lugares. Se o noso interese na primeira sección era o particular, o punto de enfoque nesta segunda é precisamente o planetario. Os feminismos traballan coa súa polifonía nunha rede que se enguedella arredor de cuestións ineludíbeis para todas as sociedades, desde a institucionalización até os dereitos reprodutivos. Grazas a estas redes conseguíronse, como veremos, avances tan sobranceiros como a declaración da violencia de xénero como violación dos dereitos humanos. É se cadra arredor destes temas onde se fai a intersección entre o local e o mundial, onde se teñen que negociar intereses diversos por obxectivos comúns.

1. GLOBALIZACIÓN, FUNDAMENTALISMOS E NACIONALISMOS

Unha das características do movemento feminista desde os seus inicios en diferentes partes do mundo ten que ver co recoñecemento da discriminación das mulleres como algo que supera as fronteiras dos países e culturas. Desde o movemento sufraxista, e mesmo antes, podemos comprobar que existiu unha inquedanza polo traballo en redes internacionais. Porén, sabemos que este tipo de relación non foi equilibrada, como demostraron durante a segunda vaga dos feminismos occidentais as feministas racializadas e as feministas dos países en vías de desenvolvemento. Así, foron moitos os textos occidentais que se traduciron en revistas de todo o mundo, pero non ocorreu o mesmo no sentido contrario (nin se dá na actualidade, para podermos falar dun equilibrio). Estas tensións de poder xunto á necesidade de artellar o movemento feminista a nivel internacional son dous feitos que aparecen parellos e que se van ver alterados pola era da globalización.

Se un termo resulta complexo de definir e ao mesmo tempo aparece como a palabra chave do momento actual, ese é globalización. Malia os discursos encontrados, non pode negarse que vivimos na era globalizada, na que por unha banda aumentan os contactos entre os movementos sociais, entre eles os feminismos, e pola outra padecemos as consecuencias dos trazos máis característicos das políticas neoliberais. De cinguirmos á descrición da feminista india Maitrayee Chaudhuri, a globalización implica fenómenos como «o crecemento do mercado internacional de bens e servizos e o investimento multinacional estranxeiro nos países; a dirección do comercio e o investimento cara ás economías con baixos custos de man de obra; a percepción dos dereitos laborais como custos que deben evitarse para mellorar a competitividade; a revolución tecnolóxica que permite unha gran cantidade de disposicións de traballo; a estratexia económica mundial do axuste estrutural e outras medidas de economía da oferta; e a eliminación da lexitimidade dos sistemas de benestar social». Sen dúbida, nesta definición podemos intuír importantes consecuencias para as mulleres, sobre todo para aquelas dos países en vías de desenvolvemento, aínda que polo xeral estas consecuencias só se fixeron visíbeis cando se lles deu voz ás feministas destes países para que as puidesen pór de manifesto.

A globalización afecta principalmente ás mulleres dos países en vías de desenvolvemento, que se converten en man de obra barata e explotábel e (simultaneamente) nas mantedoras dun fogar con cada vez menos apoios. O desmantelamento dos estados e das medidas de benestar social implica que polas estruturas patriarcais dominantes son as mulleres as que teñen que renunciar en moitos casos ao emprego remunerado para traballar só no doméstico, reforzando así papeis de xénero tradicionais. Igualmente, por moitos esforzos que os movementos de mulleres fagan a nivel local, moitas veces as condicións para eliminar a discriminación ou mellorar as súas condicións de vida, como di Kalpana Kannabiran, están «máis alá do seu poder». É dicir, as análises feministas da globalización buscan desentrañar e vincular de que xeito a situación concreta das mulleres está vinculada ás decisións dos organismos internacionais globalizadores (o Banco Mundial, a Organización Mundial do Comercio, etc.). Tamén tocante aos países en vías de desenvolvemento é ilustrativa a loita de Vandana Shiva e outras ecofeministas, na que incidiremos máis adiante, por visibilizar como as multinacionais explotan o saber dos pobos indíxenas e das mulleres dunha forma moi evidente. Igualmente suscitan preocupación fenómenos que nos últimos tempos cobraron dimensións monstruosas, como o tráfico de mulleres para alimentar os mercados mundiais da prostitución. No seu interesante estudo *Contra as xeografías da globalización* Saskia Sassen vincula os ingresos que obteñen os gobernos do traballo das mulleres explotadas e a súa complicidade neste fenómeno.

A globalización afecta tamén, se cadra de forma aínda menos evidente, ás mulleres de occidente, dado que reforza os seus patróns de xénero, a desigualdade salarial e a división sexual do traballo. A globalización está baseada nun imaxinario patriarcal sen o cal non pode manterse, que constrúe as mulleres dos países desenvolvidos como consumidoras e as dos países en vías de desenvolvemento como produtoras. Esta lóxica da globalización susténtase entón, por unha banda, sobre unha imaxe das mulleres do sur como dóciles, como argumenta no plano teórico Mary John e fundamenta cun estudo empírico Naila Kabeer (quen demostrou que os donos das fábricas do sur que producen para multinacionais seguen pensando que os homes son máis produtivos, pero malia iso contratan mulleres porque son máis dóciles e por tanto poden pechalas nas fábricas sen que haxa revoltas). E pola outra, susténtase sobre unha imaxe das mulleres en xeral dos países desenvolvidos (aínda que tamén nas de clases medias e altas dos países en vías de desenvolvemento) construídas como *liberadas* a través do consumo, cuestión na que ten un papel principal a publicidade e os medios de comunicación. Amais, na retórica do enfrontamento de culturas, as mulleres constitúen a escusa perfecta para as invasións e para as guerras, como aconteceu en Afganistán e mais recentemente en Irán.

Como consecuencia destes movementos e doutros, a chegada de voces doutros países a occidente sinalou o fenómeno do multiculturalismo, o cal permitiu unha redefinición dos feminismos occidentais grazas ás voces das mulleres racializadas. Nos países do sur o multiculturalismo non pode entenderse do mesmo xeito, pero tamén neles ten unha importancia vital escoitar a diversidade das voces das mulleres de diferentes etnias e colectivos, un tema que preocupa tanto en Xapón (país desenvolvido pero non occidental, igualmente preocupado polas minorías colonizadas), na China, na antiga URSS, en oriente medio, en América Latina ou na India.

As alternativas feministas buscan desfacer a retórica da guerra, visibilizar a situación das mulleres desde todas as disciplinas (pero sobre todo desde a económica e social), e crear redes que fomenten o entendemento de que todas as mulleres estamos interrelacionadas. É un traballo complexo porque, como indica Bina Agarwal, «para as mulleres do primeiro mundo, combater as causas e as consecuencias da desigualdade mundial e forxar unha solidariedade mundial significaría sacrificar moitos aspectos dos seus privilexiados estilos de vida». Pero como declarou Chandra Talpade Mohanty, a voz máis crítica co feminismo occidental como opresor, o traballo conxunto dos feminismos é fundamental para a supervivencia de todo o mundo. Esa chamada está en marcha, con asociacións como Alternativas de Desenvolvemento coas Mulleres para unha nova era (DAWN) ou a Marcha Mundial das Mulleres. Estes colectivos buscan incidir en foros alternativos, como o Foro Social Mundial ou en xeral no movemento altermundista, xa que estes tenden a converterse en espazos onde novamente se reproducen os paradigmas doutros movementos de esquerdas, é dicir, unha forte masculinización dos discursos e a asunción de que a eliminación das estruturas opresoras (neste caso, do capitalismo) xa axuda por si só a atallar a discriminación contra as mulleres.

Aínda así, da man deste momento da globalización e do multiculturalismo, e en estreita relación con el, atopamos o reforzo dos nacionalismos e os fundamentalismos. Son moitas as estudosas feministas, como por exemplo Kumari Jayawardena que reúne no seu libro *Feminismo e nacionalismo no terceiro mundo* unha serie de estudos sobre diferentes partes do planeta, que veñen analizando os fenómenos de construción da nación nos países do sur, todos eles marcados pola descolonización e pola necesidade de crear unha identidade unitaria fronte ao imperio. Esa creación dunha identidade unitaria levou non só ao prexuízo de minorías (lingüísticas, relixiosas ou culturais), senón ao afianzamento dunha serie de modelos de muller que en case todos os casos sen excepción tiñan que identificarse cunha *nai patria* que cumprise a expectativa patriarcal. Estes ideais son estudados en todos os países en vías de desenvolvemento (mais non só, pensemos no nacionalismo español e na construción do estado a través dunha idea unificada e sen fisuras da *nación*, tema nunca abandonado polos sectores de dereitas) e provocan importantes problemas para o avance dos dereitos das mulleres, que adoitan verse sempre obrigadas a escoller entre *pertencer á súa cultura* (entendida esta como cultura patriarcal que as obriga a vestir dun certo xeito e a comportarse dunha certa maneira) ou loitar polos seus dereitos. A escolla non é doada, mais son moitas as activistas, como Uma Narayan, que desmontaron nos seus traballos esa ficción e puxeron de manifesto a hipocrisía de tales actitudes.

En Galiza tamén se estudou desde un punto feminista o fenómeno do nacionalismo. Algunhas teóricas como María Xosé Queizán ou Carmen Blanco que ousaron realizar unha crítica ao nacionalismo desde dentro en tanto que patriarcal recibiron duras acusacións por parte do aparello nacionalista. Estas autoras centráronse no campo da literatura para analizar desde unha óptica feminista obras e autores canonizados que están na base da idea de nación galega. Un dos casos máis aldraxantes e sobranceiros é o de Eduardo Pondal, misóxino indubidábel que chegou até a escribir un poema apoloxético da violación. Malia a evidencia destes trazos nos seus textos, este autor segue tendo un lugar central na definición da nación aínda na actualidade, e estas críticas feministas foron mal toleradas. Igualmente o estudo de Noa Rios Bergantinhos xa mencionado proporciona interesantes datos sobre a participación silandeira e empurrada cara á marxinalidade das mulleres nos primeiros anos do nacionalismo galego, na época anterior á Guerra Civil. Estas críticas feministas aos nacionalismos feitas desde dentro deles e a mala recepción que provocan nos movementos nacionalistas en xeral, emperrados en relegar sempre as prioridades das mulleres ao lugar do secundario, poñen ás activistas nunha difícil encrucillada entre a identidade nacional (definida polo patriarcado) e a busca da igualdade de xénero. Tanto en Galiza como no sur a única alternativa é unha revisión do marco nacionalista desde os preceptos dos feminismos, que permita falar dunha cultura definida de forma flexíbel e non esencialista.

Nun extremo aínda máis avanzado do espectro están os fundamentalismos. Os movementos fundamentalistas tenden a ir un paso máis alá dos nacionalismos na súa visión estática, e caracterízanse por tomar como base a relixión para sublimar ideas sociais e mesmo de estado. Ante a situación mundial e local cambiante, a resposta é un regreso ao pasado e ás tradicións ditadas nos textos ou prácticas relixiosas. Como veremos máis adiante, ningunha relixión está exenta de sexismo e a súa colaboración co patriarcado resulta máis que evidente en todas as sociedades. Malia a imaxe estendida en occidente do fundamentalismo islámico como o único fundamentalismo, nas nosas sociedades hai movementos crecentes, como o Opus Dei ou a propia igrexa católica en xeral que seguen tentando regular as vidas das mulleres e constatar coas súas normas o seu estado de sometemento. A diferenza reside en que fóra do ámbito occidental, e dentro deste no caso das minorías, a presión da colonización cultural e económica é tan forte que este tipo de discursos tenden a atopar ouvidos receptivos (sen esquecer todos os efectos favorábeis que teñen para os homes, que ven así xustificada a súa situación de dominio sobre as mulleres). Naqueles países onde ben por vía de imposición, ben por vía electoral, as forzas fundamentalistas chegan ao poder, os dereitos das mulleres vense seriamente en perigo, como xa temos sinalado. As feministas deben analizar e desmontar non só o imaxinario utilizado polos fundamentalismos en cada lugar, senón as causas máis profundas que os provocan, e que novamente nos levan a un encontro desigual e unha explotación derivada do neoimperialismo rampante.

Estes tres fenómenos (a globalización, os nacionalismos e os fundamentalismos) retroaliméntanse no caso das mulleres. Así, canto maior é a presión occidental sobre as mulleres do sur, peores son as súas posibilidades de cambiar o marco nacionalista ou loitar contra os fundamentalismos; e canto menos cambie o marco nacionalista, máis dura se fai a escolla entre a identidade nacional e a de xénero. Nesta nova forma de imperialismo, a globalización é responsábel directa do empeoramento das vidas das mulleres e de aumentar o risco para a vida e o benestar das activistas que traballan desde as súas culturas. Por fortuna, como declara Alda Facio, «o imperio contrataca pero atopa o feminismo invencíbel», grazas ao aproveitamento que o movemento feminista fai dos aspectos positivos da globalización (como o aumento das comunicacións) para facerse máis forte.

2. VIOLENCIA DE XÉNERO

Malia que a estas alturas na nosa sociedade comeza a facerse patente, ou polo menos visíbel, que existe un problema denominado violencia de xénero, esta evidencia non tería sido posíbel sen o traballo incansábel dos feminismos en todo o mundo. Este é se cadra o campo onde os acordos foron máis estábeis a nivel mundial, e grazas aos cales se conseguiu estabelecer un marco de referencia sen par para a condena da violencia de xénero: o marco dos dereitos humanos. Mais antes de falar disto, cómpre pór de manifesto a relevancia da violencia contra as mulleres en termos de cifras e impacto. Segundo UNIFEM, unha de cada tres mulleres en todo o mundo foi algunha vez maltratada, foi obrigada a manter relacións sexuais ou padeceu abusos a mans dun home. Entre as mulleres de 15 a 44 anos, a violencia de xénero a nivel mundial ten como resultado máis mortes e discapacidade ca os efectos combinados do cancro, a malaria, os accidentes de tráfico e a guerra. Estas cifras manifestan a magnitude dun problema que afecta por igual a países ricos (estudos recentes amosan que nos EUA o 14,8 por cento das mulleres son violadas antes dos 17 anos, e que en Finlandia sono o 29 por cento) e a países pobres (na India máis de cinco mil mulleres morren cada ano polo dote, e en Etiopía as cifras de violación chegan ao seu cumio cun 71 por cento de casos nas zonas rurais). Na actualidade sábese tamén que a violencia se agrava en situacións de conflito. Abonda con mirar os casos do xenocidio de Ruanda, onde medio millón de mulleres foron violadas; a guerra da antiga Iugoslavia, na que violaron a 60.000 mulleres e que conseguiu pór no mapa a violación de guerra como crime contra a humanidade; ou a guerra de Serra Leoa, onde a violencia sexual afecta a 64.000 mulleres. A violencia contra as mulleres agrávase tamén nun clima de militarización e desprotección social, como consecuencia da globalización e do aumento dos fundamentalismos.

O feito de que a violencia de xénero se considere neste momento no dereito internacional como unha violación dos dereitos humanos ten que ver con dous elementos que caracterizan este tipo de crimes: o feito de ser sistemático e estrutural. Esta constatación que agora fan as institucións internacionais, pero que aínda está moi lonxe de aplicarse na práctica, é o resultado dunha longa loita dos feminismos de todo o mundo. Esta loita comezou a facerse visíbel a nivel internacional no ano 1976, como reacción á Conferencia da Muller de México de 1975 organizada polas Nacións Unidas, e na que o tema da violencia nin sequera estaba presente (e onde as divisións norte/sur eran tamén demasiado grandes). Xa que logo, en 1976 un grupo de dúas mil mulleres de corenta países, sobre todo do norte, reuníronse en Bruxelas no primeiro Tribunal Internacional sobre crimes contra as mulleres e conseguiron mobilizar e articular un movemento a través das declaracións de mulleres, utilizando o testemuñal para crear redes. Até ese momento non se escoitaran as voces das mulleres maltratadas, violadas, mutiladas ou agredidas, incluído tamén o caso das que padecían violencia por ser lesbianas, algo aínda moito menos visíbel. Como consecuencia, tamén, comezaron a crearse as primeiras casas de acollida para mulleres maltratadas ou violadas en todo o mundo. O concepto de violencia definiuse dunha maneira moi ampla (desde a falta de dereito a decidir sobre a propia vida, até a violencia intrafamiliar ou a mutilación xenital) e, malia as diferenzas entre as asistentes, púxose de manifesto a triste universalidade do fenómeno. Resulta importante sinalar que a listaxe de asistentes ao congreso foi queimada para protexer a identidade de moitas das participantes, pois as feministas desconfiaban dos lugares habituais de poder.

Como resultado deste primeiro tribunal, a Conferencia da Muller de Nairobi organizada en 1985 polas Nacións Unidas xa incluíu o tema da violencia contra as mulleres, e desencadeou que en 1986 se crease na propia institución das Nacións Unidas un grupo de expertas sobre violencia *doméstica* a instancias de Canadá, que foi o primeiro país en contar, no ano 1982, cun tribunal específico para a violencia contra as mulleres na familia. A diferenza do tribunal, o grupo estaba constituído por persoas de diferentes campos (avogacía, socioloxía, criminoloxía, etc.) para decidir que era a violencia contra as mulleres, compilar datos e buscar solucións. A violencia definiuse como «non só violencia física e sexual senón tamén mental, emocional, financeira e a violencia relacionada con estruturas como o dote». O grupo, porén, deu pasos aínda máis importantes, como o de indicar a carencia de datos sobre a violencia de xénero debido á construción da familia como un lugar privado e por tanto inaccesíbel, a invisibilización da violencia contra as mulleres nas estatísticas (se un home mataba a súa muller en moitos casos non se recollían nin os sexos da vítima e asasino, nin a relación entre as dúas persoas, polo que simplemente entraba nas estatísticas xerais de violencia) e tamén o problema de definir a violencia contra as mulleres unicamente como aquela que se daba dentro do matrimonio (de maneira que excluía as mulleres solteiras e divorciadas). Pero se cadra aínda máis importante foi que este grupo definiu a violencia contra as mulleres como algo estrutural, promovida por unha sociedade que segue transmitindo como valor que as mulleres pertencen aos homes e que estes teñen o dereito de tratar como queiran as mulleres coas que viven. Para demostrar isto, o grupo puxo de manifesto as actitudes existentes no caso da violencia contra as mulleres, que van desde culpabilizar a vítima (considerando que *goza* coa violencia, ou que é feble por tolerala) até asociar a violencia co consumo de alcohol, problemas mentais, clases sociais determinadas ou colectivos específicos. Neste grupo de expertas estableceuse tamén a responsabilidade dos estados de loitar contra a violencia de xénero con medidas do sistema de xustiza e policial, así como de reforzar as medidas que promovan a igualdade. Tamén se desenvolveron liñas directrices para a policía e os tribunais para seren aplicadas polos estados. Ademais, os estudos do grupo de expertas puxeron por primeira vez sobre a mesa datos que indicaban que a violencia contra as mulleres era algo presente en todas as sociedades e nunha extensión arrepiante, que non só tiña consecuencias mentres duraba a violencia senón que deixaba secuelas físicas e psicolóxicas a longo prazo (como ataques de pánico, depresión e discapacidades físicas).

Aínda así, este grupo centrouse só na violencia intrafamiliar ou *doméstica*. Precisamente a denominación do fenómeno foi un dos elementos debatidos polas feministas. Denominar a violencia como *doméstica* favorece no imaxinario que esta se vexa como algo privado, ademais de limitar as intervencións a aquela que se dá no intrafamiliar (e mesmo sen considerar o xénero, pode referirse a un parricidio). A denominación tiña por forza que amosar que a violencia contra as mulleres se basea nas desiguais relacións de poder entre homes e mulleres, e por iso é importante chamarlle polo seu nome: violencia de xénero, violencia machista, violencia contra as mulleres. Por todas estas razóns, os esforzos feitos até ese momento foran demasiado limitados para as feministas, que necesitaban un marco máis amplo para poder loitar contra todas as formas de violencia existentes. Esta oportunidade chegou coa Conferencia Mundial dos Dereitos Humanos celebrada en Viena en 1993. O movemento feminista de todo o mundo viu esta conferencia como unha oportunidade para establecer a violencia contra as mulleres como unha violación dos dereitos humanos, e durante tres anos prepáraronse as sesións e campañas que levarían a concluír a conferencia co obxectivo proposto. Até ese momento as Nacións Unidas non consideraran a violencia contra as mulleres dentro do marco dos dereitos humanos porque se entendía que era algo que acontecía no campo privado, por parte de persoas individuais e que non tiña un patrón sistemático. Mais o artigo rompedor de Charlotte Bunch «Os dereitos das mulleres como dereitos humanos», publicado en 1990 e que deu título á campaña mundial, fundamentouse no dereito para explicar que a violencia de xénero provoca mortes cada día, que o espazo privado se utiliza para a subordinación das mulleres, e que a violencia contra as mulleres é política por ser «o resultado de relacións estruturais de poder, dominación e privilexios entre os homes e as mulleres».

A integración da activista latinoamericana Roxanna Carrillo á UNIFEM levou a que esta axencia se implicase ao entender «a violencia contra as mulleres como un obstáculo para o desenvolvemento» porque, como explicaba Carrillo nun artigo do mesmo título, interfire coa capacidade de decisión das mulleres en todos os eidos, impide que as mulleres poidan contribuír ao desenvolvemento económico e non permite que as mulleres se integren nos procesos de desenvolvemento. Os grupos feministas presionaron tamén as organizacións de dereitos humanos como Amnistía Internacional ou Human Rights Watch para que realizasen informes que se presentaron na conferencia. Foi así como finalmente a violencia contra as mulleres se recoñeceu como unha violación dos dereitos humanos, e por tanto constitúe unha obriga dos estados e institucións internacionais actuar para rematar con ela desde o punto de vista legal, social e político.

A loita dos feminismos contra a violencia de xénero, porén, supera o marco legal e móvese na crítica ao imaxinario. Como acabamos de ver, un punto fundamental da loita polos dereitos foi a conceptualización da violencia contra as mulleres como algo político e sistemático, fundamentado na propia forma de concibir as sociedades. As feministas de todo o mundo analizan este tipo de estruturas e tamén buscan a súa transformación, de aí que sexan elementos tan fundamentais do movemento feminista as críticas á linguaxe e a representación das mulleres. Nelas atópase a base da violencia. A mera visibilización dos feitos non ten por que levar a un cambio, como se pode comprobar no caso do estado español, onde inicialmente a visibilidade da violencia de xénero se realizou desde un punto de vista sensacionalista e mediático que tivo que ser criticado e reconducido polas feministas para tentar crear unha reflexión sobre a necesidade de incidir sobre todo na conceptualización da sociedade. Este traballo é especialmente vizoso nas interseccións entre a violencia de xénero e o reforzo do marco patriarcal coa globalización, os fundamentalismos ou as guerras. Así, as mulleres de oriente medio, o subcontinente indio, Latinoamérica e o Caribe, África subsahariana e o Magreb, e tamén aquelas que pertencen a minorías nos países do norte, teñen que enfrontarse a complexos sistemas de perpetuación da violencia contra elas, baseados en reforzar ideas de nación ou o movemento de capital. Un exemplo disto podemos velo na violencia contra as mulleres en Alxeria, xa comentada anteriormente, ou a violencia comunal (entre castas ou relixións) na India, onde as mulleres son o capital simbólico da cultura e a violencia se utiliza para mantelas no seu lugar definido. Outro exemplo estarrecedor é o de Ciudad Juárez, onde se calcula que na última década xa foron asasinadas máis de mil mulleres coa complicidade do estado, situación que segundo as feministas mexicanas responde á globalización que busca man de obra barata e desbotábel, pois neste caso as mulleres impunemente asasinadas son raparigas indíxenas que traballan nas *maquilas*.

Un lugar especial neste marco meréceo a prostitución. A prostitución é unha cuestión de debate dentro do movemento feminista que aglutina importantes diverxencias e controversias. Mentres que algunhas correntes dentro dos feminismos entenden a prostitución como unha opción de experimentar a sexualidade, a tendencia máis estabelecida e que así ratifican os marcos legais internacionais é a de entender a prostitución como un acto máis de violencia contra as mulleres. Este entendemento vén dado pola contradición entre a prostitución e o entendemento feminista da sexualidade como liberdade e dereito das mulleres (como abordaremos decontado no seguinte epígrafe). A prostitución implica un intercambio que reforza a idea patriarcal de que os homes teñen o poder e o dereito de mercar o corpo das mulleres, unha idea que como acabamos de ver está demostrado que reforza a base da violencia contra as mulleres.

Segundo Luce Irigaray, o patriarcado necesita de tres figuras fundamentais para manterse: a virxe, a esposa e a prostituta, que son figuras mutuamente reforzadas e coas que as mulleres teñen que encaixar. As tres figuras responden ás necesidades patriarcais e as tres significan a obxectualización das mulleres, que deben existir ao servizo dos homes e do seu desexo sexual, un desexo sexual que o patriarcado xustifica construíndoo como insaciábel. O feito de que moitas mulleres teñan que prostituírse para sobrevivir fai que se considere tamén unha forma de violencia económica, pero é sobre todo o carácter simbólico da prostitución (é dicir, o feito de que a sociedade considere normal que un home poida mercar unha muller ou crianza para o seu pracer sexual) o que fai que sexa considerada unha forma de violencia extrema contra as mulleres. A prostitución, como a violación ou outras formas extremas de violencia, son unha coacción e ameaza para todas as mulleres, dado que buscan controlar o seu comportamento a través do medo. Pensemos na prohibición de non saír pola noite ou de andar soas por lugares escuros: non debería ser a preocupación social asegurar que os criminais non andasen pola rúa, en lugar de impor o cativerio ás vítimas? Isto que para a sociedade resulta normal e de sentido común sería ridículo no caso de calquera outro crime (por exemplo o roubo).

Ademais, as feministas foron capaces de destruír moitas falsidades arredor da violación, como o mito de que a violación se producía case sempre a mans de estraños (de feito, en moitos países non se considera a violación dentro do matrimonio, como tampouco se considera que unha prostituta poida ser violada). Ao contrario deste mito, demostraron que «con moita diferenza o fogar é o lugar máis perigoso para as mulleres e un lugar habitual de crueldade e tortura», como di a estudosa Jutta M. Joachim.

As arrepiantes cifras da violencia contra as mulleres en todas as súas formas confirman que é un campo onde o traballo ten que continuar. Amosan tamén que de nada valen as coberturas mediáticas sensacionalistas ou a mera aplicación de medidas legais, senón que o máis importante é o traballo que os feminismos en xeral propoñen de destrución das estruturas do patriarcado. Este traballo pasa pola desarticulación das imaxes e valores nos que se sustenta a violencia contra as mulleres. No estado español son moitos os pasos que se deron nos últimos anos e constitúese nun exemplo a nivel internacional en canto á lexislación e acción nesta materia, tamén pola énfase dada nos instrumentos legais ao cambio das estruturas patriarcais (coa educación, lei de igualdade, etc.). Mais vemos tamén unha reacción dos machismos vellos e novos. Entre estas reaccións destacan as recorrentes noticias delirantes sobre a falsidade das denuncias por malos tratos (obviamente pode haber denuncias falsas tamén por un roubo, e ninguén pensa que por iso haxa que deixar sen protección a todas as demais persoas que padecen o delito); os ataques irados contra as activistas que buscan cambiar os valores sociais; ou o cada vez máis frecuente mito de que os homes tamén sofren violencia de xénero, só que é máis invisíbel porque non se basea na forza física (obviamente as mulleres poden tamén exercer violencia e facelo contra un home, pero en ningún caso iso pode denominarse violencia de xénero, porque non se basea nas desiguais relacións de poder estruturais que rexen as sociedades patriarcais).

As reaccións sociais á violencia de xénero seguen quedando no mero superficial e na pregunta de «que acontece na nosa sociedade?». As feministas levan décadas ofrecendo non só respostas válidas, senón tamén alternativas reais. Pero obviamente todas elas pasan por unha redefinición de que se considera ser home e que se considera ser muller en cada sociedade, así como por un cambio do sistema de poder que estas dúas categorías establecen. E iso é moito máis difícil de ver, e sobre todo un cambio moito máis difícil de asumir que levar as mans á cabeza cada vez que morre unha muller máis.

3. SEXUALIDADE

A preocupación do patriarcado polo control do corpo e da sexualidade das mulleres semella ser unha das características máis estendidas deste sistema de dominación, e por tanto un dos campos nos que os feminismos incidiron de xeito máis constante. Este afán de control do corpo e da sexualidade ten moitas repercusións, desde a súa influencia na conceptualización do que é ser muller en diferentes sociedades até a obxectualización e mercantilización dos corpos das mulleres, a violencia de xénero, os dereitos reprodutivos ou a prostitución. Tentaremos debullar os debates máis importantes que se formulan arredor destes aspectos en diferentes partes do mundo.

A sexualidade feminina semella ser un dos aspectos que con máis forza ameazan o patriarcado, tanto desde un punto de vista do imaxinario, como tamén desde un punto de vista das condicións materiais, xa que o afán patriarcal por controlar a descendencia nunha grande parte das sociedades leva a ter que controlar os corpos das mulleres (que son quen a producen). Así, na maioría das culturas o feito de que os fillos se vexan como un legado dos pais leva a que se controle estritamente a propiedade desa descendencia, pois ten repercusións materiais (na herdanza, no traballo, etc.) e tamén no imaxinario (como o legado das características masculinas, empezando polo propio apelido). As fillas, pola contra, son as encargadas de seguir reproducindo ese modelo. As feministas en xeral, e con especial énfase as feministas lesbianas, sinalaron o papel da sexualidade como un lugar onde se aplican normas sociais, estruturas económicas, batallas políticas e ideoloxías relixiosas. A sexualidade marca cuestións como a mobilidade das mulleres, a vestimenta e a socialización, o cal resulta vital para as análises dos feminismos e o cambio social.

Algunhas correntes feministas, como o feminismo da diferenza, fixeron unha importante contribución ao estudo da sexualidade sacando á luz a importancia do corpo como espazo de experiencia e por tanto de coñecemento, para o que basearon as súas teorías na bioloxía. Tamén desde outras correntes que buscaron a revalorización do feminino en distintos lugares do mundo se revisou a sexualidade das mulleres como un feito que atemorizou os homes e que se entende na raíz profunda de prácticas como a mutilación xenital. Ademais, estudosas como Evelyn Accad no caso de oriente medio, puxeron de manifesto que a negación do pracer sexual ás mulleres é un elemento central do patriarcado nas súas diferentes expresións en todo o mundo, e que o pracer sexual feminino semella ser un elemento de caos e ameaza que debe ser negado e controlado. Segundo teóricas como Accad, sen unha revolución sexual non se poden cambiar tampouco o resto de condicións sociais. Alén da importancia que se lle poida dar á sexualidade, tamén estas críticas se centraron na definición masculina das relacións heterosexuais (e mesmo homosexuais) nas que a muller ten que desempeñar un papel pasivo e o home un papel activo, ou ben da predominancia do sentido da vista (que xeralmente se entende como máis prevalente na excitación sexual masculina) fronte a outros coma o tacto. Dentro destas críticas entra, entón, unha redefinición da linguaxe da sexualidade.

Igualmente a colaboración entre feminismos e ciencia/medicina axudou a coñecer mellor os corpos das mulleres até o punto de facer caer falsos mitos como o do orgasmo vaxinal. Xa no ano 1973 Anne Koedt se referiu a este como un construto relacionado coa frixidez, que daquela se consideraba un problema de tipo médico: «Cómpre preguntarse pois: por que popularmente se considera que o orgasmo das mulleres é vaxinal? Isto responde a unha concepción androcéntrica: os homes teñen orgasmos fundamentalmente mediante a fricción do pene coa vaxina (e non co clítoris), polo que a sexualidade das mulleres estivo e está tradicional e popularmente definida en función do que comprace e causa pracer aos homes, e non da propia bioloxía e fisioloxía das mulleres. En resumo, véndesenos o mito da muller liberada e do seu orgasmo vaxinal, un orgasmo que en realidade non existe.»

No entanto, son maioría as correntes actuais que enfatizan (en liña co postestruturalismo e posmodernismo, e sobre todo cos estudos lesbianos e *queer*) que o corpo é tamén un construto e que a sexualidade (sobre todo tirando das teorías de Michel Foucault) é un campo máis de inscrición do poder social e non algo *natural* como manteñen certos discursos, entre eles o da ciencia. Este cambio de paradigma resultou fundamental para os feminismos, que conseguiron rachar coa sentenza «a bioloxía é o destino» no que o patriarcado baseaba tradicionalmente a discriminación contra as mulleres. A conceptualización dos corpos das mulleres como espazo de poder leva a que se poidan cuestionar temas que resultan fundamentais para o mantemento do patriarcado. Así, debátense cuestións como a virxindade, o matrimonio (dúas institucións que buscan sancionar a posesión paterna da descendencia) e a prostitución (como espazo patriarcal de sexualidade sen reprodución), xunto a outras medidas de control máis violentas como a violación ou a vestimenta. Neste paradigma, as mulleres solteiras son unha ameaza para o patriarcado, e de aí as matanzas e mistificación das bruxas ou doutras figuras poderosas femininas que saían dos límites do círculo virxindade, matrimonio, prostitución.

Tamén os corpos das mulleres son espazos para a dominación colonial e imperialista, que van desde as políticas de control da natalidade até o uso das mulleres racializadas ou dos países en vías de desenvolvemento como corpos nos que experimentar novos medicamentos. Obviamente, as mulleres son tamén obxectos para o pracer masculino, o pracer sexual que se lles asume como dereito aos homes pero que se lles nega ás mulleres. Esta mensaxe social de obxecto sexual convive na maioría das sociedades coas mensaxes que destacan a *decencia*. O corpo das mulleres debe ser perfecto e responder aos estereotipos dados que nalgunhas sociedades consisten en levar minisaia e noutras, un burkha. A beleza como construto social foi tamén estudada por autoras como Wendy Chapkis ou Naomi Wolf para o caso occidental. Igualmente Obioma Nmaemeka explica a relación que existe entre estes estereotipos e a mutilación xenital, que fica deste xeito vinculada, segundo as súas explicacións, coa cirurxía estética. Nos dous casos as prácticas, lesivas para os corpos das mulleres, responden a un afán de encaixar socialmente nos estereotipos do que é aceptábel para o patriarcado.

O corpo, para concluír, é un dos temas máis debatidos e sobre os cales existe máis reflexión dentro dos debates feministas sobre todo, pero non só, en occidente. Existe así un grande abano de correntes, desde aquelas que buscan unha mistificación do corpo e investigan as particularidades do corpo feminino (sobre todo centrándose en cuestións como a menstruación, maternidade, etc.), até as que reclaman o corpo como construto e como algo que vai alén do sexual (o corpo das mulleres tende a aparecer só en certos discursos asociado ao parto, aborto, etc.), pasando tamén por aqueles discursos que falan da necesidade de recuperar o corpo como un espazo para o pracer, cousa que os patriarcados tenden a limitar e reprimir.

Os debates sobre a sexualidade, porén, tiveron repercusións de índole máis visíbel aínda no eido dos dereitos reprodutivos. Este é outro dos temas que ocupou en moitas ocasións o debate internacional e onde se parte de realidades moi diferentes en distintas partes do mundo. Aínda así, os feminismos buscan en xeral o recoñecemento da sexualidade e da reprodución como algo diferente, rompendo así a equiparación sexualidade=reprodución que o patriarcado tendeu a enfatizar en case todas as sociedades debido, como xa comentamos, á necesidade de controlar a sexualidade das mulleres para controlar a propiedade da descendencia.

As expresións destas preocupacións e dos dereitos reprodutivos en xeral son moi diferentes no norte e no sur. Mentres que no norte se fala da medicalización do parto ou da falta de control das propias mulleres neste, no sur o debate busca unha cobertura sanitaria mínima para as mulleres (dado que o parto é unha das causas de morte máis importante aínda nos países en vías de desenvolvemento) e busca tamén admitir o coñecemento das mulleres neste campo (coa aprendizaxe das parteiras tradicionais), algo que debería combinarse coa reivindicación anterior, pero que non necesariamente tende a aparecer nos discursos do desenvolvemento. Tamén nos países do sur se insiste na necesidade de as mulleres seren donas do seu corpo xa antes do embarazo, dado que son moitas as sociedades onde son os homes en exclusiva ou a familia política quen decide cantas fillas e fillos van ter as mulleres. Igualmente para o sur resulta fundamental pór en dúbida as políticas de promoción ou control da natalidade, como ben analiza Wendy Harcourt nunha ampla reflexión sobre a equiparación das mulleres co papel reprodutivo e tamén cos conceptos occidentais que tenden a dominar estas políticas, deixando ás súas e aos seus protagonistas (se algunha vez se inclúen homes, que non é o habitual) mudos.

Nese marco da sexualidade como elemento de pracer, como relación humana ou como lugar onde se estabelecen relacións de poder é onde se enmarca tamén o debate do aborto, defendido en todo o mundo polos feminismos como un dereito das mulleres ao seu propio corpo e como unha opción persoal súa. Un problema grave relacionado co aborto, e que fai que este non se entenda da mesma maneira no sur ca no norte, é a imposición de abortos como parte das medidas de planificación familiar, algo que levou a unha axitación masiva das feministas do sur nos Cumios das Nacións Unidas sobre Poboación. Tamén o feito das esterilizacións obrigatorias ou forzosas esperta importante controversia, por exemplo no caso das mozas con discapacidade.

En relación coa sexualidade, outro tema controvertido é o da pornografía. O debate sobre a pornografía foi realmente axitado durante os anos 80 sobre todo en Norteamérica, onde se debatían posturas antagónicas: por un lado, algunhas posturas eran totalmente contrarias á pornografía por considerala unha instancia de opresión e de desiguais relacións de poder (discurso aproveitado e apropiado pola ideoloxía neoliberal conservadora, contraria á pornografía por considerala indecente e amoral). Polo outro lado, había posturas defensoras da pornografía como parte da liberación sexual das mulleres, e acusaban ás posicións feministas anti-pornografía de pretender impor unha visión moralista e puritana dentro dos feminismos. Pero as críticas foron superando a dicotomía do moralismo fronte a suposta liberación sexual, e comezaron a afondar no concepto do pracer promovido pola pornografía e a representación das mulleres que se facía nela.

Este enfoque crítico deu lugar á aparición de certas formas de pornografía feitas por/para mulleres lesbianas ou heterosexuais que cuestionaban a representación das mulleres que tradicionalmente se fixera nela. Propiciou tamén o agromar de posturas que seguían rexeitando o propio concepto de pornografía como forma de vivir a sexualidade, mesmo indicando que era unha visión tradicionalmente masculina na súa concepción do visual e do puramente xenital, fronte á sexualidade como algo máis inclusivo, que sería un valor tradicionalmente asociado co feminino.

Máis controvertido e complexo é aínda o tema da prostitución, que algunhas correntes feministas consideran unha práctica enmarcada dentro da sexualidade. Estes discursos pretenden a legalización da prostitución como un traballo no que se proporciona un servizo, neste caso de índole sexual, equiparábel a outras tarefas profesionais e que por tanto teña dereito aos mesmos servizos (por exemplo sanitarios) doutras traballadoras. Ademais, estes discursos resaltan a necesidade de non contemplar ás prostitutas como vítimas, senón de darlles voz nos procesos de debate sobre a prostitución, algo sen dúbida positivo. No entanto, outras correntes dentro do feminismo critican isto como limitado por varias razóns: en primeiro lugar, porque a experiencia unicamente non lexitima unha postura, pero tamén porque dentro dos movementos de prostitutas hai unha gran variedade de posturas e importantes coalicións mundiais para a abolición da prostitución (que cómpre non confundir coa prohibición ou culpabilización das mulleres prostituídas). Amais, cómpre pensar sobre quen son as prostitutas que teñen posibilidade de falar, así como as desigualdades de poder dentro do movemento (adoitan falar sempre as mesmas mulleres, que non son precisamente as que están en situación de maior explotación, como as mulleres emigrantes; estas últimas nin sequera teñen posibilidade de aparecer publicamente para expresarse).

Especialmente, pero non só, nos países en vías de desenvolvemento confluíron varios factores que contribuíron a fortalecer o movemento das mulleres prostituídas. Un deles é a prohibición da prostitución, que culpabiliza as mulleres prostituídas e fai que moitas delas rematen a miúdo no cárcere. Outro factor é o movemento de prevención da SIDA, que comezou a traballar outros aspectos e conseguiu crear unha conciencia colectiva. Este segundo fenómeno afectou tamén aos países desenvolvidos, onde de súpeto as mulleres prostituídas comezaron a converterse nun colectivo de intervención para os servizos sociais e isto axudou a visibilizar un pouco a súa situación.

Aínda así, se nos movemos alén das consideracións prácticas (cando menos chocantes) de considerar a prostitución como *un traballo máis*, a propia conceptualización das prostitutas que fai o patriarcado e os argumentos que se utilizan para manter este sistema pode facernos pensar que a prostitución non é unha opción de relación sexual, dado que nela unha das partes non elixe, senón que se converte en produto para a outra parte. Ademais, desde o punto de vista práctico, considerar a prostitución como un traballo implicaría importantes contradicións democraticamente insostíbeis que as feministas de diferentes procedencias sinalan agudamente: por unha banda, implicaría o apoio legal ao tráfico de mulleres para abastecer un mercado, de forma que os traficantes de seres humanos se volverían empresarios e o estado estaríase a enriquecer a conta deste *traballo* no que en moitos casos se abusa de menores. E pola outra, o propio estado tería que obrigatoriamente proporcionar unha formación regrada e uns cursos formativos, como para calquera outro traballo.

Como acabamos de ver, son moitas as correntes dentro dos feminismos que ven a sexualidade, se así se quixese ver a prostitución, como un campo de relacións de poder, e a da prostituta e prostituidor sería a de maior desigualdade dentro dese paradigma. As correntes que promoven a abolición da prostitución defenden que esta é unha expresión de como a sociedade ve as relacións entre homes e mulleres, polo que a prostitución só se erradicará cando se cambien estas percepcións nos homes. Para isto son diversas as medidas que se propoñen, desde penalizar os prostituidores (dos que nestes debates rara vez se fala) até protexer as mulleres prostituídas. Malia os debates e contradebates, os estudos paradigmáticos en Europa dos dous tipos de medidas opostas, a legalización en Holanda ou a abolición en Suecia, amosan até o momento que mentres que no primeiro país a legalización trouxo un aumento da prostitución e do tráfico, no caso sueco (onde entre outras medidas se impoñen penalizacións aos clientes e se apoia ás mulleres prostituídas) o efecto foi o contrario e a prostitución diminuíu. O feito de centrarse no prostituidor e non na muller prostituída fai que saia á luz a verdadeira causa do fenómeno e que se ataquen as súas raíces. Sen estas medidas, o feito de que os homes *vaian de putas* segue sendo unha normalidade social e un motivo de orgullo, cousa que cambia cando un pode ir ao cárcere por tal comportamento.

En suma, neste momento actual, no que por unha banda se constata un forte regreso a marcos moi conservadores como a relixión para intentar regular as relacións sociais, e no que pola outra existe un forte artellamento dos movementos de liberación sexual e de orientación sexual non heterosexual, o debate sobre a sexualidade nos feminismos desde todos os puntos de vista (brevemente resumidos aquí) está ben lonxe de rematar.

4. ORIENTACIÓN SEXUAL

Se ben as feministas tentan buscar na sexualidade unha vía de intervención na discriminación de xénero, non pode asumirse automaticamente que as posturas sexan sempre críticas coa heterosexualidade. Isto é motivo para debater a cuestión da orientación sexual de forma separada á sexualidade. Pero ademais, o tema da orientación sexual ten consecuencias máis amplas para o desenvolvemento xeral dos feminismos, dado que por veces pon en cuestión posturas de certas correntes facendo que os movementos lesbianos e *queer* pasen a conformar unha corrente política de seu.

A cuestión da orientación sexual e a integración deste debate nos feminismos é un dos desafíos aos que hai décadas que se enfronta o movemento en todo o mundo. Malia que o debate da orientación sexual poida semellar un tema exclusivamente occidental, este tipo de percepción adoita ser un resultado das propias expectativas occidentais que agocha os importantes debates que se están dando noutros lugares do mundo a este respecto. Adoita acontecer que neses lugares, ademais, a orientación sexual intersecciona con outras discriminacións como a raza (dentro do propio occidente) ou a presión da globalización, que fai que o lesbianismo se vexa como unha importación occidental e por tanto se inclúa, xunto cos feminismos en xeral, no grupo de cousas *impostas* pola neocolonización. Isto fai que as activistas e teóricas teñan aínda un traballo máis complexo nas súas loitas.

Aínda así, cómpre sinalar que os debates que se dan en occidente e noutros lugares do mundo tenden a variar de forma substancial. Presentamos xa algúns dos conceptos utilizados en occidente na sección dedicada a esta parte do mundo, e sobre todo as críticas á heteronorma por unha banda e aos feminismos heterosexuais pola outra. E nesa mesma sección tamén comentamos que de xeito xeral existen dúas correntes. A primeira, representada por autoras como Adrianne Rich, Mary Daly ou Charlotte Bunch, defende a idea da identidade lesbiana, a idea do lesbianismo como unha identidade política que vai alén da escolla sexual e que contrapón a dicotomía masculino/feminino tradicional á da homosexualidade/heterosexualidade. Este lesbianismo político chegou a constituír a lesbiana como «o suxeito feminista», é dicir, o ideal ao que as feministas tiñan que aspirar. A segunda corrente fórmana outro grupo grande de autoras que critican esta primeira visión por condenar a heterosexualidade como patriarcado en certos casos, por considerar a todas as mulleres heterosexuais irreversibelmente sometidas, polo seu esencialismo e tamén polo seu afán unificador sobre a experiencia lesbiana, que en realidade é diversa e complexa. Entre estas autoras destacan feministas lesbianas racializadas como

Cherry Morgana ou Audre Lorde, e tamén as teóricas galegas Beatriz Suárez Briones ou María Xesús Fariña Busto.

Sen dúbida a autora máis comentada e polémica neste sentido é Judith Butler, que puxo en dúbida o propio sistema sexo/xénero ao entender que o sexo tamén é un construto social e que, como xa vimos, non sempre se pode asociar ao xénero (que para ela é unha representación ou *performance*).

Aínda así, o suxeito esencializado foi capaz de buscar melloras sociais para o colectivo lesbiano (por exemplo eliminacións de discriminacións na lei). No entanto, ao deixar fóra unha gran variedade de experiencias, deu lugar ao nacemento da teoría *queer* (que en inglés significa rara, desviada) para promover a diversidade de identidades sexuais dándolle valor precisamente ao marxinal e *desviado* da norma. Na actualidade critícase a teoría *queer* desde os feminismos lesbianos occidentais por caer na desarticulación política propia da posmodernidade, e por obviar que malia a celebración son moitos os atrancos, invisibilidade e desigualdade que afectan ás lesbianas polo feito da súa orientación sexual, pero tamén por ser mulleres.

Un exemplo claro disto vese nas loitas do colectivo homosexual mixto, nas que o protagonismo dos homes tende a invisibilizar as situacións das lesbianas ou a crear falsos mitos, como que as lesbianas son mellor vistas na sociedade do que os homosexuais. Nos países non occidentais este tipo de percepcións agrávanse aínda máis. Podemos pór como exemplo a India, onde un estudo recente puxo de manifesto que, contra o mito xeral de que dúas mulleres que vivisen xuntas resultaban socialmente máis aceptábeis ca dous homes ou mesmo ca parellas heterosexuais sen casar, as lesbianas non gozaban dun espazo máis libre na sociedade. O estudo amosou tamén o elevado número de suicidios que acontecen entre lesbianas obrigadas a casar e os problemas de exercer a súa identidade, mentres que nos casos dos homes tenden a poder combinar a súa identidade homosexual cunha outra identidade masculina heterosexual e *respectábel*. Este exemplo ilustra como o colectivo plural de lesbianas se ve na tesitura de loitar tanto contra o heterosexismo dos feminismos dominantes que silenciaban o tema da orientación sexual, coma contra o machismo imperante nos movementos homosexuais.

Esta dicotomía é común e agrávase noutras zonas do mundo onde a homosexualidade, para empezar, está penada. Isto fai que moitas feministas heterosexuais rexeiten a manida etiqueta de lesbiana como insulto (cousa que só pode acontecer nun marco de heterosexismo) de xeito máis forte aínda, ante o perigo de cárcere ou outras consecuencias legais. En moitos países en vías de desenvolvemento a invisibilidade das lesbianas non mellorou, ao contrario ca a dos homes homosexuais. Por exemplo, a pandemia da SIDA si visibilizou formas de sexualidade masculina que se atopaban fóra da heteronorma, rachando nalgúns casos a barreira do puramente sanitario (a prevención do VIH) para constituírse en movementos de reclamación de dereitos como colectivo, pero este tipo de evolución non aconteceu para as lesbianas destes países, que seguiron sumidas na sombra.

A loita por dar visibilidade aos problemas específicos das lesbianas e facer ouvir a súa voz dentro dos movementos feministas ten ademais outro problema engadido nos países que se atopan fóra de occidente: a acusación recorrente de que a homosexualidade é un *invento occidental*, acusación que non se reduce só á sociedade xeral senón que tamén afecta a algunhas feministas, como a africana Ife Amadiume, criticada amplamente pola súa homofobia ao argumentar que en África non existe o lesbianismo. Isto leva a que gran parte da enerxía do movemento lesbiano no resto do mundo teña que centrarse na lexitimación fronte a occidente. É dicir, en todos os países do mundo os movementos lesbiano e homosexual buscan a súa lexitimidade desfacendo o marco heterosexista que impón unha sexualidade baseada na procreación ou baseada simplemente no entendemento de que só se pode dar entre persoas de diferente sexo. Pero ademais, nos países do sur o problema da lexitimación ten que ver coa combinación das forzas neo/coloniais e dos nacionalismos que enfatizan que o lesbianismo é unha práctica allea á cultura propia que vén imposta por occidente. O traballo dos feminismos lesbianos na maioría dos países en vías de desenvolvemento sacou á luz a presenza do amor ou relacións sexuais entre mulleres desde época ancestral e tamén, como demostran estudos da India ou Irán, a importancia da colonización para desterrar unha maior tolerancia á homosexualidade nestas partes do mundo. Igualmente, na África subsahariana existen exemplos de matrimonios entre mulleres como práctica tradicional (un exemplo estudado é o dos matrimonios Gikuyu, en Kenia, pero hai moitos outros como os que recolle Kendall no seu estudo de Lesotho), que até non hai moito foron silenciados nos estudos que se realizaron por parte de occidentais sobre as culturas africanas, e mesmo se obviou a estudo da sexualidade dentro de tales parellas por considerarse algo *non africano*.

En calquera caso, tanto no norte como nos países do sur as lesbianas teñen ante si unha dobre loita de discriminación dentro dos feminismos heterosexuais (por ser lesbianas) e tamén dentro dos movementos homosexuais (por ser mulleres), a cal pode multiplicarse se lle engadimos outros trazos da identidade como a cor de pel, a relixión, etc. Porén, é precisamente nesa intersección onde os feminismos poden atopar vías máis vizosas, que fuxan das definicións esencialistas que en certos casos pretenden reducir as mulleres ao seu papel de maternidade ou a outros que o denegan totalmente defendendo que a sexualidade lesbiana (por tanto non reprodutiva) é a única válida. Aí, nesa intersección, é onde se pode atopar unha visión enriquecida e complexa do marco teórico feminista.

5. MATERNIDADE

A maternidade constitúe un dos temas máis debatidos dentro dos feminismos a nivel mundial. Sobre ela existen perspectivas feministas moi diversas, que van de considerala desde o punto de vista da saúde reprodutiva, até a visión divina do feito de parir. Con todo, no medio desta gran diversidade pódense identificar dúas tendencias principais á hora de teorizar sobre a maternidade. Así, algunhas correntes feministas (como o feminismo cultural ou da diferenza) consideraron a maternidade como unha experiencia definitoria para as mulleres e parte da innata (e exclusiva a elas) esencia feminina. Outras correntes, as maioritarias, propuxeron o que se pode considerar o avance máis importante sobre a maternidade realizado desde os feminismos, isto é, o cuestionamento da maternidade como unha obrigatoriedade, como unha expectativa que responde á definición sociocultural dos papeis de xénero femininos. Deseguido veremos en detalle as implicacións de ambas as tendencias.

Para algunhas correntes feministas, como o feminismo cultural ou da diferenza, o feito de ser o embarazo e o parto unha experiencia física exclusiva e específica das mulleres propiciou que a maternidade se convertese nun elemento central e constituínte do que implica ser muller, desa esencia feminina común a todas as mulleres que o patriarcado menosprezaba, e que por tanto cumpría revalorizar e redefinir desde unha óptica feminina como único xeito de superar a discriminación contra as mulleres. Autoras como Adrienne Rich, Nancy Chodorow, Sara Ruddick ou Luisa Muraro consideran que a experiencia biolóxica da maternidade resulta peza clave na conformación da esencia cultural feminina, pois correspóndelle ao pensamento maternal xerar unha ética específica (a chamada ética do coidado) baseada no altruísmo, na falta de egoísmo nas relacións interpersoais, na afectividade, na sensibilidade e na cultura da paz, que xorde «dunha especial disposición para o coidado e da atenta mirada da nai que espera interpretar e satisfacer axeitadamente a demanda das crianzas», segundo Ruddick. En xeral, o feminismo cultural ou da diferenza reclama a disposición das mulleres para a maternidade como forma de revalorizar os atributos esenciais femininos, até o punto de que autoras como Muraro chegasen a reivindicar unha política da diferenza centrada exclusivamente no valor da figura da nai, na que sitúan o punto de referencia fundamental desde o cal pensar e actuar como muller. Igualmente, estas aproximacións defenden interpretacións naturistas e relixiosas da esencia feminina, presentes tamén nalgunhas correntes do ecofeminismo. Estas asociacións recuperan os mitos de culto da reprodución da antigüidade ou das deidades femininas que representaban a unha nai terra, que sería vizosa coma as mulleres.

Tales achegas sobre a maternidade resultan interesantes en tanto que lle outorgan valor a cuestións do espazo privado e reprodutivo, e explora potencialidades das mulleres que até entón ficaban silenciadas e menosprezadas. Non obstante, ao reivindicar a experiencia da maternidade como esencia común e desexábel para todas as mulleres, en realidade estes feminismos incorren nun determinismo que lles nega ás mulleres a súa capacidade de decisión (igual que llela nega a propia estrutura patriarcal ao imporlles tamén a maternidade obrigatoria, aínda que nese caso sexa para relegar as mulleres á vida doméstica e estigmatizalas no seu papel de reprodutoras). Amais, dentro da diversidade que integra a corrente feminista da diferenza, esta proposta centrada no valor da nai convive con outras que defenden o lesbianismo como única escolla sexual para evitar a contaminación da esencia feminina. Deste xeito, o esencialismo de ambas as posturas tórnaas contraditorias: ou ben se é muller=nai accedendo a *contaminarse* nunha relación heterosexual, ou ben se é muller = lesbiana renunciando á experiencia maternal. Por último, estas interpretacións feministas propician unha definición de todas as mulleres como seres relativos en función do seu papel de nais, e ademais exoneran aos homes de calquera responsabilidade relacionada co coidado ou coa paternidade, cuestión especialmente grave en todos os países do mundo e en especial naqueles onde máis se debate a ecuación muller=nai (tal como vimos no caso da África subsahariana).

Desde outros feminismos articuláronse pois posturas alternativas ante a maternidade, que diferencian entre a capacidade biolóxica das mulleres para seren nais (unha capacidade que non é discriminatoria en si mesma) e a institución da maternidade (que regula a discriminación das mulleres como nais a través das diferentes expectativas e papeis sociais impostos polo patriarcado sobre como as mulleres deben e non deben exercer esa capacidade en moi diferentes sistemas sociais e culturais).

Estes feminismos identifican a fonte da discriminación na institución da maternidade, é dicir, na maternidade definida como un construto sociocultural e expectativa de vida para as mulleres. Así, desenmascararon a construción social de certas cuestións relacionadas coa capacidade biolóxica da maternidade que o patriarcado pretende facer pasar como *naturais*, como diversas definicións das mulleres como máis tenras ou atentas pola súa característica de seren nais, coma se isto determinase un comportamento estabelecido en todas as mulleres. Pero como diciamos, se cadra o avance máis importante realizado desde estes feminismos foi a reivindicación dunha maternidade non obrigatoria (entendida esta obrigatoriedade como a socialización que reciben as mulleres desde nenas para centrarse na reprodución), así como a desvinculación da idea de maternidade das definicións sociais de muller. Deste xeito, esíxese garantir o dereito das mulleres a decidir libremente se queren ou non queren ser nais, porque hoxe en día tal dereito non está en absoluto garantido en ningunha parte do mundo: por unha banda, prívase da maternidade a moitas mulleres someténdoas a campañas de esterilización masiva, negándolles o acceso ás técnicas de reprodución asistida (pensemos por exemplo nas parellas lesbianas ou nas nais sen parella), ou permanecendo impasíbeis ante as elevadas taxas de morte materno-filial no parto en moitos países nos que non se considera prioritario investir máis recursos nestes asuntos. Pero pola outra banda, en moitas outras ocasións preséntase a maternidade como destino desexábel e desexado das mulleres, educando ás nenas desde a infancia máis temperá para o seu futuro rol maternal (por exemplo, a través dos xoguetes), restrinxindo o acceso das mulleres a métodos contraceptivos, negándolles e obstaculizándolles o seu dereito á interrupción voluntaria do embarazo ou descualificando socialmente (de forma máis ou menos sutil) a aquelas mulleres que decidan non procrear.

Ora ben, a institución da maternidade non só discrimina as mulleres que deciden saltar os papeis de xénero e non ser nais, senón que a opresión patriarcal tamén afecta a aqueloutras mulleres que (máis ou menos libremente) deciden exercer a súa capacidade biolóxica da maternidade mantendo o control do proceso. No tocante ao ámbito occidental, os feminismos denuncian como en moitos destes países o propio acto de parir está totalmente medicalizado para gañar seguridade e tamén comodidade (sobre todo para o persoal médico), pero a costa de practicar cesáreas innecesarias, administrar hormonas sintéticas como a oxitocina para acelerar contraccións, realizar episiotomías indiscriminadas (pensemos que a OMS recomenda aplicar esta medida nun máximo dun 20 por cento dos partos e no estado español a taxa chega ao 89 por cento), ou obrigar ás mulleres a parir en posición horizontal contravindo así a lóxica da gravidade, todo isto tratando ás nais como enfermas que por acudir a un hospital non teñen dereito a opinar sobre este proceso das súas vidas. Respecto aos países en vías de desenvolvemento, no entanto, o debate céntrase sobre todo en denunciar a pasividade das institucións que non invisten recursos para garantir unha mínima cobertura sanitaria nin tampouco para mellorar as condicións hixiénicas durante os partos, feito que provoca elevadísimas taxas de morte da nai ou do feto. Tamén se debate o xeito en que o coñecemento tradicional das parteiras está sendo transferido ao persoal médico, nunha concepción occidental e xerárquica das relacións sociais nas que o médico (rara vez médica) está na situación de poder para tomar decisións, de xeito que desposúe as mulleres do seu coñecemento tradicional, no canto de melloralo. Esta práctica adoita estar santificada pola cooperación internacional e chega a casos extremos nas sociedades onde as parteiras son tamén as mutiladoras (xenitais), onde o estigma asociado a esta segunda práctica fai que sexan excluídas da primeira.

Os feminismos denuncian tamén que unha vez que paren, sobre estas mulleres polo xeral recaen unha serie de responsabilidades sociais que as sitúan en clara posición discriminatoria ao obstaculizarlles o desenvolvemento doutras capacidades á parte da materna (como por exemplo a profesional), de maneira que lles imposibilitan compaxinar a súa función de nai con calquera outra. Estas responsabilidades sociais marcan tamén claramente o comportamento esperábel dunha *boa nai* (aquela que está sempre á disposición das súas crianzas). Neste sentido, o movemento feminista esixe medidas compensatorias (xardíns de infancia, baixas laborais por nacemento de crianzas para nais e pais, corresponsabilidade, etc.) para garantir que quen libremente queira exercer o dereito á maternidade non sufra unha discriminación engadida. Nos países do sur esta discriminación toma ás veces formas extremas no abandono da muller ou no casamento con segundas mulleres cando a primeira non pode ter crianzas (práctica moi habitual tanto en oriente medio como na África subsahariana e no subcontinente indio, por pór algúns casos).

A este debate debe engadirse o da paternidade, que resta aínda por desenvolverse nos estudos sobre masculinidades e que debe analizar os condicionamentos sociais de ser pai, así como a falta de responsabilización que a sociedade promove entre os homes con respecto á súa descendencia. Cómpre non esquecer que, se ben moitas veces se di que as nais son as responsábeis da reprodución do sexismo nas familias, rara vez se menciona que os pais inculcan igualmente eses modelos simplemente con non estar ou con non participar da atención ás crianzas.

6. DISCAPACIDADE

A discapacidade é un campo de interese mundial para os feminismos principalmente por dúas razóns. Dun lado, por entender a discapacidade como «un elemento que nos une en todo o mundo, porque todas podemos ser integrantes dese grupo (o das persoas con discapacidade) e poderiamos pertencer a el en calquera momento», como explica a feminista india Asha Hans. E do outro, pola revolución do marco de pensamento que propoñen as feministas que falan desde a discapacidade.

Os debates actuais superan as argumentacións de que as persoas con discapacidade carecen de visibilidade a nivel social, para reflexionar tamén sobre como movementos sociais (como o feminista) silenciaron ou ignoraron a situación dun importante grupo de mulleres para as cales se dá unha intersección de discriminacións. Sen dúbida, o traballo realizado polas feministas sobre o corpo desde diferentes puntos de vista axuda a traballar tamén a discapacidade, porque esta encaixa na crítica feminista aos corpos normativos e perfectos, definidos pola norma patriarcal.

Mais as importantes vías de interacción entre os dous movementos van alén da visibilización da múltiple discriminación. De feito, teóricas como a estadounidense Adrienne Asch ou a británica Jenny Morris enfatizan a necesidade de que a relación entre feminismos e discapacidade cambie o marco de pensamento a un nivel moito máis xeral. As dúas autoras promoven unha visión da discapacidade que pon en dúbida a asunción da *normalidade* e que entende que o que discapacita non é algo físico, senón as imaxes, construtos e contornas nas que se move a persoa. A imaxe das persoas con discapacidade amosa que as mulleres padecen aínda máis o peso dos estereotipos, que se basean nuns conceptos sexistas e heterosexistas da beleza onde non entran os corpos con discapacidade. Mais tamén está a imaxe xeral da discapacidade como algo físico, conxénito, que pouco corresponde coa situación real das persoas que a padecen.

As activistas dos feminismos e discapacidade procuran levar a cabo estudos nos que sexan elas mesmas, as mulleres con discapacidade, as que comuniquen a súa experiencia de xeito directo. Este tipo de estudos, como os realizados pola xa mencionada Morris, amosan importantes prexuízos, entre os que destaca a definición de mulleres con discapacidade como persoas dependentes, un discurso totalmente desacreditado pola súa investigación, que amosa a carga de traballo doméstico das mulleres con lesión medular. Outro prexuízo é o da concepción das fillas e fillos menores como coidadores, o cal leva a que nalgúns casos se lles retire a custodia a nais solteiras con discapacidade ou ben a que, sen chegar a ese punto tan extremo, se lles faga sentir sempre unha falta no desempeño das súas tarefas como nais. O caso da maternidade está directamente relacionado coa eliminación da sexualidade na concepción social (o construto) da discapacidade, sobre todo no caso das mulleres. A concepción de que as persoas con discapacidade non deben ter descendencia (cousa que leva a campañas en moitos casos de esterilización), xunto á infantilización das mulleres con discapacidade (que como diximos se ven como dependentes) fai que sexa moi complexo mesmo falar da sexualidade. Por riba, a isto engádese o feito de que a sociedade asume que as persoas con discapacidade (e máis aínda as mulleres) carecen de impulsos sexuais. As feministas que falan desde a discapacidade analizan tamén o marco patriarcal que enfatiza esa infantilización das mulleres con discapacidade e ao tempo as fai o obxecto sistemático de violencia e abusos sexuais, sobre todo no campo do fogar. Aquí a invisibilidade é aínda maior ca no caso das mulleres sen discapacidade, dado que as limitacións impostas socialmente impiden unhas maiores relacións sociais que axuden a denunciar e superar o abuso ou a violencia.

Así pois, a discapacidade interactúa co xénero polo seu carácter de construto e ambos os dous construtos refórzanse mutuamente. Nora Grace, no seu libro *Aquí todo o mundo falaba en linguaxe de signos*, presenta a situación de Martha's Vineyard nos Estados Unidos, un lugar onde a xordeira deixou de ser considerada un trazo relevante dado que en certo momento histórico toda a poboación empregaba indistintamente linguaxe de signos e inglés falado. Por tanto, como amosa este exemplo, a discapacidade é algo construído pola contorna.

As feministas que falan desde a discapacidade e que a estudan a un nivel teórico explican tamén a relevancia de analizar os avances en medicina, bioética e ciencias da vida. En occidente, a concepción da discapacidade como unha enfermidade levou a unha importante crítica dos enfoques médicos. Nos países do sur tampouco resulta infrecuente o uso oficial de conceptos de *euxenia*, que volven estar de plena actualidade co debate sobre unha selección xenética que reforza cada vez máis a idea do corpo perfecto que discrimina ás persoas con discapacidade. As interaccións entre feminismos e ciencia, que veremos posteriormente, tamén resultan de relevancia como marco de análise xeral para a crítica que se fai desde a discapacidade a estes novos enfoques sobre a reprodución e máis ao marco imaxinario desde o que se produce. A idea de que a discapacidade non é unha *maldición* ou *desgraza*, senón que forma parte do que Asch denomina unha teoría da variación humana, pon en dúbida tamén certos enfoques ao aborto. Aínda que estes enfoques non adoitan vir desde os feminismos (que entenden o aborto como un dereito das mulleres e por tanto non precisan dunha argumentación maior ca a vontade da nai), si enfatizan a potencial discapacidade como unha razón para abortar, argumento que obviamente resulta agresivo para as persoas con discapacidades conxénitas e que, ao cabo, é un argumento máis para que o aborto poida producirse sen que haxa que cumprir con certos *supostos*, máis alá dos prazos.

É interesante comentar que para os movementos feministas de diferentes países en vías de desenvolvemento a discapacidade si constitúe un elemento de variación e análise máis que busca o recoñecemento das voces das mulleres. Un exemplo disto amósao o interesante volume editado por Asha Hans e Anne Patri *Mulleres, discapacidade e identidade*, onde conviven experiencias do norte e do sur, voces de mulleres con discapacidade de diferentes países e teoría sobre os movementos tanto feminista como de persoas con discapacidade. Aínda así, vemos que as preocupacións na interacción con respecto á representación adoitan ser comúns a ambos os dous movementos e adaptarse ás circunstancias concretas de discriminación patriarcal de cada país ou zona.

7. INSTITUCIONALIZACIÓN

Malia que os dereitos humanos xa ficaran recoñecidos en 1948 na *Declaración Universal das Nacións Unidas*, as múltiples violacións dos dereitos humanos das mulleres levaron ao movemento feminista a emprender medidas de presión que cristalizaron na promulgación, por parte do mesmo organismo internacional, de 1975 como Ano Internacional da Muller. Os eventos organizados nese ano tiveron unha importancia capital para centrar a atención sobre a discriminación das mulleres a nivel global, maiormente naqueles países nos que os feminismos non estaban aínda moi desenvolvidos, así como para facer un chamamento aos diferentes gobernos sobre as medidas que cumpría impulsar para camiñar cara a un mundo máis igualitario. Os avances foron tales que a propia ONU declarou, co lema de «igualdade, desenvolvemento e paz», que 1975-1985 sería a Década das Nacións Unidas para a Muller, o que contribuíu a potenciar a presenza política e o peso ideolóxico dos feminismos a escala planetaria. En paralelo á súa participación nas tres Conferencias Mundiais sobre a Muller celebradas en México (1975), en Copenhague (1980) e en Nairobi (1985), e máis na Convención sobre a Eliminación de todas as formas de discriminación contra a muller (1979), os diferentes gobernos democráticos do mundo foron paulatinamente outorgándolle á igualdade a categoría de tema de Estado, incorporándoa en consecuencia na formulación das súas políticas.

Con todo, xa sen considerar a gran cantidade de países onde non existen réximes democráticos ou os que non asinaron as convencións internacionais, a realidade seguiu amosando casos continuos de discriminación por razóns de sexo e o propio organismo internacional tivo que insistir, na IV Conferencia Mundial sobre a Muller celebrada en Beijing (1995), en que os dereitos humanos das mulleres e das nenas son parte inalienábel, indivisíbel e integral dos dereitos humanos universais. Para garantir a súa posta en práctica creouse a Plataforma para a Acción de Beijing que os diferentes gobernos deberían aplicar. Dese xeito, as Nacións Unidas desempeñaron un papel vital en sentar os alicerces do que pasou a denominarse feminismo institucional ou institucionalizado e que, como xa avanzamos, consiste en que as demandas feministas teñan un reflexo na formulación de políticas públicas.

A institucionalización do feminismo implica que as redes feministas noutrora informais (colectivos, oenegués, agrupacións polo xeral antixerárquicas e de autoxestión) dean paso a expresións máis formais como consellos de igualdade a nivel supranacional e estatal, oficinas de igualdade de oportunidades, centros de información ás mulleres, direccións xerais, secretarías ou ministerios de igualdade, que á súa vez levan parella unha crecente profesionalización dos postos de traballo e un financiamento dalgúns campos de actuación feminista a través de institucións públicas.

Ora ben, como xa puidemos comprobar a través dos casos concretos en determinadas zonas xeográficas, a relación entre o movemento feminista de base e o feminismo institucional é sumamente complexa. En primeiro lugar, o feminismo institucional é consecuencia das esixencias do movemento feminista para que se apliquen políticas públicas conducentes á igualdade, polo que neste sentido recolle as reivindicacións do movemento e reflicte que a sociedade e o mundo político foron asumindo un enfoque feminista. Esta nova situación supón tamén que as demandas feministas se concretan en políticas públicas específicas por vez primeira desde dentro do sistema, é dicir, que se aplican os novos instrumentos achegados polos feminismos dentro das regras de xogo do poder estabelecido, en moitos casos dando lugar a que se acepten pequenas reformas (en lugar de cambios substanciais que subverterían as propias regras de xogo). Deste modo, a institucionalización do feminismo implica que os diferentes organismos supraestatais (como vimos no caso da Unión Europea), estatais e infraestatais (como no caso galego) deseñan unhas liñas directrices de acción que estipulan o camiño a seguir cara a igualdade de oportunidades entre mulleres e homes.

En moitos países do mundo a materialización práctica da igualdade de oportunidades realízase a través da estratexia de acción positiva, a cal consiste en aplicar medidas temporais compensatorias para corrixir situacións desequilibradas como consecuencia de prácticas sociais discriminatorias, partindo do principio filosófico de que cómpre tratar de forma desigual o que é desigual para conseguir un equilibro (isto é, a acción positiva busca lograr que todas as persoas partan da mesma liña de saída para que despois cadaquén chegue até onde lle permitan as súas posibilidades). Aínda que neste caso se trate dunha demanda feminista, o certo é que as medidas de acción positiva xa se atopaban contempladas en moitas Constitucións de países democráticos, como é o caso da Constitución española de 1978, que no seu artigo 9.2 manifesta explicitamente que «lles corresponde aos poderes públicos promover as condicións para que a liberdade e a igualdade das persoas e dos grupos nos que se integran sexan reais e efectivas; eliminar os obstáculos que impidan ou dificulten a súa plenitude; e facilitar a participación de toda a cidadanía na vida política, económica, cultural e social».

As medidas de acción positiva en canto ao xénero téñense impulsado sobre todo na área laboral, educativa e de participación política, e nesta última área tense feito a través de mecanismos como o sistema de cotas participativas, ou máis recentemente a través da paridade. Son moitos os países que desde os anos 80 estabelecen cotas para cada un dos xéneros, reguladas en ocasións a través da Constitución, das leis electorais ou dos propios partidos políticos. Dos vinte países do mundo que teñen maior número de parlamentarias, dezaoito teñen algún sistema de cotas (os dous que non as precisan son Finlandia e Cuba), e entre delas destacan Arxentina, Burundi, Mozambique, Sudáfrica, Costa Rica ou Ruanda. Os cambios nestes dous últimos países despois de introducir o sistema de cotas foi significativo: Costa Rica pasou de estar no posto vinte e cinco en 1995 a ser o terceiro país con máis parlamentarias en 2006, e Ruanda pasou de estar no posto vinte e catro tamén en 1995 a ser en 2003 o país con maior representación de mulleres no parlamento. É rechamante tamén o caso da India, país no que se dan unhas diferenzas estrepitosas entre o parlamento subnacional, onde as cotas garanten que un terzo dos escanos estea reservado a mulleres, e o parlamento nacional, no que a presenza de deputadas é practicamente nula.

Máis recente é o concepto de democracia paritaria, acuñado en 1992 na *Declaración de Atenas* para promover que ningún dos sexos teña nin máis do 60 nin menos do 40 por cento de representación nos órganos democráticos: neste caso foi Francia o primeiro estado en regular e aplicar esta medida. Aínda así, a aplicación destes sistemas non é a solución total aos problemas de representación política das mulleres, porque decote acontece que a paridade só afecta aos órganos máis visíbeis (como ministerios) mentres se agudizan os desequilibrios noutros altos cargos. Respecto ás cotas dentro das listas electorais, por exemplo, se a lei non o impide, é frecuente que sexan homes os que aparecen nos postos que realmente van ocupar cargos (cabezas de lista). Ademais, agochan outras realidades discriminatorias: no caso concreto español, só o 2,8 por cento de deputadas se mantén no seu escano durante tres ou máis lexislaturas fronte ao 20 por cento dos deputados (o que a fin de contas non lles permite consolidar a súa carreira política nin poderen ser elixidas para outros cargos de organismos internacionais).

Pero como diciamos, estamos ante unha relación complexa entre o movemento feminista e o feminismo institucional, con críticas de diversa índole. Por unha banda, desde os movementos critícase que o feminismo institucional recolle as reivindicacións e conceptos feministas, pero que ao mesmo tempo tamén os baleira en certo sentido de contido crítico. Un debate exemplar ao respecto deuse na conferencia de Beijing de 1995 ao redor do concepto do xénero que, por forza, de se aplicar nas políticas e cooperación ao desenvolvemento como unha especie de caixón de xastre (como sinónimo de mulleres, como ferramenta, como técnica) estaba comezando a perder o seu carácter político e de transformación social. Isto é, o xénero fora apropiado polas institucións como un mero elemento máis da retórica da axuda ao desenvolvemento, sen unha asimilación real por parte das diferentes instancias que aplicaban estas políticas a diferentes niveis (gobernos, ONGs, axencias supragobernamentais, etc). Outra crítica á institucionalización está relacionada coa tendencia que esta ten de provocar unha proliferación de asociacións conectadas con distintos grupos políticos que en maior ou menor medida teñen entre os seus obxectivos captar votos, beneficiarse das subvencións e canalizar en termos políticos a problemática das mulleres. E o que é aínda máis grave, o feminismo institucional pode fomentar un abandono da militancia de base coa escusa de que cómpre ser realistas e eficaces, e neste sentido pode debilitar o movemento ao transmitir a idea de que non é necesario o traballo dos grupos de base porque das reivindicacións feministas xa se encargan os gobernos.

No entanto, a mobilización é moi necesaria para, en primeiro lugar, facer un seguimento e control das políticas de xénero adoptadas polos gobernos, que como temos visto con frecuencia lexislan ou deseñan na teoría proxectos de intervención dunha forma determinada, pero logo adoecen dunha falta de vontade política real na aplicación desas medidas ou na asignación de recursos financeiros ou humanos cos que poder aplicalas. En segundo lugar, o movemento de base é fundamental para seguir apuntando con espírito crítico aos moitos retos pendentes e ás novas manifestacións da discriminación de xénero que se producen nas realidades sociais sempre cambiantes dos diferentes países, co obxectivo de que os poderes públicos institucionalizados as incorporen aos seus programas de gobernos. Por exemplo, en moitos casos a institucionalización dos feminismos orientouse unicamente a cambiar os papeis de xénero na esfera pública, adoptando medidas de acción positiva para aumentar a presenza das mulleres no ámbito laboral, social e político, o que a final de contas levou a incrementar as súas responsabilidades en xeral. O labor do movemento feminista resultou e resulta vital para chamar a atención sobre a necesidade de modificar tamén os papeis de xénero na esfera privada, aplicando medidas de acción positiva para que as tarefas do ámbito doméstico e familiar sexan tamén compartidas (como os permisos de paternidade e as políticas de corresponsabilidade que comezan a aplicarse nalgunhas zonas). A visión crítica dos movementos feministas axuda a pór en evidencia como algunhas solucións propostas polas institucións que aparentemente buscan provocar un cambio na realidade, ao final acaban reforzando as estruturas patriarcais. Neste sentido, pensemos nas medidas de apoio á conciliación entre a vida familiar e laboral que enfatizan o papel reprodutor das mulleres sen buscar implicar os homes e facilitar a súa responsabilización do doméstico, ou tamén nas medidas que buscan paliar o acoso sexual nos buses en moitos países poñendo asentos separados para as mulleres, reforzando así a idea de que o problema reside nelas e non nos homes que as agriden.

Grazas ao constante seguimento e crítica dos movementos feministas de base, nalgúns países o feminismo institucional dos gobernos está a incorporar unha nova aplicación da igualdade de oportunidades: o *mainstreaming* ou transversalidade de xénero, consistente na aplicación da dimensión de xénero a todas as políticas e accións como medida básica coa que poder producir cambios estruturais nos papeis de xénero na sociedade. A transversalidade estase a converter en peza fundamental para deixar de centrarse en aspectos concretos da discriminación e concibir no seu lugar que as cuestións discriminatorias están relacionados de forma global, tratándoas así de maneira estrutural.

Sexa como for, unha das reivindicacións dos movementos feministas con respecto á institucionalización é que esta non esgota os feminismos, senón que só aplica certos aspectos das súas reivindicacións. As institucións, por definición, teñen problemas para recoller a gran variedade de voces que poden existir noutros movementos e precisan cambiar substancialmente as súas maneiras de traballar para valorar aspectos que saen fóra do meramente documental (por exemplo, teñen capacidades limitadas para cambiar estruturas xerárquicas patriarcais porque precisamente as xerarquías son vitais para as institucións). Así, cómpre seguir mantendo unha relación estreita entre os movementos feministas e as institucións para que os primeiros alimenten ás segundas e tamén para que se toquen aspectos que quedan fóra do eido de traballo puramente institucional.

Quizais o avance destas estratexias se poida avaliar nunha futura V Conferencia Mundial sobre a Muller, que multitude de asociacións feministas de todo o mundo levan reclamando desde 2005, ao cumprirse dez anos da anterior edición. Traballan para facela realidade nun futuro incerto.

8. CIBERFEMINISMO

O gran progreso tecnolóxico dos últimos tempos tamén está a deixar pegada nos feminismos. A medida que internet se converteu nunha ferramenta cada vez máis global (aínda sen esquecer que hoxe en día unha parte importante da humanidade non ten acceso a ela) algunhas feministas concibiron unha nova forma de activismo: o ciberfeminismo ou uso de internet para propagar a causa feminista. Este uso pode materializarse de formas diversas, aínda que polo xeral podemos distinguir entre un ciberfeminismo artístico transgresor e un ciberfeminismo social.

A primeira concepción de ciberfeminismo consiste no uso de internet como espazo para a creación artística transgresora, en paralelo ás críticas feministas á masculinización de internet como un espazo tecnolóxico máis (en liña coas críticas á ciencia e tecnoloxía que veremos máis adiante) e a consecuente necesidade de *okupalo*. As primeiras utilizacións deste recurso tecnolóxico a favor dos feminismos están relacionadas cun grupo de artistas australianas chamadas as VNS Matrix, a quen se lles atribúe a creación do termo ciberfeminismo en 1991 no seu *Manifesto da Lurpia Mutante*. As VNS Matrix (lido Venus de Matrix, porque da matriz feminina é de onde xorde a vida e por extensión de onde se crea a máquina) buscaban desenmascarar os supostos mitos masculinos que afastan as mulleres da informática, e con ese fin utilizaban a tecnoloxía para facer propostas estéticas transgresoras a través da rede. Mediante estas propostas subvertían ironicamente os estereotipos culturais sexistas, como por exemplo a través de anti-videoxogos feministas ou de instalacións artísticas que incluían fotografía, son e vídeo. Unha das guías intelectuais das feministas cibernéticas é o *Manifesto Ciborg* de Donna Haraway, no que esta catedrática estadounidense propón a metáfora d@ ciborg como estratexia política. Haraway parte de que non hai nada acerca de ser femia que una naturalmente ás mulleres, pois o propio *ser* femia é de seu unha categoría complexa construída a través de prácticas sociais. Propón entón o concepto ciborg para referirse a un organismo cibernético, híbrido entre ser humano e máquina. O ciborg é altamente liberador en tanto que non require dunha identidade estábel e esencialista, senón que permitiría crear coalicións das mulleres, baseadas estas na afinidade (que non identidade) que resulta da outredade, diferenza e especificidade. Inspiradas neste manifesto, as ciberfeministas converten @ ciborg nunha ferramenta esencial para acadar a liberación das mulleres e avogan pola cooperación entre muller, máquina e novas tecnoloxías para que estas novas identidades creadas no ciberespazo estean afastadas dos mitos masculinos terreais, así como pola creación de cibercomunidades TAZ (zonas temporalmente autónomas) nas que as mulleres poidan atoparse a si mesmas e reconstruír a súa subxectividade fóra da influencia da mentalidade patriarcal.

O movemento do ciberfeminismo artístico consolidouse en 1997 no I Encontro Internacional Ciberfeminista, celebrado en Alemaña dentro dunha das mostras de arte contemporánea máis relevantes de Europa. Tras o encontro creouse a primeira organización internacional ciberfeminista chamada OBN (Old Boys Network), e fóronse multiplicando na rede as propostas artísticas desde unha óptica feminista e crítica, configurando unha net.art feminista moi relacionada co movemento da Desobediencia Civil Electrónica e do Grupo de Arte Crítica, xeralmente coñecidos cos seus nomes en inglés como Electronic Civil Disobedience e Critical Art Ensemble.

Desde o punto de vista das feministas cibernéticas, o ciberespazo é un lugar crucial para a loita de xénero no que o ciberfeminismo ten que estar presente, impedindo así unha colonización masculina que configure este espazo unicamente á medida dos seus intereses e desenmascarando os presupostos machistas e patriarcais que hai detrás dos ordenadores e da rede. Nesa loita sitúase o traballo de numerosas artivistas (activistas da arte) na rede que fronte a moitos dos principios dogmáticos do feminismo clásico, conseguiron darlle ao ciberfeminismo unha presenza fresca, desvergoñada, enxeñosa e iconoclasta que o fai moito máis plural e aberto, libre e diverso. Tal é a súa pluralidade que para as mesmas ciberfeministas resulta difícil definilo, e no único intento que fixeron optaron por definir o que non é, no famoso escrito *100 antíteses sobre o ciberfeminismo*.

Fronte a este ciberfeminismo artístico desenvolveuse unha segunda tendencia de utilizar internet para propagar a causa feminista mediante o uso estratéxico a escala planetaria das redes sociais electrónicas, dando lugar ao denominado ciberfeminismo social. En 1993 creouse un grupo de mulleres dentro da Asociación para o Progreso das Comunicacións, co obxectivo e filosofía de utilizar as novas tecnoloxías para o empoderamento das mulleres no mundo. O primeiro éxito do ciberfeminismo social aconteceu na IV Conferencia Mundial de Mulleres de Beijing en 1995, onde mulleres dunha vintena de países crearon un espazo electrónico en varios idiomas con información do que acontecía na capital chinesa, tratando de contrarrestar a escasa cobertura informativa que do evento estaban a dar os medios de comunicación convencionais. A experiencia resultou tan positiva e reveladora que a partir dese momento as redes electrónicas concibíronse como unha nova canle para a loita e traballo entre feministas de diferentes recantos do planeta.

As posibilidades de difusión de internet e o custo xeralmente asumíbel de manter unha web ou un blog permitiron a proliferación de redes e asociacións feministas que ademais de fornecer información alternativa sobre cuestións das que con frecuencia os medios de comunicación non se fan eco, crean directorios de recursos feministas, grupos de discusión sobre temas relevantes para os feminismos entre mulleres de diferentes realidades, fomentan a creación de software feminista e mesmo utilizan internet para lanzar campañas de sensibilización ou denuncia. Desde a súa posta en marcha en Beijing, o ciberfeminismo social non deixou de crear unha política feminista e unha traxectoria activista dentro do circuíto das tecnoloxías globais, con experiencias tan produtivas como Creatividade Feminista desde México, Penélopes en Francia, Cybersolidaires desde Canadá ou Mulleres en Rede en España. Estas iniciativas manifístanse tamén a través das redes sociais. Por exemplo, destaca no Facebook o grupo Cafés feministas, un colectivo virtual galego que serve como plataforma de difusión e debate de contidos feministas.

Outro aspecto de importancia crucial para o ciberfeminismo é a promoción do software libre, que se considera clave para a democratización das tecnoloxías. O movemento feminista apostou historicamente por compartir o coñecemento, denunciando ademais a utilización sistemática que se ten feito do coñecemento para excluír a outr@s (estratexia utilizada tamén no desenvolvemento da tecnoloxía, escrita en masculino). A reflexión feminista sobre o software libre inclúe abordar os motivos e dificultades que existen para facerlle chegar á maioría da cidadanía (sen grandes coñecementos técnicos) a mensaxe da importancia social, económica e política que ten este tipo de elección tecnolóxica, que como dixemos resulta clave para a democratización das tecnoloxías e do coñecemento. Precisamente por este papel clave, é especialmente importante pór atención no tipo de software libre que se crea, tendo en conta a presenza das mulleres no mundo tecnolóxico pero tamén analizando os produtos de software libre que se elaboran (desde a linguaxe empregada nos programas ou nos manuais de uso, até os propios produtos que se xeran e entre os que se inclúen, por exemplo, os videoxogos).

En definitiva, nestes case vinte anos de ciberfeminismo xurdiron diferentes correntes e tendencias que, coa axuda das novas tecnoloxías, entrelazaron a manifestación artística, a teoría e a práctica feminista, a contestación social e a *okupación* e activismo na rede, no que se veu a chamar *hacktivismo* feminista (isto é, a utilización de técnicas empregadas por *hackers* para unha causa política determinada, neste caso a feminista). O sentido deturpado do termo *hacker* obríganos a insistir en que o significado orixinal da palabra fai referencia a unha persoa que goza explorando os detalles dos sistemas de programación para mellorar as súas funcionalidades. Deste xeito, o *hacktivismo* feminista busca mellorar as funcionalidades da tecnoloxía informática dándolle un enfoque de xénero do que decote carece. Como afirma Montserrat Boix, desde a práctica do *hacktivismo* feminista xurdiron proxectos que dun ou doutro xeito intentan modificar a realidade patriarcal: desde a construción de redes de mulleres internacionais en internet para coordinar as estratexias e intercambiar información impulsadas polo ciberfeminismo social, até o ciberfeminismo artístico na creación de espazos nos que o contido, forma e uso da tecnoloxía suman forzas na creación de novos lugares políticos. Pero para seguir avanzando no ciberfeminismo tórnase prioritaria a educación tecnolóxica das mulleres, superando os obstáculos que presenta un patriarcado que trata de evitar, unha vez máis, a presenza das mulleres en lugares onde se están creando novos modelos sociais. Velaí a importancia, como xa apuntamos, que o software libre ten na democratización do coñecemento... e dos feminismos.

9. ECOFEMINISMO

Aínda que o ecofeminismo é un concepto acuñado en 1974 por parte de Françoise d'Eaubonne para definir o potencial das mulleres para a revolución ecolóxica que leve a novas relacións de xénero entre homes e mulleres e mais a unhas relacións diferentes entre os seres humanos e a natureza, as bases do concepto poden atoparse en épocas anteriores e fóra de occidente. A dicir verdade, as ideas base do que logo sería o ecofeminismo proveñen de certas culturas indíxenas (por exemplo da comunidade *navi*, en Australia, ou dos pobos nativos americanos do norte e do sur) e cómpre sinalar que as feministas destes pobos sempre traballaron desde esta base. Igualmente, certas utopías literarias feministas, como *O soño da sultá* de Rokkyam Begum de Bangladesh (daquela aínda India), escrita a finais do século XIX, xa presentaban as mulleres como líderes dun proceso de aproveitamento dos recursos naturais que non fose agresivo para a contorna e tamén dunha transformación das relacións de poder existentes entre homes e mulleres. Estas ideas non occidentais foron *descubertas* máis adiante polos feminismos occidentais e a conxuncións de ambos os espazos deu lugar ao ecofeminismo. Desde este primeiro momento o ecofeminismo foi evolucionando a través de diferentes correntes que cómpre explicar, e que se poden agrupar en ecofeminismo radical, ecofeminismo liberal, ecofeminismo socialista e o feminismo ecoloxista.

En primeiro lugar, o ecofeminismo radical destaca as conexións entre a natureza e as mulleres. Unha conexión entre elas é que ambas as dúas foron explotadas de xeito similar, e neste sentido resultan interesantes os estudos críticos das metáforas patriarcais e colonizadoras, que tradicionalmente se utilizaron para falar das mulleres e da natureza, entre os que destacan os realizados por Sherry B. Ortner. Esta retórica complétase ademais coas descricións dos pobos colonizados, formando así un trío no imaxinario (principalmente occidental) no que se xustifican mutuamente as opresións e explotacións dos tres grupos. Alén disto, o ecofeminismo radical estabelece o binomio muller-natureza para centrarse sobre todo na maternidade como valor feminino, o cal resulta certamente contraditorio coa súa primeira crítica. Neste sentido, a proposta do ecofeminismo radical é recuperar unha serie de valores asociados co feminino, sobre todo coa maternidade, que se ve en paralelo coa capacidade produtiva e pacífica da natureza. Esta corrente está relacionada nas súas bases teóricas, como se pode comprobar, co feminismo cultural ou da diferenza e como veremos máis adiante, sufriu o mesmo tipo de críticas ca este, agravadas pola esencialización que se fai das mulleres do sur como preservadoras da natureza (responsabilidade da cal parece ser que os homes de todas as culturas están exentos) e que engade unha capa máis de responsabilidade e traballo na súa vida. Porén, un aspecto positivo desta corrente foi que puxo ás mulleres no centro e en especial ás indíxenas, no sentido de presentalas como as depositarias finais do coñecemento, responsabilidade e activismo ecolóxico. Unha das defensoras desta tendencia é a teórica india Vandana Shiva. Shiva é doutora en física cuántica, pero a súa carreira cambiou radicalmente ao entrar en contacto co campesiñado do seu país e comprobar que as formas de vida sustentábeis estaban sendo substituídas polas prácticas agrícolas impostas polas multinacionais occidentais. O activismo de Shiva comeza con esta constatación, e sobre todo coa constatación de que son as mulleres as que levan a peor parte dese roubo das súas formas de vida. Shiva conceptualiza este tipo de intervencións e control occidental sobre as mulleres do sur e sobre a natureza como unha forma de violencia. Para saír desta situación Shiva tira dos mitos hindús da esencia feminina (*prakriti*) que é a propia natureza e esta á súa vez nai de todo o existente. Malia os seus logros internacionais (foille concedido o Nobel da paz alternativo), a Shiva critícaselle non só o seu esencialismo, senón tamén o uso de imaxes vinculadas á relixión (a hindú neste caso) que poden ser excluíntes no contexto local (pensando na discriminación que padecen as mulleres musulmás ou cristiás dentro da maioría hindú na India).

A conexión muller-natureza do ecofeminismo radical está presente tamén noutras autoras como a estadounidense Mary Daly, que como vimos reclama unha conexión íntima da muller coa ecoloxía a través dunha *Xin/Ecoloxía* (do inglés, *Gyn/Ecology*). Daly parte tamén desta unión muller/natureza na súa argumentación do feminismo lesbiano.

Existe un segundo enfoque que analiza a relación entre a natureza e o xénero (e non tanto entre natureza e mulleres, como no primeiro enfoque) no chamado ecofeminismo liberal ou da igualdade. Este enfoque entende que tanto mulleres como homes forman parte do patriarcado e a través del aprenderon formas de explotar o medio, e ademais analiza de xeito crítico a propia conceptualización do medio como un construto que se adapta ás necesidades de cada época. Esta corrente encaixa co feminismo liberal xeral, onde se busca o regulamento do marco existente (prohibición de pesticidas, mellora da ciencia, etc.) para mellorar a situación ambiental. O ecofeminismo liberal enfatiza tamén a necesidade de que as mulleres participen na ciencia para poderlle dar un enfoque máis respectuoso co medio. O ecofeminismo liberal desenvólvese sobre todo no marco das organizacións ambientais como o Group of Ten ou a Green Belt Alliance nos EUA e semella un fenómeno case reducido na súa totalidade a occidente.

En terceiro lugar, o ecofeminismo socialista asocia o capitalismo aos problemas do medio, xunto coa crítica ao patriarcado, pois ambos os dous entenden que a natureza está aí para proporcionar un rendemento e que debe ser controlada (igual ca as mulleres) para o crecemento económico. Neste caso, a crítica ao capitalismo pon de manifesto como este rematou cos medios de subsistencia e mesmo cunha suposta maior igualdade na organización social entre homes e mulleres das culturas precapitalistas. Dado que autoras como Abby Peterson identifican a decadencia ecolóxica coa diferenza entre produción e reprodución, o marco do ecoloxismo socialista implica que cómpre abandonar o concepto capitalista de crecemento por resultar insostíbel. Propón, pola contra, unha relación igualitaria entre o campo da produción e da reprodución, sen que esta segunda sexa subordinada á primeira. Nesta análise entra xa non só o abuso á reprodución natural senón tamén unha crítica aos usos dos corpos, como a que fai a teórica Irene Diamond referida ao control da poboación dos países do sur e da que xa falamos anteriormente. O ecofeminismo socialista segue mantendo as mulleres no campo da reprodución e semella buscar só unha ruptura do capitalismo como modo de produción, pero non o marco que relega as mulleres á outra esfera social.

Finalmente, cómpre sinalar que ademais destas correntes existe o que Bina Agarwal denomina o feminismo ecoloxista, que nace como unha reacción aos ecofeminismos, acusando a estes de traballar en moitos casos desde unha suposta visión esencialista e idealizada das mulleres e da natureza, sen contemplar a súa característica de construtos. Neste caso a crítica non busca só adoptar medidas de tipo legal como fai o ecofeminismo liberal, senón cambiar o marco de pensamento máis amplo, diversificando as análises tanto da natureza, as mulleres e as súas complexas relacións e sobre todo entendendo que estas dependen do xénero, localización, raza, orientación sexual, etc., en toda a súa enorme diversidade e que até que os construtos subxacentes a todas estas categorías non varíen, tampouco variará a relación da humanidade (non só das mulleres) coa natureza. As asuncións esencialistas, como comenta Agarwal, poden ter consecuencias nefastas sobre as vidas das mulleres. Así, asumir o papel de relación das mulleres coa natureza como algo exclusivo destas pode sobrecargar aínda máis as mulleres pobres, que ademais de facer todas as funcións sociais xa establecidas, terían que cargar agora cunha nova responsabilidade (a de protexer o medio). Esta crenza simbólica manifístase de xeito práctico na cooperación ao desenvolvemento, onde se tende a responsabilizar ás mulleres de proxectos relacionados coa auga ou outros recursos naturais, eximindo aos homes das responsabilidades que lles corresponderían igualmente, e reforzando ademais a división sexual do traballo.

Autoras como Carolyn Merchant e Yniesta King criticaron o falso dos binomios muller-natureza/home-cultura implícitos no ecofeminismo radical, pois ao seu ver reforzan unha vez máis o sistema de conceptualización patriarcal. Igualmente, o ecofeminismo radical non contempla o papel explotador das mulleres consumidoras sobre a natureza e as mulleres produtoras, porque segundo a esencia feminina as mulleres (todas) terían esa relación especial co medio. Isto obviamente non é certo, pois abonda pensar en que son as mulleres do norte as que contaminan co deterxente ou as que explotan mercando en afamados e modernos estabelecementos téxtiles explotadores das mulleres do sur.

En calquera caso, todas as correntes dos ecofeminismos ou feminismo ecoloxista conseguiron pór de relevancia a necesidade de vincular o avance na igualdade de xénero cos temas ambientais, estabelecendo as conexións que pode haber entre estes dous campos. Exemplos disto son o feito de que a degradación ambiental afecta principalmente ás mulleres pobres, ou tamén o feito de que o desenvolvemento económico se fai explotando tanto as mulleres como a natureza, roubando os seus coñecementos e destruíndo as relacións pacíficas entre elas. Son moitos os movementos nos países do sur que naceron a raíz do ecofeminismo e que mobilizaron as mulleres campesiñas e empobrecidas para arreporse á destrución do seu medio de vida, como por exemplo o movemento Chipko da India ou o Green Belt de Kenia, liderado pola premio Nobel Wangari Maathai.

Bloque 4

OS FEMINISMOS E AS DISCIPLINAS

OS FEMINISMOS E AS DISCIPLINAS

Os feminismos son un marco de análise que todo o impregna, unha perspectiva de estar no mundo que pode aplicarse a todos os campos da vida. En todos os eidos do saber os feminismos foron capaces de contribuír a un cambio nas formas de ver e de facer. É por isto que nesta terceira parte dedicamos un espazo a analizar as relacións entre os feminismos e algunhas disciplinas ou campos do saber onde esta interacción foi máis vizosa. Por suposto que a listaxe podería ser moito máis longa, pero decidimos seleccionar aqueles campos onde se cadra as interaccións son menos evidentes e máis específicas, para pór así de manifesto unha vez máis a relevancia que ten o traballo desde o marco de análise dos feminismos para a transformación da sociedade e dos alicerces das discriminacións.

1. FEMINISMOS E CIENCIA

Se hai un discurso central que nos últimos tempos invadiu o mundo desde occidente este foi o discurso da ciencia. A presentación da ciencia e da tecnoloxía como campos de *obxectividade* supuxo un novo paradigma histórico que en occidente pouco a pouco foi tomando un lugar central e desprazando aparentemente outros discursos existentes, como o da relixión. O discurso da ciencia resulta un dos campos onde os feminismos desvelaron que baixo a aparente obxectividade residía un lugar de traballo fundamental do patriarcado, e por tanto identificaron no discurso científico un espazo preferente de intervención feminista. As palabras da filósofa feminista Carme Adán resumen este tipo de intervención: «o nutrido grupo de textos e autoras que na actualidade se agrupan baixo o gardachuvias de *epistemoloxía feminista* teñen en común pór en tea de xuízo a formulación básica do coñecemento científico, cuestionando a noción de ciencia en tanto que caracterizada como unha visión da natureza obxectiva e libre de valores e connotacións socioculturais».

Sen dúbida, a contribución máis fundamental dos feminismos á ciencia, e con ela á tecnoloxía e tamén á medicina é o cambio de paradigma. En occidente, este cambio de paradigma clasificouse en tres correntes principais, como indica Adán: o empirismo feminista, a teoría do punto de vista e as propostas posmodernas. A grandes trazos, estas etiquetas intentan categorizar conxuntos de estudos que poñen de manifesto, respectivamente, o androcentrismo, a importancia da análise crítica do suxeito e finalmente a relación entre o feminismo, a ciencia e a posmodernidade.

A falta de neutralidade da ciencia en xeral foi un discurso promovido desde os anos 60 por parte da filosofía da ciencia, sobre todo da man de autores como Thomas S. Kuhn, Paul Feyerabend e N. Russell Hanson, que enfatizaron a importancia de recoñecer a ciencia como un discurso máis que nunca se pode considerar *obxectivo, neutral* ou *inocente.* A ciencia está definida pois pola desigualdade, pois parte do punto de vista (é dicir, da ideoloxía) das persoas que a van construíndo e deste xeito está cargada de contido social.

Os feminismos reforzaron aínda máis esta análise, pero cómpre sinalar que xa se lles adiantaran no tempo, pois comezaran a traballar nela no século XVIII grazas a autoras como Antoinette Blackwell ou Judith Drake con estudos centrados no que se denomina a ciencia do xénero, e que analiza de forma crítica a representación do feminino, das relacións de xénero e da reprodución. Así, por exemplo, estes estudos puxeron de manifesto o uso sistemático de suxeitos só do sexo masculino para estudos e experimentos de tipo clínico, a selección de poboacións de animais macho-dominantes para modelos de especies en etoloxía, e a atención á actividade masculina (e por tanto a invisibilidade das femias/mulleres) nos protocolos de investigación.

Xa nun contexto máis recente, un caso sobranceiro é a análise da teórica Donna Haraway referida á primatoloxía do século XX, onde pon de manifesto como a ideoloxía dominante inflúe nos estudos con primates, de xeito que se utilizan patróns de xénero sexistas humanos (entendendo que os machos teñen que ser dominantes e as femias pasivas, por exemplo) para analizar as condutas destes animais. Unha análise semellante, pero en estudos biolóxicos sobre diferenza sexual, é a realizada por Helen Longino e Ruth Doell, que amosan novamente as diferentes interpretacións de datos segundo as asuncións ideolóxicas sobre o xénero no mesmo sentido ca nos primates, asumindo *activo* para o masculino e *pasivo* para o feminino. Son numerosos os exemplos de estudos rigorosos deste tipo, moitos deles relacionados coa sexualidade, como veremos máis polo miúdo cando falemos da medicina.

Como diciamos, o cambio de paradigma foi a principal achega dos feminismos á ciencia, e este cambio veu tamén determinado por un interese da ciencia en xeral, e sobre todo da ciencia feminista, de analizar as metáforas e a linguaxe como elemento que conforma as prioridades de investigación. Este tipo de estudos, como o de Nancy Stepan sobre as analoxías entre raza e xénero nas ciencias humanas, explican como as metáforas e as analoxías median o coñecemento científico e fan que nos acheguemos aos fenómenos observábeis dun xeito ou doutro e que as nosas interpretacións se deriven da propia metáfora. Igualmente Londa Schiebinger estuda a relación entre as metáforas que se usan para os seres humanos e aquelas que se usan para definir a taxonomía animal, de xeito que os mamíferos se definen por unha función feminina (a de dar de mamar ás crías) mentres que os humanos-homes (homo sapiens) se definen pola súa intelixencia, creando así mentalmente unha percepción de xénero obvia (as mulleres son mamíferas, os homes, intelixentes).

Resulta tamén interesante conectar estes estudos coas reflexións feitas sobre a discapacidade, por exemplo, coa reflexión de Evelyn Fox Keller e Christine R. Grontkowski no seu artigo «O ollo da mente» sobre a importancia que se lle deu á vista na ciencia fronte a outros sentidos como o tacto. Neste artigo argumentan (como tamén argumentaba Luce Irigaray ao falar da representación da sexualidade) que o sentido do tacto require que ambas as partes se toquen por igual, mentres que a metáfora da visión implica sempre unha xerarquía entre alguén que observa e quen é observada. Todas estas metáforas están cargadas de significados de xénero e de raza onde as outras (mulleres, natureza, comunidades racializadas) son observadas (e por tanto pasivas) polo home branco occidental, o investigador (que ten o poder para describilas). O tacto, pola contra, implica unha relación de igual a igual na que as dúas partes están implicadas e por tanto teñen que recoñecer a súa posición (tanto a investigadora como quen é investigada).

A proposta feminista de cambio de paradigma pasa pola eliminación de tales dicotomías e metáforas, así como por un desenvolvemento responsábel e aberto da ciencia desde a súa situación no social, no tempo e no espazo. A crítica dos feminismos á ciencia en xeral, como din Keller e Helen E. Longino, «non é que a ciencia non conseguise as súas aspiracións tradicionais, senón que estas aspiracións ían desencamiñadas». A interacción entre feminismos e ciencia enfatizou tamén a necesidade de non establecer alternativas únicas, senón de valorar a pluralidade, centrarse na comunidade e na reflexión para desenvolver conceptualizacións alternativas, sen dar por sentado que o que existe até o momento é a verdade. Igualmente Sandra Harding busca unha obxectividade baseada no recoñecemento da posición do suxeito e na inclusión de categorías marxinadas como suxeitos. A xa mencionada Haraway, desde outro punto de vista, proclama que «a obxectividade feminista trata dunha localización limitada e dun coñecemento situado, en lugar de falar da transcendencia e división do obxecto. Permítenos responder ao que vemos».

A análise comezou inicialmente polo estudo da ausencia das mulleres nos campos científicos e foi logo ampliando o seu campo de traballo. Así, os feminismos contribuíron a moito máis que a abrir un campo laboral, aspecto no que tamén destacan autoras como Angela Creager, Elizabeth Lunbeck e Londa Schiebinger, xa que puxeron en dúbida o propio paradigma centrándose no xeito en que este excluíu as mulleres no seu marcado androcentrismo. Os discursos da ciencia nas súas diferentes variantes puxeron no centro do debate o home como modelo (cousa que veremos novamente na medicina) e deixaron as mulleres como as outras, as diferentes, as excluídas. Os estudos da historia da ciencia buscaron recuperar as excluídas, desde as mulleres que fixeron importantes contribucións ao desenvolvemento de diferentes disciplinas e foron eliminadas da historia, até a inclusión da propia experiencia como unha fonte de coñecemento, algo que desde a ciencia patriarcal estaba fóra de toda consideración.

Mais tamén se puxo de manifesto o feito de que a ciencia fose concibida como un paradigma de oposicións entre a mente/cultura e o corpo/natureza, que adoitaban asociarse ao masculino e ao feminino respectivamente e tiñan importantes consecuencias para a construción social do imaxinario. A autora Genevieve Lloyd no seu libro *Home de razón* analiza como a cultura/mente estaban aí para organizar, estruturar e racionalizar, mentres que o corpo/natureza eran o emocional e indómito que cumpría domesticar. Desde a época da Ilustración, no mundo occidental esta dicotomía estivo claramente asociada á dicotomía dos xéneros, amosando os homes como seres racionais e por tanto dotados de dereitos, e as mulleres como seres irracionais que debían ser controladas e dominadas para manter a orde social. Este mesmo paradigma era replicado tamén no caso dos pobos colonizados ou neste momento poscoloniais, que (como as mulleres) representaban o salvaxe, o indómito, o irracional e por tanto tiñan que ser dominados desde o punto de vista económico e militar e tamén desde o propio imaxinario, no que aparecían como seres desprovistos de dereitos. As feministas da ciencia foron capaces de pór de manifesto o uso destes paradigmas e de analizalos no discurso histórico e tamén contemporáneo, e fixeron caer así a carauta da obxectividade e amosaron o androcentrismo e eurocentrismo que se exerce desde discursos aparentemente neutros e que están na base dos sistemas de opresión patriarcal e imperialista.

Xa nos anos 70, Dorothy Smith aclaraba a importancia da posición do suxeito no que se denominou a teoría do punto de vista, a cal enfatizaba a importancia de saber onde se está para ter unha ou outra determinada observación e tamén puña en evidencia como cambian as análises cando o eu supostamente neutro se pon na situación vital das mulleres.

Ademais, as teóricas feministas da ciencia, especialmente as dos países do sur e aquelas vinculadas ao ecofeminismo, puxeron de manifesto formas alternativas de comprender a natureza como un ente vivo e cuestionaron o uso da ciencia e da súa aplicación práctica (a tecnoloxía) para *domesticar* esa natureza. Alén disto, científicas como Vandana Shiva enfatizaron o papel que estes marcos teñen na propia vida práctica das mulleres dos países en vías de desenvolvemento, sobre todo das mulleres tribais, que viven a degradación ecolóxica (coa corta dos bosques, a contaminación das augas ou o uso de auga para a agricultura industrial en beneficio dos capitais foráneos) nas súas consecuencias máis extremas. Estas mulleres tamén ven como as grandes multinacionais lles rouban e patentan o seu coñecemento secular (por exemplo, coa patente de medicamentos por parte de farmacéuticas que basean o seu funcionamento nos remedios tradicionais das comunidades, as cales obviamente non reciben ningunha compensación económica polo seu coñecemento).

O cambio de paradigma científico implica tamén unha análise e práctica diferentes. Así, esta práctica pode conceptualizarse na tecnoloxía e na medicina, que demostraron ser campos onde as interaccións resultan vizosas para os feminismos. En primeiro lugar, no campo da tecnoloxía as estudosas feministas denunciaron a falta de presenza das mulleres no campo tecnolóxico, pero tamén a pouca atención ás súas contribucións, que en moitos casos quedaran no campo do doméstico e como todo o asociado a este, careceran de prestixio social. Foi xa Ruth Schwartz Cowan quen no ano 1967 puxo de manifesto a importancia das mulleres na conceptualización da tecnoloxía desde o punto de vista de ser as súas usuarias concretas. Outras autoras como Judith McGaw apuntaron á construción social da tecnoloxía como algo masculino a través de modelos sociais, imaxes e textos. Esta masculinización, porén, foi un proceso histórico ao que as mulleres se foron resistindo. As feministas foron capaces de desenmascarar esa construción histórica así como de amosar a historia de resistencia a ese discurso androcéntrico, por exemplo recuperando as historias de mulleres como a afroamericana Madame C.J. Walker, que inventou produtos de perruquería, ou a de Josephine Garis Cochran, a inventora do lavalouzas en 1886. Isto vén dicir que mentres a tecnoloxía masculina quería deixar fóra as mulleres, estas loitaron por participar nela, inventando dentro do seu campo coñecido (o doméstico), exactamente igual ca os homes inventores se centraban nos seus campos de experiencia (coa diferenza de que a súa era remunerada e prestixiosa).

En segundo lugar, o caso da medicina é tamén un campo de especial interese para os feminismos, dado que nela conflúen o androcentrismo máis exacerbado e as asuncións de xénero, con intervencións claras nun campo tan delicado como o da saúde. Por exemplo, Emily Martin realizou un estudo sobre os estereotipos de xénero na bioloxía da reprodución sexual, onde concluía que nos libros de medicina universitarios esta se describía mediante representacións dos óvulos como pasivos e do esperma como activo. O claro paralelismo que ten coa expectativa social do comportamento sexual de mulleres e homes, faille concluír a Martin que o imaxinario de xénero ten un forte efecto na propia ciencia. Estudos posteriores demostraron a posibilidade de descubrir novos elementos relevantes na reprodución cambiando o paradigma de pasivo/activo e demostrando finalmente que é en realidade o óvulo o que atrae o esperma, xa que este por si só non sería capaz nunca de alcanzalo ao ter un movemento cara atrás dez veces maior que cara adiante.

A asociación da saúde das mulleres coa saúde reprodutiva é un campo controvertido e de traballo intenso para os feminismos actuais, que buscan un entendemento máis global dos corpos das mulleres. Pero antes de chegar a ese momento, houbo que realizar unha recuperación do corpo das mulleres para o campo da medicina, que comezou por poñelo no centro do paradigma en igualdade de condicións co dos homes, até entón o corpo utilizado por defecto para os estudos científicos. As feministas da medicina puxeron de manifesto a relevancia dos datos desagregados por xénero nos estudos clínicos, dado que pode haber reaccións diferentes a medicamentos ou mesmo síntomas distintos. Caso relevante é o do infarto, onde os síntomas masculinos (dor no brazo e peito) se asumen como universais, provocando a morte de centos de mulleres que non identifican os seus síntomas (sobre todo, dor de estómago) como os do infarto. Tamén puxeron en tea de xuízo a dirección e prioridades da investigación, que tende a centrarse naqueles problemas de saúde que afectan aos homes ricos e en segundo lugar, as mulleres ricas, deixando ás mulleres dos países empobrecidos no último lugar das prioridades. Así, a xinecoloxía segue sendo unha das ramas da medicina máis invasoras e menos desenvolvidas, igual que a malaria é aínda un problema de saúde sen solución malia afectar a millóns de persoas, só que todas elas viven nos países empobrecidos.

Os estudos feministas da medicina romperon con prácticas que hoxe resultan grotescas, pero que eran aceptadas polo discurso médico hai só unhas cantas décadas, como a de practicar histerectomías a mulleres con supostos problemas de saúde mental (de feito, a palabra histerectomía vén de histeria, e esta á súa vez provén de hister –útero–, o que demostra que se consideraba unha enfermidade exclusivamente feminina). No entanto, Carroll Smith-Rosenberg xa en 1972 cuestionaba o propio concepto da *histeria* como patoloxía, definíndoa como unha reacción comprensíbel das mulleres ante unha sociedade que non lles ofrecía poder nin voz. Ademais, como xa comentamos, as feministas comezaron tamén a estudar o corpo como un construto social, o que cambiou moitas das asuncións feitas sobre el até o momento no campo médico.

O campo da saúde reprodutiva segue sendo moi conflitivo. Por exemplo, no campo dos contraceptivos pode sinalarse que, en palabras de Nelly Oudshoorn, «cincuenta anos de experimentación produciron trece formas novas de contraceptivos femininos, pero en catrocentos anos non se desenvolveu nin un método masculino para complementar o preservativo». É dicir, as intervencións contraceptivas considéranse como responsabilidade das mulleres, e esta conceptualización ten por tanto consecuencias sobre como pensamos a sexualidade. As mulleres deben controlar o seu propio corpo moitas veces de xeitos agresivos para poder exercer a súa sexualidade, mentres que se considera que os homes non teñen esa responsabilidade sobre a reprodución e en consecuencia os métodos contraceptivos non se enfocan cara a eles.

Outras áreas de estudo moi relevantes son a xa mencionada e aberta misoxinia da psiquiatría, como vimos na conceptualización das patoloxías femininas que non se contextualizan: mentres que para a depresión masculina sempre semella haber unha *razón* contextual, para a feminina adoitan usarse argumentos de tipo *biolóxico*, que obvian as circunstancias de vida frustrantes de moitas mulleres na sociedade actual. Tamén relevante é o feito de que as mulleres só entrasen no discurso da prevención da SIDA como prostitutas e por tanto transmisoras da enfermidade, ou non hai moito tempo como vítimas das súas relacións maritais cos homes.

Así, podemos comprobar as importantes consecuencias da conceptualización da ciencia nas vidas diarias e nas condicións de produción, que diría o marxismo, das mulleres. A ciencia feminista busca pór en cuestión o paradigma patriarcal da ciencia. Este resístese e ataca, mais agora son xa demasiadas as probas na súa contra.

2. FEMINISMOS E ECONOMÍA

As aproximacións dos feminismos á economía novamente presentan diferentes niveis de interaccións, que cómpre entender desde o punto de vista dunha traxectoria histórica na que as feministas buscaron inscribir as mulleres no discurso económico e tamén transformalo. Algunhas das cuestións que hoxe se debaten na economía en xeral son o resultado destas loitas e da busca dunha conceptualización axustada xa non só ás necesidades das mulleres, senón a unha sociedade máis igualitaria.

O interese por coñecer algúns datos sobre a situación das mulleres desde o punto de vista da economía comeza xa cos debates sobre a desigualdade salarial promovidos pola sufraxista británica Millicent Fawcett no 1918. As teorías de Fawcett centrábanse nos problemas de desigual salario por desiguais condicións de competencia, o cal quería dicir que as mulleres tampouco podían acceder a un igual salario porque as súas condicións sociais non lles permitían traballar nas mesmas condicións ca os homes. A súa teoría atraeu a atención de diferentes economistas homes da súa época, pero foi logo transformada en occidente, como explica Janice Madden, por unha análise do mercado capitalista onde as circunstancias da construción social do xénero non se tiñan en conta. O tema da desigualdade salarial foi central nestes primeiros debates, tanto nos anos 30 como tamén posteriormente nas décadas dos 60 e 70.

Se cadra a partir destas reflexións, xa nos anos 50 o interese da economía patriarcal occidental (sobre todo estadounidense), tamén comezou a tentar analizar a participación das mulleres no mercado laboral, sobre todo pola sorpresa que provocaba nos economistas patriarcais o feito de que neses anos de bonanza económica as mulleres saísen do fogar para traballar, algo que era contrario á lóxica patriarcal, aínda que entre outros factores tiña que ver coas baixas producidas na Segunda Guerra Mundial. A ilóxica resposta patriarcal manexada naquel momento defendía que as mulleres traballasen fóra porque ao haber mellores salarios, ficar na casa era un custo de oportunidade (é dicir, entendíase como deixar de gañar un diñeiro que estaba na sociedade). Isto denominouse efecto de substitución, e foi defendido por economistas como Jacob Mincer. Mais a esta situación seguiuna un regreso ao fogar, efecto que inspiraría nos anos 60 a obra da xa mencionada Betty Friedman *A mística feminina*.

Nos anos 60 as teorías patriarcais seguiron evolucionando aínda máis no que se denominou a *Nova Economía Doméstica*, que era o marco onde se encadraban este tipo de análises. Á cabeza desta teoría estaba o premio Nobel Gary Becker, que asumía unha serie de relacións equilibradas dentro da familia, e sobre todo reforzaba sen criticar o modelo ideal segundo o cal os homes tiñan que traballar fóra da casa e as mulleres no fogar, entendendo que esa era a tendencia desexábel da sociedade, polo que cumpría buscar explicacións para as anomalías (principalmente que as mulleres saísen ao mercado laboral).

Este tipo de teorías, xa criticadas duramente polas feministas, levaron a que estas propuxesen novos marcos de análise, sobre todo desde puntos de vista como o marxismo ou o chamado marco institucional. O marxismo ofrecía a vantaxe de poder centrarse na desigualdade de poder, aínda que tivo que ser amplamente revisado desde os feminismos. O debate centrouse sobre todo na contribución do traballo doméstico á economía como fonte de mantemento e reprodución, pero tamén en analizar a división desigual do traballo dentro do fogar. Esta análise aplicouse así mesmo aos países en vías de desenvolvemento, estudando a concentración das mulleres no traballo non remunerado ou de moi baixa remuneración.

En segundo lugar, a teoría do marco institucional axudou tamén a entender certas relacións máis de tipo macro, como a visión histórica da creación do mercado e da segregación dentro deste. Autoras como Ann Jennings aproveitaron máis tarde este marco para poder analizar as diferenzas culturais que existen nos diferentes sistemas económicos e a importancia dese contexto histórico e cultural para entender as desigualdades das mulleres.

Aínda así, os anos 70 non viron un cambio de paradigma real desde o punto de vista feminista, dado que os temas e as ferramentas seguían estando limitadas ás existentes na economía patriarcal. Cómpre sinalar aquí a contribución fundamental de Amartya Sen a un novo entendemento do fogar, que abriría logo moitas portas ao traballo das feministas. Sen desenvolveu o chamado modelo de negociación, no que se ven as dinámicas domésticas dun xeito moito máis realista, entendendo a familia como un lugar de conflitos cooperativos. Grazas a esta teoría, que definía moito mellor as complexidades das relacións que acontecen dentro do fogar, as feministas puideron utilizar tamén a capacidade de actuación das mulleres (é dicir, a súa capacidade de negociar), o cal puxo un chanzo para o desenvolvemento do concepto de empoderamento, que busca recoñecer as capacidades existentes nas mulleres, ademais de abrir novos espazos. Aínda que Sen inicialmente non deseñou a súa teoría para o xénero, esta si foi utilizada por moitas teóricas como Lourdes Benería e Bina Agarwal e o propio Sen centrouse con máis intensidade neste tema anos máis tarde. El mesmo recoñece que «os conflitos de interese entre homes e mulleres non son como outro tipo de conflitos, como os de clase» xa que os primeiros permanecen en todas as clases sociais e en características sociais diversas, e por tanto requiren outro tipo de enfoques.

Foi nos anos 90 cando se deu o cambio máis importante para a economía feminista, e tamén cando se comezou a propor un cambio de paradigma máis fondo. Isto foi debido, entre outras cousas, á aparición das teorías posmodernas que chamaban por unha análise dos propios conceptos e lugares de poder, e sobre todo polo uso e evolución do termo xénero que se constituíu nunha ferramenta fundamental de análise económica ao deixar de centrarse nas mulleres e pasar a falar de relacións de poder desiguais.

No ano 1992 créase a Asociación Internacional de Economía Feminista (IAFFEE) e a partir de aí son moitas as contribucións que se van establecendo. En primeiro lugar, as feministas céntranse en analizar a construción social da economía como disciplina, deconstruíndo as teorías patriarcais e as súas metáforas. Deste tipo de traballo nacen as críticas de Diana Strassmann sobre a «focalización androcéntrica e occidental no eu e na capacidade de acción individual» das teorías económicas clásicas. Outra corrente de estudo da economía feminista ten que ver coa posta en dúbida da situación central da elección individual como cuestión central da economía. Pola contra, as feministas presentaron como obxectivo da economía proporcionar benestar individual e colectivo, e dentro desta tendencia desenvolveron o concepto *traballo do coidado*, que sobre todo pon de manifesto aqueles traballos non remunerados que realizan principalmente as mulleres e que son fundamentais para o funcionamento das sociedades. Neste sentido, as feministas analizaron as políticas relacionadas coa familia dun xeito crítico, buscando dar valor a ese traballo do coidado como algo que debe ser compartido pola sociedade en xeral (é dicir, tamén polos homes). As feministas, claro está, analizan ademais cuestións microeconómicas como a desigualdade de acceso ao mercado ou a desigualdade salarial das mulleres como xa se fixera anteriormente, pero desta vez criticando as asuncións preestabelecidas das teorías patriarcais e presentando modelos de interaccións máis complexas. Así, o tema da desigualdade laboral pasa a verse como un problema de igualdade de oportunidades, co cal o importante é crear na sociedade un acceso igualitario ao mercado, que á súa vez implica modificar toda a construción do xénero existente. Isto leva tamén a que se promova falar do traballo desde o punto de vista multidisciplinar, coas ciencias sociais, a historia, etc.

Non podemos esquecer que a propia conceptualización desta participación das mulleres no mercado é analizada polos feminismos como un uso das sociedades patriarcais que estas promoven ou rexeitan dependendo das súas necesidades. Por exemplo, para o ideal de muller burguesa, o traballo fóra da casa non debía existir, e intentábase utilizar este modelo como un xenérico ideal de muller que en ningún caso tiña nada que ver coas condicións das mulleres de clase traballadora que durante toda a historia xa traballaran fóra da casa. Así, a loita por acceder ao mercado laboral das mulleres de clases acomodadas víase como un avance para a igualdade, mentres que para moitas mulleres das clases traballadoras o obxectivo era saír do traballo remunerado como un sinal de estatus, nunha tendencia que segue a funcionar na actualidade en moitas sociedades. Igualmente, tales perspectivas invisibilizaban certos procesos, como a necesidade das sociedades capitalistas de depender do traballo doméstico remunerado que realizan mulleres de clase traballadora ou, na actualidade, mulleres inmigrantes. Tamén invisibilizan outros procesos na outra punta da escala, como o fenómeno do teito de cristal, polo cal as mulleres non poden alcanzar os postos de poder máis altos tanto por condicionantes sociais (renunciando a aspectos da vida privada ou asumindo a competitividade masculina para poder acceder ao poder), como sobre todo por condicionantes das propias empresas e institucións (coñecido é o caso das altas directivas do UBS Warburg que denunciaron ao banco por sexista dado que, ademais de levar anos sen ascendelas, as excluían dos procesos de negociación que adoitaban facerse en clubs de alterne).

Igualmente, en situacións de guerra as mulleres son convocadas como man de obra, para logo ter que regresar ao seu fogar con medidas máis ou menos coercitivas. Esta situación, amplamente estudada en occidente durante sobre todo a Segunda Guerra Mundial, non se diferencia en absoluto da doutras sociedades non capitalistas onde tamén se dan procesos de reconstrución tras as guerras. Como indican as feministas que estudaron diferentes conflitos bélicos en África, ao remate das guerras téndese a devolver as mulleres ao seu lugar doméstico e subordinado, un proceso que comeza normalmente nas propias negociacións de paz, das cales as mulleres xa fican totalmente excluídas.

Cómpre ter en conta tamén nesta análise que a maioría das teorías económicas que se manexan a nivel internacional fóra dos feminismos, coa significativa excepción das de Amartya Sen e recentemente coas aplicacións de Mohammad Yunus, adoitan partir de occidente e logo imporse ao resto de sociedades, cos problemas que isto implica de neocolonización e falta de adaptación ás condicións locais. As teorías económicas feministas reaccionaron maioritariamente ante ese marco occidental e ante as análises que, por exemplo, só se centraban en ver as mulleres como forza de traballo ou analizaban a desigualdade salarial sen ter en conta outros factores de tipo social.

Desde o punto de vista macroeconómico, como veremos na sección dedicada ás relacións internacionais, as feministas foron capaces de incidir no marco que regula a axuda oficial e as políticas de cooperación, que a fin de contas están baseadas en conceptos económicos occidentais e que cómpre ir modificando se realmente o obxectivo é rematar coa pobreza, e sobre todo coa pobreza que afecta ás mulleres. Igualmente, as análises do traballo do coidado levaron a pór en dúbida os sistemas de medición da pobreza e da riqueza, deixando de conceptualizar as mulleres que están na casa como *inactivas* (cousa que tamén acontece en occidente coas medicións do paro, onde é frecuente escoitar que «baixa o paro, pero sobe o das mulleres»). O estudo dos Plans de Axuste Estrutural amosou tamén o impacto daniño destas políticas macroeconómicas nas circunstancias de vida das mulleres principalmente (pero non só) nos países do sur.

Ademais destes aspectos, hai que sinalar que a gran maioría das feministas que traballan en economía son profundamente contrarias ao capitalismo por ver nel un sistema de desigualdade que afecta ás mulleres en todo o mundo, e por tanto buscan alternativas macroeconómicas a este sistema (aínda que existe algunha excepción, como a teórica Dierde McCloskey). En paralelo, os feminismos tampouco se deixan convencer por certas alternativas que veñen cargadas co mesmo tipo de división de xénero, e en consecuencia procuran integrar elementos do marxismo, do ecoloxismo e doutras correntes diversas nas súas teorías, traballando desde un enfoque descentralizado e de abaixo a arriba para deseñar eses modelos que realmente poidan cambiar o paradigma económico.

Nos últimos tempos as feministas centráronse tamén na análise dos mercados, poñendo de relevancia os efectos do marco patriarcal sobre as mulleres (precariedade, discriminación, sobrecarga laboral), así como na análise dos fluxos de capital. No primeiro campo, UNIFEM promoveu desde os anos 90 unha rede chamada Rede Internacional de Xénero e Comercio para promover a participación das mulleres nas negociacións de acordos de comercio internacionais. No segundo, as teóricas traballaron a relación entre os mecanismos de crédito e fluxo de capital e os seus impactos no eido doméstico. Así, concluíron que as crises financeiras e económicas padécenas especialmente as persoas máis vulnerábeis, e en concreto por certos grupos de mulleres, que deben realizar máis traballos (tanto remunerados coma non remunerados) para manter a orde social capitalista, cuns custos invisíbeis que non adoitan entrar nos cálculos económicos.

A relevancia que as teorías feministas na economía teñen para o benestar das sociedades é indubidábel. O esforzo queda agora en facer ouvir as voces destas teóricas nos foros onde se toman as decisións (Banco Mundial, Fondo Monetario, etc.), lugares profundamente masculinizados e impermeábeis a reivindicacións deste tipo, pero que pouco a pouco teñen que ir cedendo en certos aspectos debido á solidez das teorías desenvolvidas polas economistas feministas.

3. FEMINISMOS E RELACIÓNS INTERNACIONAIS

A disciplina das relacións internacionais e as actividades que se realizan ao abeiro de tal denominación son un aspecto se cadra pouco estudado e contemplado socialmente, pero que marca a vida das persoas dun xeito invisíbel aínda que determinante. As críticas feministas a esta disciplina poden agruparse en tres: primeiramente, a análise da ausencia das mulleres neste campo; en segundo lugar, a posta en cuestión dos propios conceptos manexados pola disciplina (como seguridade e desenvolvemento); e finalmente, as críticas á cooperación internacional como parte dese contexto nunha análise tanto económica como política da intervención dos estados ricos na vida das persoas, e máis en concreto das mulleres, nos países pobres.

O campo das relacións internacionais é sen dúbida un dos máis masculinizados da esfera social. A presenza de mulleres nos lugares de toma de decisión adoita ser máis ben escasa e ademais a propia linguaxe política utilizada neste campo tende a ser contraria aos valores defendidos polos feminismos desde diversos países. Así, a ausencia das mulleres dos campos de toma de decisión internacionais fai que os intereses do 50 por cento da humanidade queden de forma recorrente nun segundo plano, e tamén provoca que os conceptos manexados nestes campos estean recorrentemente en relación coa violencia e coa necesidade de marcar o *inimigo*, nunha visión maniquea do bo e do malo que está moi lonxe da complexidade de análise feminista. Malia as decisións políticas de alto nivel iren excluíndo as mulleres de xeito recorrente, o movemento feminista en todo o mundo tentou sempre estar presente e incidir nas decisións adoptadas polos estados en diversos foros. Xa no ano 1919 as mulleres europeas celebraron o seu Congreso Internacional de Mulleres, que transcorreu en paralelo aos acordos de Versalles.

As análises feministas non só recuperaron esta historia das relacións internacionais promovidas polos moitos (como xa vimos noutras seccións deste volume) encontros internacionais feministas, senón que se centraron tamén na análise crítica de diversas cuestións, como os modelos de mulleres aceptados polo poder ou a diferente valoración das mulleres fronte aos homes cando estas ostentan cargos de poder público. Este debate desmontou aqueles discursos que utilizaron figuras de mandatarias como Margaret Thatcher ou Imelda Marcos para pór de manifesto o que *facían as mulleres* ao chegar ao poder, pois por unha banda estes discursos asumían que todas as mulleres ían ter preocupacións sociais (así se agarda dunha socialización para sermos nais e coidadoras), e pola outra utilizaban a xestión dunha muller para desacreditar a todas (ninguén comenta que por que Ronald Reagan fose un mandatario conservador todos os homes vaian imitalo). Este discurso actualízase unha e outra vez, como se pode ver nos debates das políticas de paridade nos gobernos, onde semella que as mulleres que son ministras só chegaron aí por ser mulleres e non por teren unhas carreiras tan válidas ou máis ca as dos seus compañeiros ministros.

Igualmente os feminismos analizan o xeito en que as mulleres que están no campo da política son tratadas polos medios, onde adoitan comentarse cuestións como a súa vida familiar (un caso sobranceiro recente foi o embarazo da Ministra de Defensa española Carme Chacón) ou a súa vestimenta e maior ou menor feminidade (como no caso da chanceleira alemá Angela Merkel). Estas reflexións están ademais vinculadas ás críticas aos propios conceptos manexados polas relacións internacionais, que moitas veces asumen que as mulleres están asociadas á paz de forma acrítica sen ter en conta a participación das mulleres nas guerras. Isto é algo que acontece tamén nalgunhas correntes feministas.

Segundo a teórica Mary Burguieres existen tres enfoques feministas para analizar a relación entre as guerras/a paz e as mulleres: o primeiro acepta os estereotipos patriarcais de belicosidade masculina e pacifismo feminino sobre todo utilizando a maternidade como argumento para este suposto pacifismo das mulleres; outra postura rexeita esta noción de diferenza por sexo e busca o dereito das mulleres a participar en igualdade en todo, tamén na guerra; e finalmente, a terceira postura ataca o militarismo rexeitando ambos os estereotipos e argumentando, como di Burguieres, que «a guerra está enraizada nas estruturas patriarcais militares que se apoian no comportamento tanto de homes como de mulleres». Esta última postura sería a máis coherente coas visións feministas que presentan o xénero como categoría de análise dunha construción social, que non se centra en debater valores absolutos para homes ou mulleres polo mero feito de selo, senón que entende que tanto homes como mulleres contribúen á construción sexista da sociedade (ou á súa transformación). De feito, na actualidade a guerra (en concreto as promovidas por occidente, como a invasión estadounidense de Iraq ou Afganistán) ten moi pouco que ver co concepto patriarcal do masculino como algo físico, como comenta Sara Ruddick, e moito máis coa capacidade para manexar un ordenador.

Estas teorías veñen reforzadas polo estudo da teórica Jean Bethke Elshtain, *Mulleres e guerra*, que amosa as complexas relacións das mulleres coas guerras en diferentes contextos. Este tipo de textos axudaron tamén a manifestar a ausencia do doméstico na política internacional, algo que resume a frase desta mesma autora segundo a cal na teoría e práctica das relacións internacionais «non nacen nunca crianzas, non morre nunca ninguén neste mundo construído. Hai estados e iso é todo». Igualmente a análise da linguaxe da seguridade abriu amplos campos de estudo para os feminismos, ao analizar as implicacións dunha linguaxe que deturpa o tradicionalmente feminino (no que se inclúen valores como o diálogo, tan fundamental para a paz) para exaltar o tradicionalmente masculino e violento, reforzando os papeis asumidos para homes e mulleres no público e no privado.

Un dos conceptos centrais das relacións internacionais, reforzado despois do 11 de setembro, é o da seguridade. Este concepto foi evolucionando desde a Segunda Guerra Mundial, despois da cal a violencia víase como algo endémico ao sistema de relacións internacionais e buscábanse vías para controlala. Estudos como o de Cynthia Enlow titulado *Bananas, praias e bases* axudaron a pór de manifesto como esa alta política de defensa ten directamente que ver con aspectos como a prostitución (cuestión que sinalamos era central para o movemento feminista en lugares como Xapón, coa presenza de bases estadounidenses) ou a vida doméstica, que debe ser dominada (e en extensión as mulleres) para que os homes poidan seguir xogando á guerra. As críticas feministas á seguridade falan tamén da violación da intimidade cos novos sistemas de control da cidadanía, cuxo suposto fin é protexela, e tamén resaltan os tipos de violencia de xénero especificamente ligadas a este concepto, como as violacións de guerra, as mulleres como botín ou a exclusión dos procesos de paz. Este tipo de análises resultan de extremo interese, por exemplo os traballos de Ann Tickner sobre a división público/privado para perpetuar a violencia a nivel internacional, nacional e familiar coa creación de espazos fóra da lei (o fogar ou Guantánamo).

Igualmente son relevantes as análises sobre o propio estado, que teóricas como Spike Peterson contemplan como un lugar onde se crean a violencia e a discriminación con conceptos como traballo feminino ou o culto á maternidade. Outras autoras como Judith Stiehm argumentan que o estado conceptualiza sempre as mulleres como *protexidas* e nunca como *protectoras* da sociedade, mesmo se quen exerce esa suposta protección adoita ser quen agride. Os intentos de protexer de ameazas externas adoitan rematar sendo unha fonte de restrición de liberdades sobre todo das mulleres, como amosan multitude de situacións no mundo, desde a de oriente medio á mentalización contra o terrorismo islámico en occidente. Por suposto, estes debates están directamente relacionados cos relativos á violencia e a súa reconceptualización desde os feminismos como algo estrutural.

Mais a seguridade e o militarismo non son a única cara das relacións internacionais. Hai outra se cadra menos evidente, pero que ten igualmente un impacto desmedido na vida da maioría das mulleres do mundo: a cooperación internacional. A través dela os estados ricos organizan a diferentes niveis a vida das comunidades empobrecidas, que a miúdo cómpre lembrar que constitúen a maioría de persoas que viven no mundo. Por tanto, a maioría das mulleres do mundo vense afectadas por estas políticas, tal e como comentamos no caso da África subsahariana, un dos lugares onde máis se nota o impacto deste tipo de negociacións de alto nivel. A cooperación internacional naceu a finais da Segunda Guerra Mundial como unha constatación da desigualdade económica, que naquel momento se comprendía como algo que podía resolverse cunha transferencia de fondos. A evolución no pensamento sobre cooperación internacional puxo de manifesto que o que subxace á pobreza é un problema de tipo político e que a súa solución resulta moito máis complexa ca un mero transvase de fondos e recursos onde, ademais, se poñen de manifesto as hipocrisías do sistema cando a axuda vai de norte a sur con escasa participación da segunda parte, mentres que os cartos, as materias primas e a man de obra barata van de sur a norte nunha proporción moito máis elevada. Se se actuase de forma correcta sobre o fluxo de cartos (coa condonación da débeda externa, por exemplo), de materias primas (a través das empresas occidentais que se asentan nos países para extraer petróleo ou minerais) e de man de obra barata (a través da explotación de multinacionais *in situ* ou co traballo das e dos inmigrantes), seguramente a axuda ao desenvolvemento deixaría de ser necesaria. Igualmente as políticas de axuda definidas polo norte adoitan marcar cuestións da vida diaria das comunidades. Un caso sobranceiro é o cambio de políticas de prevención da SIDA desde a entrada de Bush no goberno estadounidense, que fixo que na maioría dos países do sur, dependentes da axuda estadounidense, se promovese a abstinencia e non os preservativos como medida prioritaria de prevención da SIDA.

Neste complexo marco de relacións, as feministas do norte e do sur teñen traballado duramente para estabelecer as mulleres no debate e para pór en cuestión os conceptos manexados, como as visións puramente economicistas da pobreza. A dicir verdade, a mera aparición das mulleres no campo da cooperación, algo que hoxe en día parece evidente só observando as cifras de pobreza e outros indicadores moi básicos como o analfabetismo ou a saúde, resulta un feito recente. Por dicilo de forma sinxela, até os anos 70 ningunha das partes implicadas na cooperación internacional (ONU e as súas axencias, estados, Banco Mundial, Fondo Monetario Internacional, ONGs) daba importancia á situación das mulleres na cooperación ao desenvolvemento, e simplemente asumían que se a sociedade en xeral melloraba, a situación das mulleres melloraría por extensión. Porén, o estudo fundamental de Ester Boserup sobre diferentes proxectos financiados por instancias internacionais en diferentes países puxo de manifesto que as intervencións realizadas até aquel momento non só non axudaran a mellorar a situación das mulleres, senón que en moitos casos as prexudicaran gravemente, como por exemplo no acceso á terra en África, onde a introdución de tecnoloxía abrira enormes fendas entre homes e mulleres no eido produtivo. O estudo de Boserup foi crucial para pór en marcha un proceso, aínda que neste momento a prioridade era introducir a variábel de sexo nalgunhas análises económicas concretas, sen que isto significase nin un cambio de paradigma nin unha constatación da desigualdade de xénero. Mesmo esa cuestión tan simple, a de recoller datos desagregados por xénero, segue hoxe en día sen conseguirse plenamente. Sobre todo a raíz dos problemas detectados no traballo en cooperación ao desenvolvemento quedou patente que non facer unha medición desagregada por xéneros ocultaba situacións de terríbel desigualdade e mesmo agochaba aspectos económicos contraditorios (como que nalgunhas sociedades o aumento de ingresos pode supor unha peor situación para as mulleres, como demostraron Amartya Sen e Jean Drèze no caso da India, onde nas clases medias había maior perigo de feticidio/infanticidio).

Outros aspectos defendidos polas economistas feministas en relación cos datos seguían marcando a importancia destes non só como información, senón como información crítica que amosase as desigualdades existentes entre homes e mulleres. Así, ademais de recoller datos desagregados por xénero, as feministas comezaron tamén a demostrar con eles que medicións tradicionais da riqueza como os ingresos por familia ou o produto interior bruto non eran útiles para medir a situación das mulleres. Por unha banda, os ingresos por familia non amosaban as desigualdades internas desta unidade de persoas, o cal podía deixar a algunhas das súas integrantes na pobreza absoluta (imaxinemos que os ingresos dunha familia son unha certa cantidade, pero que esta cantidade só está en mans do home, que non a inviste no resto das persoas que compoñen a unidade familiar; entón, malia os ingresos, esa familia viviría na pobreza). Pola outra, as feministas demostraron como a medición do PIB para amosar o desenvolvemento dos países era unha medida falaz, dado que por exemplo pór en marcha unha fábrica de pasta de papel podería incrementar o PIB dunha rexión, pero deixaría na pobreza as mulleres que vivisen do bosque, sen ter en conta outros efectos ambientais globais máis amplos.

Esta serie de traballos e reivindicacións levaron a que as Nacións Unidas incluísen en 1995 dous medidores novos no Informe de Desenvolvemento Humano: o índice de desenvolvemento relativo ao xénero (GDI) e a medición do empoderamento de xénero (GEM). Estes dous indicadores están en permanente debate, pero polo menos amosan o impacto das economistas feministas no panorama internacional. Do mesmo xeito, grazas ao traballo destas teóricas púidose constatar o impacto terríbel das políticas de axuste estrutural sobre a vida das mulleres, que tiveron que asumir os custos do desartellamento dos servizos sociais públicos, unha das medidas impostas polo Banco Mundial aos países que supostamente tiñan que mellorar o seu rendemento económico e que levou a catástrofes como a de Arxentina nos primeiros anos do século XXI.

Na cooperación ao desenvolvemento considérase que existe unha primeira fase despois do estudo de Boserup na que, tras a constatación do diferente impacto da pobreza (e das medidas para a súa suposta erradicación) en homes e mulleres, se decidiu que era importante que as mulleres se integrasen no desenvolvemento cun enfoque que se denominou muller e desenvolvemento, e que sobre todo se centraba en que as mulleres participasen do eido produtivo e nos procesos de toma de decisións. Mais este enfoque amosou ser insuficiente, xa que nel o privado quedaba fóra (unha muller podía aumentar os seus ingresos pero isto non implicaba que tivese control sobre eles, por exemplo) e ademais non entendía nin a pobreza nin o desenvolvemento de forma crítica, senón que asumía as perspectivas xa dadas e que tan nocivas foran para as mulleres.

Así, nos anos 90 aparece con forza o enfoque de xénero como unha maneira de entender a cooperación traballando a erradicación da desigualdade de xénero, que se ve na base de toda a estrutura de pobreza global. Neste caso a énfase xa non estaba nas mulleres, senón nas estruturas de poder desigual entre estas e os homes, e por tanto chamaba a unha transformación social que tiña que afectar non só as comunidades do sur que ían participar en proxectos concretos, senón a todo o marco da cooperación internacional. Así, o obxectivo do enfoque de xénero impregna todo, desde as estruturas das organizacións até os xeitos de facer cooperación, incluíndo abofé unha crítica ao silenciamento das voces e coñecementos das mulleres do sur, que se ven asoballadas polas metodoloxías impostas polos gobernos e institucións do norte. Á súa vez, estas medidas impostas van desde as metodoloxías de planificación (impostas polas instancias financiadoras), até as propias tecnoloxías importadas non sustentábeis (como a imitación do modelo occidental de xestión de auga, que é a todas luces inviábel a nivel planetario e que debe modificarse na súa aplicación en occidente, en lugar de aínda por riba *exportarse* ao resto do mundo). O enfoque de xénero deixa de ver as mulleres como beneficiarias (que era o que facía o enfoque de muller e desenvolvemento) para velas agora como partícipes activas, algo até o momento non asimilado, como ben comentan Amartya Sen e Jean Drèze: «o poder de actuación das mulleres como forza de cambio é un dos aspectos menos tratados dos estudos sobre desenvolvemento».

O enfoque de xénero, porén, foi asimilado dunha forma moi parcial e mediocre por parte tanto das instancias gobernamentais coma das non gobernamentais. O principal problema reside en que o enfoque de xénero é un concepto feminista e político e como é máis que manifesto, as organizacións que traballan en cooperación internacional están bastante lonxe deste tipo de compromiso. Así, xa no ano 1997 Sally Baden e Anne Marie Goetz criticaban a despolitización do termo xénero no seu artigo «Quen precisa [sexo] cando temos [xénero]?», no que explican como o concepto xénero pasou a ser sinónimo de mulleres e se converteu simplemente nunha metodoloxía técnica que se esixe na redacción de proxectos, unha palabra de moda que debe incluírse sen asimilar realmente o que significa. Así, proliferan os másters de xénero e desenvolvemento onde se poden aprender técnicas (como a matriz de acceso e control de recursos e beneficios ou como as ferramentas de xénero no marco lóxico) que non deixan de ser tecnificacións da análise da participación das mulleres na economía produtiva ou da súa participación e consideración nos procesos de planificación, cuestións que caen no máis básico sentido común feminista. Por sorte son moitas as organizacións do sur e algunhas do norte que conseguen estabelecer alianzas e realizar un traballo conxunto desde bases feministas e que dan unha esperanza á cooperación internacional que se desenvolve fóra dos espazos oficiais.

As feministas do norte e do sur adoitan ser críticas con este tipo de apropiacións e burocratizacións en todos os campos pero sobre todo neste, onde en especial as feministas do sur reclaman a sinxeleza como valor participativo, algo que está moi lonxe de tantas ferramentas e discursos pseudocientíficos no campo da cooperación ao desenvolvemento, que o único que fan é manter o control das decisións nas mans das institucións do norte. As críticas adoitan centrarse na propia filosofía que subxace a este tipo de ferramentas, como por exemplo o marco lóxico, a metodoloxía imposta por todos os axentes doadores do norte ás organizacións de base –un complexo sistema e formulario de planificación e avaliación–, que é en realidade un instrumento de planificación militar, desenvolvido polo exército dos EUA, que agora semella ser a resposta ao xeito de traballar en cooperación.

Aínda así, a introdución do enfoque de xénero tanto nas relacións internacionais coma na cooperación ao desenvolvemento ten un traballo longo aínda por diante, pero tamén unha historia sólida por tras, na que o traballo teórico (por exemplo das economistas feministas para pór de manifesto o diferente impacto da pobreza nas mulleres) e o activismo abren unha porta a un cambio neste eido que afecta de xeito tan directo ás vidas de millóns de mulleres en todo o mundo.

4. FEMINISMOS E LINGÜÍSTICA

Durante séculos as correntes normativas da lingüística definiron a linguaxe como un conxunto de signos arbitrarios que, en diferentes idiomas, reflicten a realidade de forma transparente e neutra. A partir dos anos 70, porén, novas achegas filosóficas provocaron un punto de inflexión no estudo de todas as ciencias humanas ao pór en evidencia que a realidade non existe como tal, senón que o que existe é a nosa visión da realidade mediatizada pola linguaxe que usamos para falar dela: isto é, as nosas mentes só acceden a imaxinar a realidade a través da linguaxe, que deste xeito se converte en peza clave reguladora das nosas condutas e pensamentos.

Quedou así ao descuberto o potencial da lingüística como obxecto de estudo para os feminismos, os cales propiciaron case en paralelo o desenvolvemento de análises sobre a intersección linguaxe e xénero, que quedaron formalmente inaugurados no mundo occidental coas influentes obras de Robin Lakoff *A linguaxe e o lugar da muller* (1975) e de Dale Spender *A linguaxe feita polo home* (1980). Ao longo do tempo os diferentes feminismos (con orixes e obxectivos dispares) abordaron a relación linguaxe e xénero desde distintos enfoques, de maneira que contribuíron a enriquecer as dúas grandes liñas de investigación da lingüística feminista: o uso lingüístico ou maneira de falar de mulleres e homes, e a reprodución social do xénero a través da súa representación da linguaxe nos diferentes idiomas.

Na primeira liña de estudo, os feminismos examinaron até que punto os papeis de xénero poden influír nos comportamentos lingüísticos de mulleres e homes. Con este propósito proliferaron traballos contrastivos entre os padróns conversacionais de homes e mulleres, que polo xeral coincidían en concluír que existían diferenzas de xénero no uso dos recursos lingüísticos dispoñíbeis. No que non coincidían era en atribuír as causas desas diferenzas. Lakoff defendía o enfoque do déficit para xustificar que o uso lingüístico das mulleres era deficitario en relación ao dos homes por mor da temperá socialización das mulleres nun rol de xénero inferior (o cal explicaría a fala das mulleres como caracterizada pola inseguridade, *coletillas* interrogativas, rodeos eufemísticos, etc.). Pola contra, Spender avogaba polo enfoque do dominio para explicar como nos diálogos mixtos os homes dominaban a conversa interrompendo ás mulleres ou non respectando as súas quendas de palabra, polo que o xénero era (por riba da clase social, ocupación, etc.) determinante na forma de falar. As lingüistas que mantiñan calquera destes dous enfoques, reiteraban que a opresión de xénero se producía tamén a través do mecanismo da linguaxe, algo que non tiña por que acontecer obrigatoriamente segundo o terceiro modelo ou enfoque da diferenza cultural. Este último sostiña que mulleres e homes utilizamos estilos comunicativos distintos porque durante a infancia nos desenvolvemos en subculturas sociolingüísticas diferentes para cada sexo (o que en última instancia acaba provocando a falta de entendemento entre mulleres e homes) e deste xeito autoras como Deborah Tannen avaliaban positivamente e reclamaban os supostos trazos distintivos da fala das mulleres.

Aínda que as autoras mencionadas traballaron todas coa lingua inglesa, estes estudos foron paralelos a outros realizados noutros moitos idiomas. Xa mencionamos por exemplo a importancia que o estudo da linguaxe tiña no caso de Xapón, coa existencia dunha *linguaxe das mulleres* caracterizada por trazos excesivos de submisión da muller cando fala, amplamente estudada por autoras como Ide Sachiko. De forma semellante, outras investigacións puxeron de manifesto como en moitas das linguas indias, as mulleres utilizan un *nós* plural para falar de xeito individual, como forma de abaixarse socialmente. Foron moi importantes tamén as investigacións noutras linguas africanas, que toman como base estas ideas dunha linguaxe masculina e feminina e tentan buscar unha explicación axeitada ao contexto cultural correspondente.

Na última década, e en consonancia coas propostas posmodernas que rexeitan a categoría xénero como algo pechado polo seu esencialismo implícito ao evocar a idea dun único tipo de muller, os estudos sobre os padróns de conversa de mulleres e homes comezaron a incluír entre as categorías de análise outras variábeis alén do xénero, como por exemplo a idade, a comunidade lingüística, a educación, a clase social, etc., e deixaron de considerar a mulleres e homes como pertencentes a grupos homoxéneos. Os resultados destas novas pescudas apuntan a que as diferenzas de xénero no uso lingüístico, malia existir en certa medida, non serían tan esaxeradas, senón que dependerían máis doutros factores específicos a cada comunidade de práctica na que interveñan as e os interlocutores (entendendo unha comunidade de práctica, como propoñen Penelope Eckert e Sally McConnell-Ginet, como un grupo de persoas unidas por uns determinantes comúns que desenvolven e comparten un xeito de facer as cousas, de falar ou de pensar, isto é, un xeito de desempeñar as prácticas). Isto imposibilita facer afirmacións globais sobre a forma de falar de todas as mulleres do mundo en contraposicion á forma de falar de todos os homes como grupo social. No entanto, centrarse unicamente no local e individual invalida o proxecto político dos feminismos, polo que desde os feminismos da linguaxe máis actuais se propoñen analizar as formas complexas nas que a linguaxe reflicte a interacción do xénero con outras categorías, para posteriormente poder facer lecturas políticas.

A segunda área de estudo da lingüística feminista centrouse en explorar a construción social do xénero a través da linguaxe en diferentes idiomas, pois dado que a nosa mente imaxina a realidade a través da linguaxe, a presentación lingüística (e cognitiva) dos sexos tería unha incidencia crucial na construción dos papeis sociais. Desde os inicios publicáronse moreas de obras sobre esta temática aplicada a linguas diferentes, e todas elas coincidían en concluír que a representación de homes e mulleres respondía a unha perspectiva sexista e androcéntrica. É dicir, a linguaxe dispoñíbel nos diferentes idiomas exaltaba os logros dun só sexo, ao que convertía en medida de todas as cousas e ao que concibía como sinónimo de universal, mentres que discriminaba e subordinaba os do outro sexo, ao que marcaba como particular. Con todo, esta perspectiva sexista estaba tan naturalizada e normalizada que xa formaba parte do sentido común e apenas se cuestionaba e facía que polo xeral se incorrese no sexismo lingüístico de forma insconsciente (dado que a linguaxe convencial é inherentemente sexista), e moitas veces tamén non intencionada (aínda que esa falta de intencionalidade non exime incorrer e fomentar o sexismo). Os feminismos contribuíron a cambiar o concepto de linguaxe ao insistir en que ningún comportamento era natural ou normal, senón que todos respondían a unha certa visión do mundo, por moito que o hexemónico se asumise como verdadeiro. Partindo do papel que desempeña a linguaxe na construción e percepción da realidade que presentaran as novas achegas filosóficas dos anos 70, os feminismos converteron a linguaxe nunha ferramenta que sempre, inexorabelmente, exerce un labor primordial sobre a construción dos papeis de xénero: a linguaxe pode ou ben reproducir a perspectiva sexista (feito que acontece cada vez que se utilizar a linguaxe considerada *normal*) contribuíndo así a perpetuala e a que se propicie a exclusión social das mulleres; ou ben subverter o sexismo lingüístico fornecendo novas construcións liberadoras dos papeis de xénero.

Impulsada por esta segunda posibilidade, desde a lingüística feminista promovéronse numerosos estudos para documentar e evidenciar as prácticas sexistas máis habituais en diferentes idiomas, como primeiro paso para propor alternativas non sexistas. Nun primeiro momento, estes estudos tendían a pór a atención nas palabras, ben centrándose no masculino tomado como xenérico ou en vocabulario específico. O masculino tomado como xenérico implica que no caso de linguas con xénero gramatical (como o galego) esta forma se asuma como neutra (é dicir, sen xénero) e de aí que se lle outorgue sempre prioridade ao masculino para estabelecer a concordancia, para determinar a orde de aparición das palabras nos dicionarios (contradicindo o criterio alfabético) ou para explicar a formación dos xéneros (nos libros de gramática estúdase a formación do feminino a partir do masculino presentado como o normal). Pero o masculino xenérico está tamén presente noutras linguas que non teñen xénero gramatical (como o inglés) que contan con outros recursos como os pronomes e posesivos (*he*, *his*) e algúns sufixos derivativos (*policeman*, *fireman*) para marcar en masculino aquelas frases nas que se descoñeza o suxeito ou este sexa xeral, agás que existan estereotipos en sentido contrario. Ademais, nalgunhas linguas tamén está vixente outro tipo de asociación que delata unha concepción sexista do mundo a través da linguaxe. Como documentou a lingüista Suzanne Romaine para o caso do inglés, neste idioma tradicionalmente usáronse (e aínda se usan) pronomes e nomes femininos para referirse a posesións controladas por homes como avións e barcos, e tamén a forzas incontrolábeis como os furacáns (de feito, até 1978 a comunidade internacional só utilizaba nomes de muller para identificar estes terríbeis fenómenos de consecuencias devastadoras). Tanto nunhas coma noutras linguas, é moi frecuente ademais o uso de palabras como *home* para facer referencia a toda a humanidade, o que ademais de levar a ambigüidades, produce unha alienación nas mulleres, que deben facer un dobre esforzo para deducir se o uso do masculino nun contexto concreto ten supostamente función xenérica (o que as incluiría) ou exclusivamente masculina (co que ficarían excluídas do enunciado). Cómpre sinalar que estes estudos tiveron importantes repercusións no ámbito anglófono, onde agora a normalidade cando o sexo non é coñecido é utilizar *they* como neutro en singular (el/ela) no canto de *he*, ou o posesivo *their* tamén en singular en lugar de *his*. Tamén en inglés se adoptaron unha serie de palabras estándar para profesións como o neutro *firefighter* (bombeira/o) fronte a *fireman*, *police officer* (policía) no canto de *policeman/policewoman*, ou *flight assistant* (azafata/o) fronte a *steward/stewardess*. Naquelas ocasións en que existía un termo en masculino e outro en feminino, tamén na actualidade está normalizado o uso dun só termo buscando así unha concepción neutra, e deste xeito úsase *actor* (actor/actriz) no canto de *actor/actress*, ou *poet* (poeta) en lugar de *poet/poetess* (isto último, de igual xeito que acontece en galego, aínda que a neutralización se faga a costa de tomar o masculino como neutro). En calquera caso, todos estes exemplos mostran que os estudos das lingüistas feministas neste idioma tiveron un impacto xa notábel para cambiar a suposta normalidade (sexista).

Seguindo co vocabulario, cuestionábanse tamén expresións asimétricas como que á forma de tratamento *señor* correspondesen dúas en feminino, *señora* e *señorita*, que marcasen o estado civil ou a idade das mulleres. Denunciáronse así mesmo outros fenómenos excluíntes e sexistas como os baleiros lexicais (a inexistencia de moitas palabras capaces de reflectir as accións, profesións ou experiencias propias das mulleres, como *albanela*), os duais aparentes (palabras cun diferente significado en masculino e en feminino, tendo neste último caso unha connotación pexorativa ou sexualizada como *fulano* ou *fulana*), ou o trato desigual que na linguaxe se dá aos homes e mulleres de igual importancia ou cargo profesional (por exemplo, citándoas a elas só co nome de pía e a eles cos apelidos, ou ocultando directamente o cargo profesional delas).

Pero a visión androcéntrica do mundo tamén está presente en linguas que non teñen ningunha marca de xénero na linguaxe (como pode ser o finés, ou tamén no caso da lingua yoruba de Nixeria que xa mencionamos no apartado da África subsahariana), xa que a linguaxe conta con outros mecanismos que nun nivel discursivo (e non tanto gramatical) tamén serven para representar unha determinada reprodución social do xénero nos diferentes idiomas. Boa mostra disto poden ser os enunciados estereotipados, os refráns e os proverbios existentes en calquera idioma (teñan ou non marcas de xénero lingüístico), e que están baseados en tópicos e concepcións misóxinas de distintas linguas e culturas: desde a manida (e falsa) frase de que «todas as mulleres conducen fatal», até outras formas máis explícitas como «muller morta, cento á porta», ou «á muller e á burra, cada día unha zurra». Co tempo, os casos documentados foron gañando complexidade porque xustamente grazas ao avance dos valores feministas, o sexismo lingüístico foise facendo máis indirecto e sutil, manifestándose unhas veces no nivel da suposición, da ironía ou do humor, con comentarios sexistas que veñen precedidos da tan manida frase «eu non son sexista, pero muller tiña que ser para levar dúas horas aparcando», o que o torna máis difícil de identificar.

En paralelo á documentación das prácticas sexistas, desde a lingüística feminista articuláronse propostas para converter a linguaxe nunha ferramenta coa que subverter o sexismo lingüístico. O uso dunha linguaxe non sexista é vital para a representación igualitaria dos xéneros e das persoas ás que representan non só a nivel formal, senón sobre todo a nivel cognitivo, dado o xa mencionado papel da linguaxe na construción mental da realidade. A linguaxe non sexista implica cambios en perspectivas que, á súa vez, actuarán como estímulos xeradores de cambios na acción humana e na realidade, fomentando unha conceptualización máis igualitaria de mulleres e homes e contribuíndo así a cambiar os padróns de xénero. O potencial de cambio da linguaxe é tal que nos últimos anos desde o feminismo institucionalizado e académico tense promovido a publicación de guías prácticas con recomendacións para un uso inclusivo da linguaxe en diferentes idiomas, ademais de incluírse como un dos obxectivos específicos nas diferentes leis e planos de igualdade aprobados por bo número de gobernos. Ora ben, diferentes feminismos abordan as propostas de forma distinta, facendo que coexistan visións complementarias sobre a materialización práctica da linguaxe non sexista. Esta variedade de propostas resulta moi produtiva, xa que permite escoller unha ou outra en función de cada idioma, contexto discursivo, situación comunicativa, obxectivo concreto de cada enunciado, tipo de público lector, rexistro, xénero textual, etc.

Desde algúns feminismos avógase primordialmente por adoptar estratexias que permitan a igualdade lingüística e o trato de simetría entre ambos os xéneros. Naquelas ocasións nas que o sexismo ten que ver máis co comportamento ou actitude de quen fala (chistes, uso de duais aparentes, estereotipos) evitar o sexismo estaría nas mans de quen fala, que tería que rexeitar usar determinadas expresións. Naqueloutras nas que o sexismo estea relacionado cos normas gramaticais propiamente ditas (como o suposto masculino xenérico), a simetría lingüística lograríase recorrendo a fórmulas como a neutralización/xeneralización ou a especificación/feminización.

Por unha banda, coa neutralización/xeneralización substitúese o termo sexista por un termo neutro ou xenérico para evitar especificar o xénero masculino de forma explícita cando o referente non só inclúe a homes (por exemplo, *mocidade* para evitar *mozos*), o que en ocasións obriga a crear neoloxismos (como *estudantado* ou *usuariado*). Pola outra, a especificación/feminización consiste en facer visíbeis na linguaxe os sexos mencionados mediante marcas do xénero gramatical explícitas e simétricas: se é unha muller utilízase o feminino; se é un home utilízase o masculino; se son muller e home menciónanse ambos os xéneros; e ambos os xéneros tamén de descoñecer o sexo das persoas. Ao igual ca no caso anterior, en ocasións a especificación obriga a crear neoloxismos (como *albanela* ou *azafato*) e noutras ocasións para mencionar a ambos os sexos cómpre botar man de recursos como as barras, parénteses, arroba ou a duplicación dalgún termo da frase, que serán máis ou menos adecuados dependendo do contexto. Como diciamos, para avaliar a pertinencia dunha ou doutra estratexia cómpre ter en conta varios factores, entre eles as características dos idiomas: mentres que a especificación constante resulta unha estratexia difícil de aplicar de forma reiterada en idiomas como o inglés no que a penas hai sufixos de xénero, a neutralización ás veces resulta demasiado pouco explícita en idiomas como o galego e por tanto non consegue arredar o masculino xenérico da representación cognitiva.

Desde outros feminismos sostense non obstante que non resulta produtivo levar a cabo pequenas reformas ou modificacións da linguaxe patriarcal utilizando mecanismos que xa se encontran dentro das linguas, pois iso non será suficiente para transmitir as experiencias propias das mulleres no canto de buscar un tratamento simétrico entre ambos os xéneros. En consecuencia, avogan por unha linguaxe libertaria que chame a atención da presenza das mulleres mediante un uso chocante da lingua (utilizando o feminino xenérico, promovendo alteracións semánticas, usando maiúsculas ou negriñas para marcar o feminino, tachando o masculino, etc.) ou que na súa acepción máis extrema conduza á creación dunha linguaxe totalmente nova centrada na experiencia feminina, como parte da contracultura feminina (defendida, entre outros, polos feminismos da diferenza). Entre algunhas das propostas máis rechamantes das feministas anglófonas destaca o uso de *gyn/ecology* para incidir na ecoloxía inherente ás mulleres, de *shevolution* ou *herstory* para explicar a evolución ou a historia desde unha óptica mulleril ou de *sheroe* para destacar as fazañas das mulleres. Tamén se propuxeron termos para denunciar o androcentrismo, como *dick-tionary* para incidir na perspectiva masculina que prevalece nos dicionarios (reflectida coa referencia ao pene mediante o termo en inglés *dick*), ou *malestream* para destacar que a corrente dominante (ou *mainstream*) sempre é a que representa os valores masculinos. No noso contexto máis próximo, algunhas mostras desta estratexia serían a creación do termo *sororidade*, *feminario, mullerismo* ou *mulleridade*, por exemplo.

Logo de décadas de estudos e traballos sobre o sexismo lingüístico e as alternativas posíbeis para revertelo, nos últimos anos comezan a proliferar análises exhaustivas que avalían os cambios producidos nas diferentes linguas e que, recorrendo á psicolingüística e á lingüística cognitiva, estabelecen paralelismos sobre o papel que eses cambios van tendo na evolución do imaxinario social e na maior aceptación das reivindicacións feministas. Sen dúbida, e malia os moitos cambios lingüísticos e sociais aínda pendentes, estes avances deslexitiman os falsos mitos e descualificacións sobre a linguaxe non sexista, que tanto poden reducir o tema a unha cuestión do politicamente correcto para non ferir sensibilidades, como sentenciar que o importante para as mulleres é acabar coas desigualdades salariais e coa violencia machista, e deixarse de lerias e de artificios lingüísticos.

Emporiso, a lingüística feminista demostra como a forma (ás veces tan violenta e polo xeral carente de argumentos excepto o da autoridade masculina de quen fala) na que se expresan estas propias opinións desacreditan o que din, pois se en realidade a linguaxe fose irrelevante non provocaría tantas reaccións adversas sobre as consecuencias de que alguén diga *membras* ou *membros*, por pór un caso recente no contexto español tocante á feminización desta palabra por parte da Ministra de Igualdade Bibiana Aído. Tamén resulta ilustrativo da importancia que ten a linguaxe o rexeitamento acérrimo que desde algunhas institucións lingüísticas se lle daba ao termo xénero, mesmo chegando a pronunciarse totalmente en contra do seu uso en expresións como *violencia de xénero*. Esta actitude, en última instancia, impide concibir este tipo de violencia como aquela orixinada polas relacións de poder asimétricas exercidas arredor da construción sociocultural de xénero. Igualmente, como xa vimos, para cambiar as condicións de vida das mulleres (igualdade salarial, violencia de xénero) o importante é cambiar a concepción social e as mentalidades, as cales se basean na linguaxe. Deste xeito, estas actitudes opostas á linguaxe non sexista intentan confundir a opinión pública sobre o que realmente é e o que realmente implica o seu uso, agochando tras as súas profundas concepcións misóxinas que temen a reforma lingüística por constituír esta, en si mesma, unha verdadeira ameaza contra a orde estabelecida.

5. FEMINISMOS E COMUNICACIÓN

Xa en 1963, Betty Friedan denunciou que as revistas para mulleres e a publicidade estadounidense da época contribuían de forma crucial a construír o ideal da feminidade baseado na heroína feliz ama de casa (*happy housewife heroine*). Esta crítica retomouse reiteradamente desde 1975 e durante toda a Década das Nacións Unidas para a Muller, en paralelo á consolidación dunha nova disciplina chamada teoría da comunicación ou estudos sobre os medios, que proclamaba que os medios de comunicación constituían poderosos axentes socializadores na configuración do imaxinario colectivo e da visión que a sociedade ten do mundo. A teoría da comunicación puña de manifesto que os medios non só competían con outras instancias de socialización como a familia ou a escola no proceso de educación das persoas, senón que se erixían en claros gañadores grazas en parte á súa presenza privilexiada na vida das persoas: tomando como exemplo os países europeos, o consumo dos medios supón a segunda actividade desempeñada, só por detrás do traballo remunerado. Xa que logo, en contra do pensamento dominante da época, os medios de comunicación non tiñan como único cometido reflectir a realidade, senón que gozaban da capacidade de decidir o que acontecía (e o que non) no mundo, de influír na formación da opinión pública e, en última instancia, de construír a realidade social.

Esta disciplina emerxente enfocada a estudar o papel dos medios de comunicación no desenvolvemento da sociedade axiña espertou o interese dos feminismos, que desde entón e até o presente contribuíron a enriquecer as súas lecturas achegando a perspectiva de xénero. Como veremos deseguido, ao longo destes anos a teoría da comunicación feminista foi tamén evolucionando e marcándose diferentes obxectivos, aínda que mantendo sempre un fío condutor: a confluencia da teoría e investigación coa dimensión explicitamente política do activismo social.

Desde os comezos, as intervencións feministas sobre a teoría da comunicación centráronse principalmente en dous eixes de investigación: a análise das estruturas de poder nos medios e as políticas de representación mediática dos xéneros. No tocante ao primeiro eixe, a teoría da comunicación feminista buscou analizar a situación das mulleres na profesión, desvelando a súa subordinación sistemática. Esta subordinación era palpábel tanto no tipo de contratos laborais que se lles ofrecían ás mulleres, coma nas seccións *non importantes* ás que estas eran destinadas (vetándolles temas como política ou economía ou privándoas de ser correspondentes de guerra porque, como lembra en primeira persoa a xornalista Rosa María Calaf, «dixéronme que ir á guerra non era algo propio dunha muller»). Pero tamén era e segue sendo evidente esta subordinación no veto aos postos directivos e xefaturas dos medios, malia que cada ano se incrementa o número de mulleres nas facultades de xornalismo e nas redaccións. Por pór un exemplo próximo, dos 501 medios de comunicación escritos (incluíndo xornais de información xeral, económica, revistas mensuais, semanarios e axencias de información) que no ano 2003 existían no estado español, só o 16,9 por cento (é dicir, 85) estaban dirixidos por mulleres (e destes habería que ver cantos eran de temática *feminina*).

Respecto ao segundo eixe, na análise das políticas de representación a teoría da comunicación feminista centrouse nun primeiro momento en identificar algunhas das áreas ignoradas e invisibilizadas de forma flagrante polas categorías analíticas tradicionais de investigación dos estudos de comunicación. Así introduciron na axenda cuestións como a representación da violencia de xénero, da sexualidade, da pornografía, da beleza, do consumo, da moda ou da linguaxe sexista. De forma parella, criticaron a metaforización sexuada que a teoría da comunicación hexemónica realizaba da cultura popular de masas (revistas de mulleres, telenovelas, etc.), ás que consideraban algo feminino e por tanto inferior e non merecedor de converterse en obxecto de estudo. A revisión feminista recuperou e lexitimou a análise da cultura popular dentro da disciplina, complementando o seu estudo coa perspectiva do contexto de recepción, isto é, tendo en conta como se consumen os textos mediáticos no marco das relacións domésticas e familiares.

Amais disto, dentro do estudo das políticas de representación desenvolveuse unha interesante investigación sobre as imaxes que os medios proxectan das mulleres, e que malia o paso dos anos segue conducindo á mesma conclusión: os medios seguen unha visión androcéntrica á hora de seleccionar que feitos e personaxes son noticia, o cal os converte en cómplices da discriminación de xénero. Desde un punto de vista cuantitativo, demostrouse unha acusada tendencia a excluír as mulleres da verdade mediática, particularmente no seu papel profesional, nos medios de todo o mundo. No primeiro proxecto de control global realizado en xaneiro 1995 pola asociación Media Watch analizáronse nun día concreto 15.500 noticias en 71 países, e só no 17 por cento delas os suxeitos eran mulleres. Tras os conseguintes chamamentos e publicacións de recomendacións para mudar o comportamento, no ano 2000 repetiuse o proxecto, e neste caso a porcentaxe de mulleres presentes nos medios foi do 18 por cento, pondo en evidencia que a situación non mudara en absoluto por mor do fondamente impregnados que están os papeis de xénero nos criterios de noticiabilidade e nos procesos de selección.

Desde un punto de vista cualitativo, estes proxectos do Media Watch destacaron unha incomprensíbel ausencia das voces de mulleres en noticias sobre elas mesmas, que incorría en casos graves de usurpación da súa voz ao tratar asuntos como os planos de maternidade en Irlanda do Norte, a creación dos tribunais de familia en Xamaica, a penalización da infidelidade conxugal das mulleres en Turquía, o dereito das mulleres a solicitar o divorcio en Exipto ou a elevada taxa de aborto entre adolescentes de Escocia. Alén disto, os estudos desta asociación revelaron que nas escasas ocasións nas que as mulleres se convertían en suxeitos informativos, adoitaban responder ou ben a estereotipos de xénero sobre os ideais de beleza e dos papeis sociais como nai, esposa e consumidora, ou ben ao papel de vítimas ou familiares retratadas nas imaxes pero co acceso á palabra totalmente vedado. Por seccións, en política os medios representaban ás mulleres só no 7 por cento dos casos, e destacaban das políticas a súa condición de mulleres, a súa situación familiar (á que identifican como fonte de conflito para o desempeño da súa profesión) e a súa aparencia física, obviando polo xeral o seu papel profesional e incorrendo nunha excesiva proximidade e familiaridade no trato. Esta situación era practicamente a inversa no caso dos políticos, sobre os que as noticias xiraban arredor da súa experiencia e só mencionaban a familia como recurso e fonte de apoio. Resulta curioso como os medios axiña estereotipaban e deslexitimaban as políticas que refugaban someterse ao comportamento feminino socialmente agardado delas, e que pola contra manifestaban outros trazos como a agresividade ou a belixerancia (os cales, por certo, adoitan provocar admiración cando os manifestan os políticos). Entre os casos máis rechamantes atopábanse o da surafricana Nkosazana Zuma, unha das ministras máis eficientes do goberno de Mandela segundo a prensa internacional, que atraeu un tipo de publicidade negativa nos medios debido á paixón polo seu traballo e ao seu carácter forte; ou o de Hillary Rodham Clinton, construída de forma marxinal no seu papel de primeira dama, retratada como unha muller ambiciosa e sedenta de poder no seu papel de candidata á presidencia, e representada reiteradamente no seu papel de vítima polo caso Monica Lewinsky (o que, por outra parte, podería levarnos á perturbadora conclusión de que tememos ás mulleres con poder pero admiramos a aquelas con estatuto de vítimas). Tamén é sobranceiro o caso xa mencionado de Margaret Thatcher, primeira ministra británica nos anos 80 alcumada como *a dama de ferro* por ter propiciado políticas ultraliberais e neoconservadoras xunto ao estadounidense Ronald Reagan, mentres que a este non lle dedicou ningún alcume. A partir deste último caso cómpre sinalar tamén os falsos mitos que os medios de comunicación contribuíron a difundir, que converteron as acusacións a Thatcher en desacreditacións da capacidade de todas mulleres para exercer postos políticos, como xa vimos, sen que o goberno de Hitler se utilizase nunca para desacreditar a capacidade profesional do resto de homes políticos. Como advirten eses estudos, tal tratamento informativo ten consecuencias moi perniciosas na forma de gobernar das políticas, xa que moitas delas (mesmo contra a súa vontade inicial) acabarían comportándose segundo delas se espera de acordo aos papeis de xénero para non ser constantemente cuestionadas polos medios de comunicación de xeito que iso acabe coartando a súa carreira política.

A xulgar pola cobertura informativa dos medios, as mulleres non practican deportes (só aparecían no 7 por cento das noticias desta sección), e cando o fan a énfase ponse no extradeportivo (aspecto físico, beleza, vestimenta e cuestións relativas á vida persoal) e non no seu xogo ou logros deportivos. Na sección de economía as mulleres permanecían igualmente invisíbeis (9 por cento), e nas escasas ocasións nas que aparecían directivas ou empresarias, predominaba o seu estatus vicario e a total asimetría nos enfoques informativos respecto ao tratamento dos homes.

Emporiso, á vista destas cifras, para que nos estudos do Media Watch a media de aparición das mulleres fose do 17 por cento necesítanse outras seccións nas que houbese unha sobrerrepresentación das mulleres en comparación cos homes. Esas seccións eran as dedicadas a artes, cultura e lecer (31 por cento) e a sociedade (33 por cento). No caso da sección de artes, cultura e lecer dábaselle prioridade a unha frivolización no trato da beleza, a roupa ou a vida sentimental fronte á profesionalidade das mulleres, á vez que abondaba unha subordinación á figura masculina. Finalmente, na sección de sociedade as mulleres aparecían predominantemente caracterizadas como vítimas de catástrofes, violencia de xénero, guerras ou outro tipo de traxedias en proporcións catro veces superiores ás dos homes, e polo xeral convertidas en simples imaxes sen voz (abonda un intento de buscar o que opinaban as moitas iraquís retratadas nos medios acerca da invasión estadounidense do seu país en 2003). A representación mediática da violencia de xénero é especialmente importante, polas consecuencias materiais tan tanxíbeis e drásticas que ten na vida de millóns de mulleres. Supoñendo que esta violencia apareza recollida nas informacións (que é moito supor, porque en moitos países os asasinatos machistas non aparecen reflectidos en ningures nas informacións), un primeiro aspecto a ter en conta é que en moitas ocasións esta violencia segue a aparecer nas seccións de sucesos (o que implica non entender a violencia de xénero como algo estrutural e, en consecuencia, social). Considérese un suceso ou un fenómeno social, a visibilidade da violencia de xénero nos medios de comunicación realizouse desde unha perspectiva sensacionalista e morbosa, incluíndo unha rea de datos irrelevantes sobre o caso (cantas coiteladas lle deu, por onde exactamente lle meteu a motoserra); reforzando estereotipos (coa énfase que se pon na nacionalidade da vítima ou do agresor cando son inmigrantes, na súa clase social cando é baixa, ou na súa etnia cando é minoritaria, pero non cando se trata dun profesor universitario paio e de clase acomodada); incluíndo irrelevantes testemuños de veciños ou veciñas que insisten nos falsos tópicos sobre o agresor («el era moi boa persoa», «o problema é que ás veces chegaba algo bébedo», etc.), en lugar de darlles voz ás e aos profesionais que coñecen as manifestacións e implicacións sociais destes casos; e dándolle unha orientación á noticia que tende a culpabilizar a vítima por ficar impasíbel ante a violencia (con afirmacións como «ela non puxera ningunha denuncia por maltrato»). Os medios teñen por suposto a obriga de informar sobre esta lacra social, pero deben facelo desde a responsabilidade e a rigorosidade, evitando este sensacionalismo e rexeitando expresións equívocas e imprecisas como violencia doméstica, como xa apuntamos na sección na que abordamos a violencia de xénero.

En calquera caso, a visibilidade tan exacerbada das mulleres nas seccións de cultura e de sociedade, acompañada dunha clara invisibilidade noutras, leva parella unha imaxe reducionista do colectivo mulleril e unha distorsión dos papeis que este desempeña na sociedade. Ademais, en todas as seccións informativas destaca a inexistencia de mulleres como fontes de información no seu papel de profesionais (é dicir, non se acudía a elas para que fixesen declaracións sobre feitos determinados ou explicasen as claves dos acontecementos mundiais), xunto á constante recorrencia a falsas imaxes da realidade que falaban dun *boom feminino* en canto dúas mulleres destacaban nun mesmo sector (por exemplo, é o ano das mulleres na literatura porque Doris Lessing gaña o Nobel).

O aspecto informativo dos medios de comunicación resulta fundamental porque a información eríxese como sinónimo de verdade, do que está pasando en realidade no mundo. Pero alén de analizar criticamente e cuestionar os medios informativos, a perspectiva feminista sobre a comunicación tamén pon énfase no estudo crítico da publicidade. A publicidade ten unha relevancia vital por constituír non só un vehículo de ideoloxía senón tamén unha técnica de persuasión. Segundo poñen de manifesto as conclusións tiradas polas teóricas e activistas dos estudos feministas sobre publicidade, se un/ha alieníxena tivese que entender o noso planeta a través das mensaxes publicitarias pensaría que practicamente todas as terrícolas teñen como obxectivo fundamental estar sempre guapas (segundo os códigos de cada cultura), exhibirse como reclamo sexual, conseguir o branco máis perfecto e satisfacer as necesidades da súa familia, polo que tería unha responsabilidade exclusiva sobre a sucidade da roupa ou da casa, a saúde das súas crianzas e do seu marido, a economía do fogar, o seu propio deterioro físico ou a súa celulite.

Dentro da publicidade cómpre considerar tamén os espazos dos anuncios de contactos presentes aínda na prensa de moitos países do mundo. No estado español, por exemplo, practicamente todos os xornais (só hai tres excepcións) manteñen unha sección que baixo imaxes e textos denigrantes para as mulleres (maiormente) agochan redes de prostitución e de tráfico sexual das persoas. Contrasta así na prensa o discurso mediático dunhas informacións nas que aparentemente censuran a explotación sexual, co mantemento destes espazos de anuncios que incitan a ela, e aos que os medios se negan a renunciar polos inxentes ingresos económicos que lles proporcionan.

A teoría da comunicación feminista puxo así sobre a mesa unha realidade paradoxal: os medios venden oficialmente o discurso da igualdade, mentres que ao mesmo tempo seguen sutilmente propiciando as bases nas que se asenta a desigualdade de xénero. E se ben por unha banda os medios andan á procura dos cambios e das novas da sociedade, pola outra eríxense nunha gran barreira que impide o cambio real en tanto que afianzan o imaxinario patriarcal proxectando unha realidade mediática extremadamente opresora que cada vez ten menos parecidos coa realidade social de moitas mulleres. Os feminismos denuncian que estes comportamentos dos medios responden a unha falta de vontade política real, e ilústrano demostrando como en diferentes períodos históricos nos que os gobernos intentaron mobilizar ás persoas para producir un cambio social, as representacións das mulleres nos medios usáronse como símbolo das aspiracións políticas. No momento de conformación do estado comunista na antiga Unión Soviética, por exemplo, as imaxes de mulleres emancipadas (confiadas e poderosas, nas leiras, nos tractores ou nas fábricas) non respondía a un reflexo *fiel* da realidade, senón á invención do ideal de realidade que agardaba ás mulleres no inminente futuro comunista, igual que esta imaxe cambiou a exaltar o doméstico coa caída do Muro cando efectivamente todas as mulleres traballaban fóra do fogar.

Ora ben, as investigacións realizadas sobre as imaxes mediáticas das mulleres adoeceron (sobre todo nos comezos) dun simplismo e esencialismo, ao definir os papeis de xénero a partir da muller branca, liberal e de clase media. Deste xeito, ao igual que os medios patriarcais as privaban a elas de voz, tamén elas lles estaban a usurpar a voz a outras mulleres periféricas ás que definían como vítimas e lles negaban capacidade de acción. A medida que a natureza da exclusión se volveu evidente e se comezou a pór en cuestión o nós colectivo, desde dentro dos feminismos correntes como as teorías *queer* ou os feminismos racializados propiciaron unha revisión destas categorías monolíticas e fixas. A revisión desencadeou un cambio de metodoloxía na teoría da comunicación feminista que transformou a súa categoría inicial muller, tal e como reflicten as análises levadas a cabo desde mediados dos 80. Entre outras cousas, estes estudos examinaron o lugar (ou falta del) de mulleres non hexemónicas nos medios de comunicación (foron moi abundantes os traballos sobre as latinoamericanas e negras nos Estados Unidos e as asiáticas en Gran Bretaña, por exemplo).

Tamén co paso do tempo comezaron a abordarse análises máis complexas que reunían os que até entón eran os dous principais eixes de investigación, estudando de que xeito as estruturas de poder nas que se sustentan os medios (e nas que as mulleres ficaban arredadas dos postos de dirección) podían afectar aos procesos de representación mediática das mulleres. Amais, engadiuse un novo eixe como obxecto de estudo da teoría da comunicación feminista: a relación entre a ideoloxía económica e o papel das mulleres nos medios de comunicación, isto é, a relación entre xénero e clase na creación de identidades de consumo no sistema capitalista contemporáneo. Este novo eido de análise resulta vital no mundo actual, pois como xa temos sinalado a globalización neoliberal conduce a unha homoxeneización ideolóxica froito das fusións empresariais dos grandes grupos de comunicación que atranca a pluralidade e fomenta a ideoloxía hexemónica patriarcal.

Por último, como quedou de manifesto na reunión internacional de Bangkok sobre a comunicación como fonte de poder para as mulleres (1994) ou no simposio internacional sobre mulleres e medios de comunicación de Toronto (1995), as activistas e teóricas feministas da comunicación deron un paso máis e optaron por crear tamén as súas propias canles de comunicación alternativas e participativas (que ao principio se limitaban a prensa e revistas, pero que na actualidade abarcan a radio, o vídeo, o cinema, as axencias de comunicación ou mesmo as novas tecnoloxías da información, como vimos no apartado de ciberfeminismo) para apoiar as súas reivindicacións, defender os seus dereitos, promover a reflexión feminista e difundir as súas propias formas de representación. Estes medios feministas desempeñan un papel crucial na loita polas reivindicacións feministas e fixeron posíbel que moitas mulleres se comunicasen polas súas propias palabras e imaxes.

En paralelo a isto, as feministas continuaron analizando e cuestionando o trato discriminatorio e por veces misóxino que sofren as mulleres por parte dos medios de comunicación convencionais. Neste sentido, desde unha posición académica que malia a substancial investigación feminista aínda se considera periférica dentro dos estudos sobre comunicación, moitas teóricas da comunicación feminista puxeron en marcha proxectos para pescudar datos sobre a representación mediática e a situación profesional das mulleres nos medios de comunicación, como por exemplo Cotián Muller en Uruguai, Centro para a defensa e investigación na India ou Observatorio sobre as Mulleres nos Medios en Xamaica. Tamén en Galiza contamos desde 2004 co Observatorio Galego dos Medios, que ten como sección específica unha Comisión de Xénero. Estes achados fanse logo públicos en simposios nos que se fomenta o debate e diálogo entre grupos que habitualmente fican separados e incomunicados, como xornalistas, *executivos* dos medios, académicas e académicos da comunicación, profesorado universitario e activistas. Deste xeito, as intervencións feministas sobre a comunicación aproveitan ao máximo as posibilidades combinando a construción da realidade liberadora desde as canles de comunicación feministas coa loita pola transformación das prácticas discriminatorias nos medios convencionais.

6. FEMINISMOS E HISTORIOGRAFÍA

Se a historia é unha disciplina tan importante para o desenvolvemento das sociedades é porque nos permite coñecer o pasado, e coñecer o pasado é condición imprescindíbel para poder comprender o presente. Porén, o coñecemento que nos achega a historiografía (o relato escrito da historia no que a humanidade fixa a súa memoria do pasado) só permite comprender en sentido estrito a metade do presente. Tal e como demostraron os feminismos, este relato oficial da historia esquece constantemente o protagonismo, achegas e puntos de vista das mulleres ao longo do tempo, e o esquecemento é ademais dobre no caso das perspectivas e contribucións das mulleres de colectivos minorizados ou dos países do sur. A constatación de que as mulleres ficaban excluídas do relato da humanidade deu lugar ao nacemento da historiografía feminista a comezos dos 70 que identificou como primeiro e urxente obxectivo, en palabras da historiadora Joan Kelly-Gadol, o de «devolver as mulleres á historia e devolverlle a historia ás mulleres». Ao longo do tempo este obxectivo materializouse en diferentes accións que poden resumirse, a grandes trazos, en catro puntos: o cuestionamento do suposto carácter obxectivo e neutro da *Historia*, a recuperación da historia das mulleres, a incorporación de novos temas grazas á utilización de novas metodoloxías de investigación e, por último, a reconstrución por parte dos feminismos da súa propia traxectoria secular teórica e práctica.

O punto de partida da crítica feminista á historiografía foi a consideración desta última non como un discurso obxectivo, senón como unha narrativa que nesa medida responde á ideoloxía e sistema de valores de quen a narra. Xa que logo, a historiografía feminista cuestionou e reconstruíu as categorías conceptuais e as metodoloxías da historiografía tradicional, pero ademais, desvelou a falacia da obxectividade que se agochaba nas verdades asumidas a partir das supostas teorías universais (que en realidade respondían a unha visión androcéntrica). O traballo das historiadoras feministas como a xa mencionada Kelly-Gadol supuxo unha crítica sólida contra a validez de determinadas categorías históricas tradicionais para dar conta do relato de *toda* a humanidade, xa que estas adoecían dun forte carácter androcéntrico.

No tocante á historia occidental, despois de demostrar como esta se divide androcentricamente en períodos de acordo a conflitos bélicos ou revolucións, Kelly-Gadol reclamou que todas as categorías históricas se deberían someter a reconsideración cando se aplican a unha realidade que tamén abarca mulleres. Na mesma liña reivindicou que a análise do impacto que cada fase histórica tivo de forma diferenciada sobre mulleres e homes en cada contexto concreto obrigaría a cuestionar moitas das ideas *universais* xeralmente aceptadas sobre os momentos históricos de progreso das humanidade e, en última instancia, conduciría a rexeitar as periodizacións tradicionais da historiografía. Exemplo disto é o xa apuntado en capítulos anteriores sobre a Ilustración, que en realidade só foi o século das luces para unha metade da poboación que puido ver recoñecidos os seus dereitos de cidadanía, pois para a outra metade da humanidade foi máis ben un século de sombras. Coma neste caso, no seu influente artigo «Tiveron as mulleres un Renacemento?» Kelly-Gadol demostrou que un período como o renacentista que connota progreso (e no que, segundo se desprende da historiografía tradicional, as mulleres e os homes gozaban dos mesmos dereitos) en realidade está denominado de forma errónea: no Renacemento a situación das mulleres sufriu un declive que lles fixo perder status e poder cultural e político respecto a períodos históricos anteriores como o medieval. Tamén a fundación das universidades nesta época adoita presentarse como factor positivo de desenvolvemento, pero en realidade tivo consecuencias nefastas para as mulleres, pois desde ese momento ficaron completamente arredadas do acceso a un saber que pasou a ser patrimonio exclusivo dos homes (mentres que até o século XIII as mulleres gozaran dunha influencia e presenza considerábel na educación, á que se vinculaban como ensinantes, institutrices, intelectuais ou mecenas).

En definitiva, Kelly-Gadol pon de manifesto como neste caso concreto os homes gañaron dereitos e privilexios durante esa época a costa da degradación dos dereitos das mulleres e da infravaloración tanto do seu traballo como da súa contribución á sociedade, e a partir disto proclama a necesidade de seguir facendo estudos que desvelen como moitas xeneralizacións históricas do pasado que defenden ser universais e abarcar a toda a humanidade en realidade só dan conta da situación dos homes. Igualmente, na reconstrución do pasado que realizaron os diferentes movementos nacionalistas nos países antigamente colonizados adoita obviarse o feito de que as mulleres vivían situacións de desigualdade extrema nas culturas tradicionais.

Pero o feito de concibir a historiografía como unha narrativa permitiu que, máis alá de cuestionar o androcentrismo destas falaces teorías universais, os feminismos denunciasen tamén como esa visión monolítica da historia transmitía unha visión colonizadora e imperialista dos pobos do sur e doutros grupos minorizados. Xa que logo, someter a exame as relacións de poder que determinan quen e desde que lugar narra a historia servía para denunciar a invisibilidade e estereotipación das mulleres na historiografía, pero tamén para desvelar como a historia da humanidade fora sempre escrita polos vencedores, que facían unha representación dos pobos do sur á medida do seu imaxinario, como demostra o estudo de Edward Said *Orientalismo*, que analiza as imaxes que occidente utiliza para construír o *misterioso* oriente. Este tipo de representacións agrávanse coa combinación de xénero e estenden os seus dedos até a actualidade, como demostran os estudos de Kamala Kempadoo sobre a construción da outra no turismo sexual no Caribe ou o máis que evidente silenciamento dos feminismos como corrente filosófica mundial que non se estuda nas escolas.

Estas críticas puñan en evidencia a necesidade de que outras voces narrasen outras historias, isto é, de facer unha reconstrución da memoria colectiva máis inclusiva na que estean presentes moitos outros puntos de vista que dean conta tamén das contribucións das mulleres nas súas propias voces e desde as súas múltiples posicións.

Unha primeira tipoloxía de iniciativas desenvolvidas polas historiadoras feministas para recuperar a historia das mulleres foi a de investigar e producir relatos detallados das súas experiencias que ficaran ignoradas na crónica oficial da historia, partindo de que era altamente improbábel que existise un só evento histórico do que as mulleres estivesen ausentes. Neste sentido, a historiadora Gerda Lerner foi das primeiras en afirmar que todas as mulleres como grupo específico dentro de cada grupo económico, clase social ou raza contribuíran de forma activa á historia, e por tanto debían ser incluídas en toda categoría de análise histórica aplicando unha metodoloxía compensatoria que permitise saldar a débeda histórica e equilibrar os pratos da balanza do xénero dentro da disciplina. Esta afirmación propiciou que desde un principio se reivindicase que unha reconstrución da historia verdadeiramente inclusiva debería incorporar a complexidade e pluralidade resultantes da combinación da categoría xénero con outras como raza, etnia ou sexualidade. Aínda que por veces esta proclama quedase máis na teoría ca na práctica, si contribuíu a que en diferentes países e zonas xeográficas se desenvolvesen estudos sobre as realidades particulares da diversidade de mulleres.

En calquera caso, dentro desta iniciativa de rescatar o protagonismo das mulleres na historia pódense identificar tres enfoques diferentes aínda que complementarios. O primeiro confórmano os traballos centrados en difundir as achegas de mulleres excepcionais e sobranceiras desde a antigüidade até o presente cuxos logros permanecían na sombra. Non resultaba esta tarefa doada, xa que por unha banda as propias mulleres se presentaban en ocasións con pseudónimos de home, co nome do marido ou como meras colaboradoras dalgún varón para evitar que a súa condición sexual fose motivo de descualificación a priori; e pola outra, porque mesmo nos casos que as mulleres acadaron recoñecemento oficial no seu tempo, con frecuencia foron desautorizadas pola historia posterior. Por nomear só a algunhas das historias reconstruídas, citamos a Marie Slodowska Curie (única persoa en gañar dúas veces o premio Nobel en dúas disciplinas diferentes, física en 1903 xunto ao seu marido e química en 1910), Murasaki Shikibu (xaponesa á que se lle atribúe a primeira obra considerada novela de todo o mundo, escrita a comezos do século XI), Émile de Breteuil (matemática e filósofa a quen se lle debe que a física se introducise no campo do coñecemento científico no século XVIII), Trótula (médica ilustre do século XI e autora do *Tratado de Medicina* traducido e copiado durante séculos, aínda que logo da súa primeira impresión no século XVI se lle atribuíse autoría masculina), Hipatia de Alexandría (filósofa do século IV de autoridade na época cuxas doutrinas foron sempre citadas até que no século XIX desapareceu dos libros de filosofía) ou científicas do século XX como a alemá Lise Meitner (de cuxas investigacións se apropiou o seu colega físico Otto Hahn e recibiu por elas o Nobel en 1944). Xunto a estas, tantas outras mulleres que destacaron en campos da ciencia, das letras ou da vida pública e demostraron así que as mulleres sempre estiveron atraídas polo coñecemento.

Estes traballos resultan dunha importancia crucial en tanto que permiten recuperar espazos de liberdade das mulleres na esfera pública e fornecer unha historia e uns precedentes para moitas xeracións futuras. No entanto, como sostivo a historiografía feminista, para elaborar unha xenealoxía mulleril resultaba necesario que se complementasen cun segundo enfoque desde o que reconstruír o papel das mulleres (como grupo social) na historia. Cómpre pois sacar á luz as súas propias experiencias e actividades que, malia seren fundamentais para o progreso humano, ficaran excluídas da memoria colectiva da humanidade porque o punto de vista androcéntrico da historiografía non as considerara relevantes. Tratábase, con outras palabras, de considerar as mulleres como obxecto de estudo por elas mesmas e de atribuírlle significado e valor propio ás súas vidas, cuestionando os criterios androcéntricos que daban máis relevancia histórica á construción dun templo ou á participación directa nunha guerra, que ao traballo de asegurar a supervivencia da especie, por exemplo. Con este propósito realizáronse estudos que abordaron o papel social das mulleres en distintas fases históricas, desvelando por exemplo que na antigüidade eran as encargadas de preparar o barro, de fornear a cerámica, de traballar con esmaltes, de mesturar cosméticos e tinguiduras (orixe da ciencia química), das tarefas de recolección de plantas (o que as converteu en grandes coñecedoras das propiedades medicinais e, posteriormente, nas curandeiras do grupo) e as inventoras da agricultura. Respecto á antiga Grecia, desvelouse que nalgúns períodos desta civilización moitas mulleres si tiveran acceso ás escolas filosóficas e chegaran a ser persoas influentes vivindo momentos de certa liberdade. Así mesmo, na Idade Media a proliferación dos conventos permitiulles a moitas mulleres fuxir do matrimonio e dedicarse á escritura de tratados enciclopédicos. Consecuencia destes, o terceiro enfoque é o dos traballos historiográficos que trataron de revalorizar as actividades relacionadas coas mulleres. Para iso, estes estudos desenterraron con vocación arqueolóxica os nomes de mulleres anónimas que fixeran contribucións esenciais a aspectos relacionados con estes saberes seculares das mulleres, como por exemplo os avances farmacolóxicos, o branqueado de tecidos ou a invención das conservas (técnicas que unha vez patentadas na industria se catalogaron como logros masculinos en exclusiva), así como á conformación das grandes teorías da humanidade. En suma, non se trataba tan só de destacar as figuras femininas máis sobranceiras da historia, senón de ver as contribucións de toda unha metade da humanidade que foran silenciadas e menosprezadas na narrativa da memoria colectiva.

Todos estes traballos que rescataban o protagonismo das mulleres na historia contribuíron de forma importante a unha segunda tipoloxía de iniciativa da historiografía feminista: desenvolver traballos que analizasen desde un punto de vista histórico áreas de estudo até entón inexploradas como a sexualidade, o traballo doméstico, a maternidade ou a relación entre mulleres e homes desde unha perspectiva feminista, para o que ademais os feminismos incorporaron á historiografía novos conceptos que axudasen nunha explicación máis crítica e complexa do pasado. Para poder levar a cabo esta reconstrución dando entrada a temas até daquela inéditos cumpría adoptar unha metodoloxía de abaixo arriba, que obrigaba a botar man de novas fontes históricas que permitisen desvelar aqueles coñecementos até entón agochados ou marxinados. Á parte dos textos escritos en xeral (e das fontes xurídicas e relixiosas tan recorridas en longos períodos históricos en particular) comezouse a considerar que a experiencia vivida tiña tamén valor de documento histórico, o que conduciu á lexitimación das narrativas das mulleres como fontes orais historiográficas. A consideración das narrativas orais de mulleres como fonte historiográfica resultou fundamental para poder falar dos temas do privado, pero tamén para lexitimar a historia de pobos enteiros nos que a transmisión de coñecementos e de valores fora desde sempre tradicionalmente oral (pensemos, por exemplo, na consideración inferior da literatura africana por ser de transmisión eminentemente oral).

Ademais diso, a historiografía feminista busca reconstruír a propia traxectoria secular da teoría e práctica dos feminismos, para coñecer a súa diversidade e pluralidade e gañar unha visión máis complexa do presente, que á súa vez permita continuar avanzando e configurándose como un dos movementos sociais máis importantes e que máis ten cambiado a vida de millóns de persoas.

En definitiva, as intervencións dos feminismos contribuíron a transformar a historia do pensamento e a redefinir a propia disciplina da historiografía, facendo caer o seu suposto carácter obxectivo, rachando coa visión única da historia e pondo de manifesto que hai moitas historias nas que caben moitas metodoloxías e puntos de vista. Deste xeito, non se trata de presentar as revisións feministas á historiografía como unha historia paralela á marxe do relato oficial, senón de cuestionar todo o aprendido e de incorporar o relato historiográfico que dea conta da historia das mulleres en tanto que seres humanos, da historia dos feminismos como perspectiva desde a que entender o mundo, e de temas de análise vinculados coas mulleres en tanto que áreas fundamentais para avanzar no coñecemento da humanidade no seu conxunto.

O valor da perspectiva feminista radica en contribuír a expandir o campo historiográfico desde un enfoque de xénero para fornecer un coñecemento máis complexo e crítico do pasado que permita unha comprensión máis íntegra do presente e para presentar referentes e modelos diversos que abran os modelos sociais de muller a moitas posibilidades constatadas polo pasado e nos que as e os feministas atopen lexitimación das súas reivindicacións, de maneira que se superen as falsas e recorrentes ideas que din que o feminismo acaba de nacer.

7. FEMINISMOS E EDUCACIÓN

O interese dos feminismos na educación queda en evidencia desde os primeiros escritos das precursoras en todas as zonas do mundo, onde se pode ver este debate desde o Xapón até Irán, pasando pola India e Europa. En diferentes momentos históricos, dependendo das circunstancias dos países, a reivindicación do acceso das mulleres á educación foi e segue a ser unha prioridade, entendida esta reivindicación non só como maneira de saír da ignorancia que as limitaba a unha vida subordinada, senón tamén como dereito humano a recibir formación intelectual e científica. Malia os avances, esta demanda feminista aínda segue a ter vixencia na actualidade en moitos lugares do planeta.

Nalgúns, dáselle prioridade á educación superior dos fillos en detrimento das fillas aducindo que por motivos económicos hai que escoller (pero o criterio de escolla é o sexo, non a capacidade ou resultados académicos de cadaquén). Noutros moitos lugares, simplemente se lles denega sistematicamente ás nenas a posibilidade de recibiren educación básica na escola, tanto porque se considere que para a súa vida futura non necesitan saber nada do que alí se ensina, coma porque as nenas teñan que encargarse de axudar (cando non asumir totalmente) nas tarefas domésticas ou de traballo remunerado. Isto explica as elevadas cifras de analfabetismo das mulleres en todo o planeta, cuxa causa primordial como acabamos de ver non radica na falta de escolas, senón sobre todo na construción sociocultural dos papeis de xénero que arredan as mulleres do coñecemento. Como denuncian os feminismos, esta privación do saber ten consecuencias materiais atroces para as súas vidas: péchaas nun círculo de pobreza, impídelles desenvolverse con autonomía e relégaas á submisión. Existe así unha estreita relación entre o analfabetismo e a discriminación de xénero, feito que ten unha relevancia fundamental dado precisamente que a maioría das persoas analfabetas en todo o mundo son mulleres (velaquí a ignorancia como estratexia do patriarcado, sobre todo naqueles países onde o acceso ao coñecemento está menos democratizado).

Ademais de fornecer formación intelectual e científica, a escola é responsábel en gran medida de proporcionar formación social ás persoas, adestrándoas nas propias pautas culturais. Por este motivo, tamén houbo e hai outros lugares nos que se asumiron as reivindicacións feministas de acceso á educación, aínda que con frecuencia a través dunha escola segregada, con todos os efectos negativos que esta leva canda si. Por veces, a segregación aplícase de forma que nenas e nenos reciben formación diferenciada (decote segundo criterios pragmáticos que permitan que nenas e nenos aprendan a cumprir *mellor* os papeis sociais asignados). Outras veces, simplemente compleméntase a educación das nenas cunhas materias consideradas femininas como fogar, nutrición, corte e confección, etc., como até non hai moito tempo sucedía na nosa contorna máis próxima. Noutros casos búscase unha argumentación necesaria para educar as nenas que reforza os papeis de xénero, como as campañas de certas ONGs que defenden que hai que «educar unha muller para educar un pobo», coma se o feito de que as mulleres sexan seres humanos non as dotase de lexitimación suficiente para esixir tal dereito e houbese que recorrer ao estereotipo da nai para xustificar a súa alfabetización.

Non obstante, na maior parte dos países democráticos un dos maiores logros dos feminismos foi o acceso de nenas e nenos á educación mixta en igualdade de condicións formais, con cifras de plena escolarización na infancia e nos nosos días cunha gran presenza de alumnas nas aulas universitarias que, en números globais, mesmo adoitan superar a presenza masculina na educación superior de moitos países. Malia esta incorporación masiva das mulleres ás aulas, axiña se tornou evidente que o acceso á educación non implicaba necesariamente que se acadase a igualdade, pois nesas sociedades mantíñase a discriminación das mulleres. Os feminismos centráronse entón en desenmascarar os estereotipos e diferentes discriminacións que se perpetuaban e afianzaban a través da educación, tanto a través dos contidos recollidos nos materiais educativos (que se estipulan desde un punto de vista que non é neutro) como a través do labor de intermediación que realiza o profesorado. Todo isto, como sinalamos máis adiante, resultará básico na comprensión posterior da escola non como un centro educativo mixto, senón como centros coeducativos que apliquen o principio de igualdade.

Xa que logo, desde os feminismos desenvolvéronse estudos centrados en analizar os contidos transmitidos nas diferentes instancias educativas, desde os niveis máis básicos até a educación superior. Estes traballos puxeron de manifesto que os contidos ensinados e aprendidos na escola primeiro e nas universidades despois, co obxectivo da formación social das persoas nas propias pautas culturais, reproducían os sistemas de pensamento e as actitudes sexistas da sociedade patriarcal e perpetuaban os papeis de xénero tradicionais. Isto resultaba especialmente pernicioso no caso da escola, a cal no seu papel de poderosa axente socializadora, estaba a fomentar a adquisición (acrítica) de papeis diferenciados nos modelos de comportamento de nenas e nenos desde unha idade temperá. Ademais, tiña o agravante de que a súa precocidade de adquisición dificultaba posteriormente o desenvolvemento dunha actitude crítica contra estes valores sexistas, que se asumían como organizadores inconscientes das accións ao longo da vida das persoas. No tocante aos materiais educativos demostrouse o silenciamento da perspectiva e dos achados de científicas, filósofas, literatas, artistas ou calquera outra muller que destacase nun campo académico (o que implicaba que maioritariamente se seleccionasen autores para compor o currículo oficial). Nestes mesmos materiais quedou en evidencia a case total invisibilidade das mulleres nas imaxes e nos exemplos do tipo que fosen, por non falar da ausencia case absoluta de referencias a temas/experiencias máis específicas das mulleres, deixados fóra do currículo ao considerar que só lles interesa a elas (mentres que os intereses dos homes se entenden como universais).

Nas poucas ocasións que aparecían, ademais, a presentación das mulleres respondía a padróns estereotipados sobre o papel das mulleres na sociedade. Exemplo disto é que tanto no material universitario coma nos libros de texto de educación infantil e primaria, as mulleres apenas se retratasen como seres individuais e autónomos (pola contra figuran como nai ou esposa de alguén) nin tampouco como profesionais (se non encargándose de tarefas domésticas). En moitos casos, xa que logo, os libros de texto nin sequera reflectían a sociedade do seu momento, senón que reforzaban clixés sobre a relación entre os xéneros que en moitos casos estaban xa en vías de superación. As mesmas conclusións tiradas dos libros de texto serviron para a análise que os feminismos realizaron doutras ferramentas educativas e lúdicas como os xoguetes ou os videoxogos, que cun importante papel na educación de crianzas e adolescentes transmiten e reforzan actitudes e comportamentos nalgúns casos verdadeiramente misóxinos.

Pero a análise feminista non se limitou aos materiais educativos, senón que tamén prestou atención ao labor mediador do profesorado para ver a influencia que nos patróns de xénero podían ter as persoas encargadas de transmitir o coñecemento. As conclusións destes estudos quedan perfectamente resumidas nun exemplo tirado da investigación realizada no contexto español nos anos 90, e editada por Montserrat Moreno co título de *Como se ensina a ser nena na escola*: «Estas persoas enquisadas déixanse levar polos tópicos até un extremo insospeitado e ilóxico, que as fan chegar a conclusións totalmente contraditorias, como que as nenas entenden mellor os enunciados dos problemas pero que os nenos razoan mellor a solución, sendo isto posíbel aínda que non entendesen ben o enunciado».

Tamén o profesorado resulta vital na transmisión do chamado currículo oculto, é dicir, os valores e mensaxes subliminais que se difunden (moitas veces inconscientemente) na escola en todo o que non constitúe propiamente o currículo oficial. Os estudos feministas sobre a educación puxeron en evidencia como estas actitudes do profesorado (e tamén as familias, os grupos de iguais, os medios de comunicación, etc.) inflúen na orientación que as nenas e os nenos lle dean á súa carreira educativa. Un caso moi evidente é o de como non se anima ás rapazas a estudaren ciencias, ou como se estigmatiza os rapaces que optan por estudos *pouco masculinos*. O pouco interese das rapazas na ciencia e tecnoloxía foi asociado recentemente a comportamentos por parte do profesorado de *protección* con respecto das nenas, ás cales axudan constantemente sen deixar que descubran cousas por si soas, actitude que está na base do interese pola ciencia e o coñecemento. Este tipo de comportamentos, habitualmente inconscientes, do profesorado, xunto co resto das mensaxes da sociedade, fan que as mulleres se decanten de xeito aparentemente *natural* (é dicir, sen reflexionar) por certas ramas do saber como as ciencias sociais, que están de acordo cos papeis preestabelecidos para elas. De feito algúns países onde aínda o acceso das mulleres á educación é moi limitado permiten que estas estuden certas cousas (enfermaría, atención prenatal) pero non outras (medicina, enxeñaría).

Alén de pór ao descuberto o sexismo que baixo a aparencia de normalidade se perpetuaba e reforzaba a través das instancias educativas, os feminismos destacaron o potencial da educación non só como forma de aprendizaxe intelectual ou social, senón sobre todo como espazo no que aprender a reflexionar criticamente sobre a realidade, preguntándose o por que das cousas e indagando en formas alternativas de actuación. Neste sentido, a perspectiva feminista sobre a educación insiste na necesidade de que en todos os niveis educativos se visibilicen dunha forma responsábel as achegas relevantes das mulleres á ciencia e ás humanidades, e de que en especial na escola se presenten mulleres e homes de forma non estereotipada, rompendo os moldes de xénero que limitan os seus papeis na sociedade. Por outra parte, reivindica a necesidade de novos modelos educativos baseados xa non na escola mixta, senón nunha escola coeducativa na que se aplique de forma transversal o principio de igualdade co obxectivo de lograr o desenvolvemento integral de persoas, transformando o diferente potencial de cadaquén en capacidades que lles permitan levar unha vida autónoma independentemente do seu sexo. A coeducación, por tanto, contempla que os Estados desempeñan un papel fundamental na educación, non para garantir que cada alumna ou alumno reciba na escola uns valores acordes aos que recibe noutros ámbitos da socialización como a familia, as crenzas ou os valores culturais, senón para preservar aquela modalidade educativa que persiga os fins de pluralidade, liberdade e igualdade. Neste sentido, os feminismos reiteran que o obxectivo da pluralidade que formulan os novos retos educativos de moitos países do mundo (inmigración, diversidade cultural e relixiosa, minorías étnicas, etc.) debe ter en conta a superación dos estereotipos sexuais nas diferentes realidades para que ser diferente non signifique, como até agora, intolerancia, desigualdade, carencia de liberdade e ausencia de recoñecemento.

Ao mesmo tempo que se fomentaba a adopción do principio de igualdade de forma transversal en todas as instancias educativas normativas, xa desde os anos 70 os feminismos aplicaron unha segunda liña de acción, coa posta en marcha de currículos educativos independentes nos que se abordan os estudos de xénero ou estudos feministas de forma específica desde ángulos diversos (sobre todo nos niveis de educación superior). Coa creación destes cursos específicos sobre diferentes aspectos desde un punto de vista de xénero, búscase examinar e deconstruír o sexismo imperante nas sociedades e promover novas formas de pensamento e acción igualitaria en diferentes eidos. Queda así claro que moito máis ca un enfoque meramente académico, a perspectiva feminista sobre a educación é unha estratexia educativa para o cambio social.

8. FEMINISMOS E ARTE

Igual ca noutras disciplinas, unha das primeiras interaccións entre os feminismos e as artes tivo que ver coa necesidade de recuperar as mulleres na historia, algo que pode aplicarse tanto ás artes plásticas e visuais como á literatura, ao teatro ou á música. En occidente esta preocupación materializouse nos anos 70, cunha combinación de activismo (busca da expresión artística das mulleres en proxectos individuais e colectivos) e do estudo sistemático de por que se ignorara o traballo das artistas na historia patriarcal. O estudo das vidas das mulleres artistas e dos patróns de xénero dominantes levou á conclusión de que en todos os campos da arte as mulleres foron contempladas sempre como marxinais, secundarias ou foron directamente eliminadas da historia. Unha imaxe que representa de forma absoluta esta exclusión ou silenciamento podémola atopar no exemplo que presenta Whitney Chadwick do cadro *Os Académicos da Real Academia* (1771-1772) de Johann Zoffany, que se fixo para celebrar a creación da Real Academia Británica (das artes). Na súa fundación houbo dúas pintoras de grande fama e prestixio na súa época, Angelica Kauffmann e Mary Moser, pero ningunha das dúas aparece como protagonista no cadro (que representa aos académicos estudando un modelo espido e debatendo), senón só representadas en dous cadros na parede. Como explica Chadwick, malia a súa importancia na época (tal, que entraron na academia na súa fundación e non houbo ningunha muller despois delas até o século XX), estas dúas pintoras quedaron retratadas como obxectos e non como suxeitos. Este é un dos aspectos máis interesantes da análise feminista da arte, a da propia posición das mulleres como obxectos da arte patriarcal, un aspecto ao que volveremos máis adiante.

Mais non só na pintura son frecuentes estes silencios, senón tamén na música, como o escandaloso caso da apropiación da obra musical de Clara Schumann por parte do seu home, quen tamén intentou que ela deixase a súa vida como concertista e compositora. Tamén é rechamante a ausencia das mulleres na historia da literatura, como constatan para o eido europeo Hiltrud Gnüg e Renate Möhrmann, no que famosas autoras da época dos Salóns Literarios franceses como a Marquesa de Lambert, Mme Du Deffand ou Julie de Lespinasse aparecían só co nome sen máis explicación da súa obra, cando non simplemente desapareceran das historias da literatura francesa.

As apropiacións das artes e saberes das mulleres tamén foron analizadas polo miúdo, desde a do baile ancestral das Devadasis na India, que foi apropiado polos homes de clase alta para darlle profesionalidade (prohibindo así un sistema de vida no que as mulleres tiñan enormes liberdades) e respectabilidade, até os exemplos recentes da alta costura ou alta cociña (nas mans de homes, fronte á costura ou cociña que as mulleres fixeron desde sempre no fogar). Así, unha primeira tarefa das feministas foi recuperar o traballo das mulleres desde a Antigüidade e tentar cambiar o canon patriarcal que as exclúe de xeito sistemático.

Estas ausencias, apropiacións e silenciamentos foron analizados polos feminismos nas súas raíces. A eliminación sistemática daş mulleres da historia ten moito que ver coa percepción social que se ten delas. No caso de occidente, estas ideas foron principalmente a de contemplar as mulleres como obxectos e non como suxeitos da arte, e como seres alleos á cultura, unha idea que se promoveu durante a Ilustración e que analiza polo miúdo María Xosé Queizán no seu libro *Anti natura*. Na sociedade occidental (e non é a única) as mulleres foron asociadas coa natureza e coas emocións, mentres que os homes se asociaron co racional e coa cultura. Isto, ademais de utilizarse como razoamento para excluír as mulleres dos dereitos básicos, como xa vimos, fixo que se lles asignasen certas parcelas sociais que facían admisíbel algún tipo de exercicio artístico das mulleres, sobre todo no privado (a pintura, o canto ou os bailes de salón víanse en occidente como actividades admisíbeis para as mulleres de clase alta). Na actualidade hérdanse aínda estas concepcións na participación e valoración das mulleres en certos campos da arte. Por exemplo, hoxe en día a poesía parece ser un xénero máis cultivado por mulleres, dado que está asociado tradicionalmente á sensibilidade e emotividade (cuestións obviamente postas en dúbida xa no século XX, pero aínda subxacentes no imaxinario) ao igual que acontece coa pintura floral. Mesmo nos casos excepcionais nos que o seu número é maior ca o de homes poetas, rara vez configuran elas o canon.

En calquera caso, e de forma xeral, o patriarcado non concibe que as mulleres producisen arte e trata este fenómeno como unha anomalía. De aí que historicamente sexan moitas as mulleres que son coñecidas por ser *parellas de*, *fillas de* ou *amigas de* e non recoñecidas de propio dereito. Isto é algo manifesto tamén no feito de chamar ás artistas polo nome de pía (Rosalía, pondo un exemplo galego) e non polo apelido, como se adoita facer cos homes. Estes aspectos non son en absoluto cousas do pasado, pois abonda ver o tratamento dado a María Mariño cando en 2007 se lle dedicou o Día das Letras. Por unha banda, coa insistencia na súa *incultura* (algo tamén compartido por Rosalía de Castro, unha muller cultísima pero que os nacionalistas insistiron en presentar como case analfabeta, se nos descoidamos, para facer ver a súa conexión non coa cultura senón coa natureza, a terra e a nación asoballada). E pola outra, coa insultante énfase na súa relación con Uxío Novoneyra, quen imaxinamos tamén foi moi influído por María Mariño, aínda que esa conexión nunca se estabelece á inversa.

Igualmente a atención á vida persoal ou a atribución do cualificativo feminino entendido como algo secundario e explicativo en si mesmo levou a esa exclusión sistemática das mulleres do campo da arte. Así, semella que novamente, ao considerarse o masculino como universal, ás mulleres teñen que interesarlles temas masculinos (a guerra, a sexualidade vista desde os ollos dos homes) pero aos homes o que contan, pintan ou esculpen as mulleres non, por ser isto algo particular delas e non algo que afecta a toda a sociedade.

Ademais, as críticas feministas da arte constataban unha e outra vez como as artistas se vían sometidas ás expectativas patriarcais (lembremos os versos de Rosalía de Castro: «Daquelas que cantan...»), sobre todo a forte expectativa de seren obxectos e non suxeitos da arte. A análise das condicións de produción da arte (que precisa tempo e espazos, como indica Virginia Woolf no seu *Un cuarto de seu*) amosaban as dificultades en xeral do acceso das mulleres a este espazo polas responsabilidades domésticas, pero aínda máis fondas eran as expectativas sobre o que as mulleres debían ou non crear. Igualmente a exclusión sistemática das artistas dos centros onde se define o canon, sexan as academias ou os centros de distribución cinematográfica, fixo que a creación de moitas mulleres ao longo da historia e na actualidade non encaixe nas correntes definidas polo patriarcado. No pasado, estas correntes (por exemplo, nas artes plásticas) íanse definindo en academias e escolas ás que as mulleres non tiñan acceso. Na actualidade segue habendo un espazo claramente acoutado neses mecanismos de creación do canon que fai que moitas creadoras avancen de xeito autónomo e escapen ás definicións das correntes estabelecidas polo patriarcado. Este feito levou a falar dun tipo de creación propia das mulleres (na literatura destacan os debates sobre a *écriture femenine* defendida por Hélène Cixous), cousa que foi criticada sobre todo polas mulleres de cor, do sur e lesbianas por esencialista, dado que levaba a que se agrupasen mulleres que non tiñan nada que ver en antoloxías ou exposicións, polo mero feito de seren mulleres.

Aínda así, tendo en conta diferenzas de clase, raza, linguaxe ou orientación sexual, está claro que as mulleres precisan ser visibilizadas a través de antoloxías e tamén nos libros conxuntos, adoptando unha metodoloxía da dobre visibilidade na que se mencionan as mulleres no período que lles correspondería e logo tamén nun apartado de seu. Grazas ao concepto do xénero pódense analizar esas supostas diferenzas (por exemplo, o feito de que moitas pintoras clásicas amosasen escenas do doméstico ou escenas con mulleres como protagonistas, ou o feito de que as escritoras se centren en temas considerados secundarios polo patriarcado) nos termos que indica Chadwick: «dado que a natureza *real* do masculino e do feminino non se pode determinar, o único que nos quedan son representacións do xénero (entendido como unha diferenza entre homes e mulleres creada socialmente e específica de cada momento histórico)».

Son precisamente estas definicións de xénero as que marcan en cada sociedade os terreos accesíbeis para as mulleres e as imaxes admisíbeis. Así, C.S. Lakhmi explica as dificultades das artistas indias das artes escénicas fronte a outras, por ser estas consideradas unha exposición pública intolerábel dos seus corpos, así como o rexeitamento das cantantes pop do Líbano que malia a longa tradición de canto erótico no seu país en boca dos homes son consideradas impuras por falar dos mesmos temas en boca de muller.

Precisamente a representación das mulleres na arte patriarcal é un dos aspectos máis estudados polas críticas feministas da arte e en concreto a cuestión de recuperar o corpo e falar desde a propia experiencia. A recuperación do corpo das mulleres na literatura provoca escándalos en todos os idiomas nun momento ou noutro. Se ben os homes botaron séculos falando, pintando e explicando os corpos espidos das mulleres, no momento en que son elas as que toman a palabra para falar da súa sexualidade ou corpo o escándalo semella estar servido en todas as sociedades, desde Xapón e Latinoamérica até Galiza. Lembremos no contexto galego máis recente o caso de Xela Arias e o seu *Tigres coma cabalos*, libro onde aparecen fotos da autora espida en diálogo cos textos e que a recepción patriarcal do momento considerou escandaloso e indigno, dedicándose a facer un ataque á autora e observacións que obxectualizaban o seu corpo e desposuían á obra do seu carácter revolucionario, á vez que a reducían a un mero libro pornográfico para a mirada patriarcal.

Se cadra, o campo onde se investigou de forma máis extensa as cuestións relativas á representación foi nas artes visuais, en concreto o cine. O libro de Laura Mulvey *O pracer visual e o cinema narrativo* puxo de manifesto como o cinema construía unha mirada masculina que identificaba o espectador cun home heterosexual e buscaba cumprir as súas necesidades de desexo visual. Nestas, as mulleres debían desempeñar o papel de obxectos e tales efectos conseguíanse non só pola trama, senón sobre todo pola cámara e a disposición visual, que as e os espectadores asimilan sen reflexión. A teoría de Mulvey da mirada masculina e o pracer visual foi completada por outras autoras como Teresa de Lauretis, que argumentou que unha das funcións da narración do cine era *seducir* as mulleres ante a feminidade, facerlles desexar os atributos descritos e a atención da mirada masculina. Este tipo de estudos abriron tamén a porta a tentar entender como as mulleres poden identificarse coas narrativas xerais patriarcais, tanto no cinema coma na literatura ou nas demais artes, que ofrecen a vía da identificación coas imaxes de feminidade ou ben coas características do masculino que implican deixar fóra outros aspectos da identidade das mulleres. De feito, estas críticas levaron á aparición dalgunhas películas de Hollywood onde aparecían protagonistas femininas que simplemente reproducían as mesmas dinámicas de poder da mirada masculina. Este marco de análise é aplicábel non só á industria cinematográfica occidental senón tamén a outras, que tenden a presentar imaxes sexualizadas e pasivas das mulleres fronte aos homes protagonistas, como ben constatan as estudosas africanas Farida Ayari ou Sheila Petty. Ambas as dúas fan interesantes contribucións referidas a como por unha banda xa o cine africano está marxinado e dentro deste, como indica Ayari, a presenza das mulleres é aínda menor. Así, Ayari comenta que existe unha carencia xa non só de directoras e produtoras, senón tamén de actrices pola mala consideración social que tal profesión ten en moitas sociedades africanas. Alén disto, tanto ela coma Petty analizan os estereotipos que se utilizan das mulleres africanas nas películas feitas por homes no continente, que en xeral tenden a ser retratadas como obxectos ou utilizadas como metáforas do choque entre tradición e modernidade sen ter un papel propio de protagonistas con voz. Outros aspectos recorrentes son o uso da erotización dos corpos e a énfase na maternidade como única vía de realización das mulleres. Outras autoras, como Nwachukwu Frank Ukadike, tratan de visibilizar o traballo das directoras africanas e as súas alternativas a estes discursos.

Por outra parte, as críticas lesbianas puxeron de manifesto como nesas representacións impera unha visión heterosexista, e as feministas do sur ou de minorías analizaron igualmente coas mesmas ferramentas a ausencia de imaxes ou esterotipificación das mulleres de cor na narrativa cinematográfica occidental. Estas cuestións están tan profundamente estabelecidas no xeito de facer cine, que até a técnica de gravación das persoas negras pode facelas non resaltar do fondo e foi só na rodaxe d'*A cor púrpura* que Jacqueline Bobo introduciu unha forma innovadora de fotografar as persoas negras para que resaltasen contra os fondos da imaxe. O cinema foi tamén utilizado para crear a retórica da nación nos novos países descolonizados e simultaneamente transmitir as mensaxes do aceptábel para as mulleres neses novos estados, algo habitual no cinema da India, a maior industria cinematográfica do mundo.

As feministas realizaron tamén interesantes análises das imaxes e representacións alternativas, como as *vamps* ou mulleres de xénero indeterminado ou travestidas que existiron na historia do cinema sobre todo na época dos anos 30, ou as películas de directoras e temática lesbiana deses mesmos anos. A relevancia do estudo da representación no cinema, na música, na literatura, nas bandas deseñadas e anuncios resúmea John Berger cando comenta: «os homes miran as mulleres. As mulleres ven como as observan. Isto determina non só a maioría das relacións entre homes e mulleres, senón tamén as relacións das mulleres consigo mesmas».

Mais alén da representación das propias mulleres, as teóricas feministas da arte puxeron en dúbida a representación do artista entendido como home, xenio e individuo, o cal levou a unha posta en dúbida da arte en si mesma, pois durante séculos a arte dos homes centrouse en ver o artista como creador (do xeito en que deus toca a Adán na Chapela Sixtina) individual. Os feminismos deconstruíron estas ideas, aínda moi presentes socialmente, para facer ver como a arte é un xeito máis de retransmitir os valores sociais e que por tanto é un construto social no que o xénero ten un papel primordial. Como di Chadwick, os feminismos «demostraron como o patriarcado se estrutura a través do control dos homes do poder de ver as mulleres». A *intención do autor* pasa a verse como un construto baseado na ideoloxía, que á súa vez se basea no xénero, clase social, raza ou lingua de quen produce a obra.

As teorías feministas beben directamente das explicacións de Michael Foucault sobre a construción do poder como algo que non se fai de forma coercitiva senón a través das institucións e coñecementos. Do mesmo xeito, a visión de Jacques Lacan sobre o feito de que as mulleres no patriarcado están aí para que se fale delas e non para falar elas (é dicir, como obxectos e non como suxeitos) fai que a situación das mulleres que toman publicamente a palabra (ou o pincel, ou a gaita, ou a cámara) sexa sempre complexa. Esta situación faise aínda máis complexa cando as capas de discriminación se van superpoñendo e non só actúa o xénero, senón tamén a cor, a clase social, a orientación sexual ou a lingua. Un exemplo disto na literatura galega preséntao o traballo de Helena González *Elas e o paraugas totalizador. Escritoras, xénero e nación.* Neste estudo a autora fala da existencia dunha identidade oximonórica, que obriga ás escritoras galegas a teren que posicionarse sempre en dous sentidos, no da nación e no da identidade de xénero. Isto é algo que as artistas galegas comparten con moitas artistas dos países en vías de desenvolvemento ou doutros colectivos minorizados de países desenvolvidos.

Igualmente toda esta análise fai que se poñan en dúbida o valor das obras de arte que perpetúan un sistema de valores opresivo, como serían as críticas de María Xosé Queizán a Eduardo Pondal e a súa aberta misoxinia e as análises feministas de Carmen Blanco a Leiras Pulpeiro, Ánxel Fole, Castelao ou Otero Pedrayo. Este tipo de críticas levan a pór de manifesto novamente a hipocrisía dun canon que santifica estas visións sociais pero non ten problema en excluír o traballo arduo de moitas mulleres.

En calquera caso, as análises da arte non poden ser xa vistas como *neutrais* e *obxectivas* e a énfase recae nos procesos de creación do canon e nunha ollada crítica sobre a propia crítica. O importante resulta explicar desde onde se fala e entender a relatividade dos valores artísticos como suxeitos a ideoloxías, tempos, espazos e consideracións de xénero concretas.

Se os feminismos chegaron á conclusión de que a discriminación está baseada no imaxinario, daquela a arte ten que ser por forza un dos seus campos de intervención preferentes, dado que esta, a través das súas diferentes modalidades, é a encargada de crear ideas sobre a sociedade na que se vive e sobre os comportamentos aceptábeis ou rexeitábeis, ademais de facer propostas de mundos novos ou reafirmar os presentes, tal e como acabamos de ver. Así, as feministas atoparon neste campo un lugar vizoso de intervención, como indica a artista estadounidense Lesbina Harmony Hammond: «vexo facer arte, sobre todo a que provén das marxes da cultura dominante, como un lugar de resistencia, un xeito de interromper e intervir nos campos históricos e culturais que me exclúen de forma permanente».

Así, a mirada feminista pode analizar toda a arte, pero só as artistas feministas traballan desde este marco teórico dunha forma consciente para o cambio social. Como di a crítica bell hooks, «a vontade fera de repudiar a dominación dun xeito holístico é o punto de partida para unha revolución cultural progresista». As artistas feministas traballan en todos os campos, desde as artes visuais como a videocreación ou o cine, até as artes escénicas co teatro e a danza, pasando tamén pola escrita, a pintura, a música... Son innumerábeis os proxectos subversivos que buscan crear novos mundos para as mulleres ou desfacer aqueles que as engaiolan. Aínda así, son moitas, como acabamos de ver, as dificultades das mulleres artistas. Cun toque de ironía todos estes aspectos pode resumilos o manifesto *As vantaxes de ser muller artista* do colectivo de *artivistas* Guerrilla Girls que traducimos a seguir:

As vantaxes de ser muller artista:
- Traballar sen a presión do éxito.
- Non ter que aparecer en espectáculos con homes.
- Ter unha vía de escape da arte nos teus catro traballos por conta propia.
- Saber que a túa carreira profesional pode coller pulo despois de que teñas oitenta anos.
- Ter a seguridade de que, independentemente do tipo de arte que fagas, sempre lle porán a etiqueta de feminino.
- Non quedar mangada nun posto de profesora vitalicia.

- Ver como as túas ideas viven na obra doutros.
- Ter a oportunidade de escoller entre unha carreira profesional e a maternidade.
- Non ter que atragoarse con puros gordos ou pintar vestida de esmoquin.
- Ter máis tempo para traballar cando o teu compañeiro te deixa por outra máis nova.
- Verte incluída en versións revisadas de historias da arte.
- Non ter que pasar polo corte de que a unha lle chamen xenia.

9. FEMINISMOS E RELIXIÓN

A inmensa maioría das sociedades do mundo están en maior ou menor medida influídas polos postulados dalgunha relixión. Como outro sistema máis de creación social e de pensamento, os feminismos viron a necesidade de analizar dun xeito crítico esta forma de entendemento da sociedade. Se ben a maior parte das correntes feministas tenden a ver a maioría das relixións como unha creación patriarcal (e sen dúbida as probas son máis ca abondosas, con restricións das mulleres, exclusións destas dos ritos e do saber, ou a santificación de prácticas discriminatorias de todo tipo), hai certas correntes que non só se dedican a rexeitar a relixión como marco de referencia en xeral (o que sería o feminismo laico), senón que non queren renunciar á súa fe relixiosa e ven a necesidade de transformala desde o propio feminismo, e recuperar así a relixión para as mulleres e para a igualdade. Estas correntes están presentes en todas as partes do mundo, desde as revisións do cristianismo ou xudaísmo até o feminismo islámico ou as novas espiritualidades como aquelas vinculadas á *New Age.* En xeral, como describen Jeffner Allen e Iris Marion Young, a filosofía feminista da relixión busca amosar os límites dos modos de pensamento creando unha consciencia sobre ideas, símbolos e discursos máis liberadores e alternativos.

As feministas argumentan tamén que a relixión non pode obviar a reflexión sobre o xénero porque está chea de misoxinia e androcentrismo e sobre todo polo seu papel tan efectivo en santificar as xerarquías de xénero en todas as sociedades. Igualmente as críticas feministas á filosofía da relixión falaron do problema de deus e das súas definicións totalmente androcéntricas, que reforzan a posición das mulleres como a outra e afectan á representación do mundo e das persoas desde todos os puntos de vista. A relevancia destas críticas supera a esfera relixiosa porque todas as persoas, sexan crentes ou non, están influídas polo marco ou marcos relixiosos dominantes na súa contorna e absorben estas crenzas de xeito inconsciente como parte do marco cultural.

Se comezamos pola nosa contorna cultural máis próxima, a da cultura cristiá, desde os comezos do movemento feminista en diferentes países houbo un interese por ilustrar e denunciar o sexismo inherente nos dogmas desta relixión e, nalgúns casos, en propor alternativas desde a teoloxía cristiá feminista. Certo é que as diferentes correntes dentro do cristianismo mostraron unha resistencia tamén diferente aos avances feministas. Neste sentido, lembremos por exemplo como o sufraxismo primeiro e o movemento de liberación da muller despois avanzaron con menos atrancos naqueles países protestantes, mentres que nas zonas de influencia católica a igrexa e todo o seu aparello político opuxeron unha enorme resistencia ás propostas emancipatorias dos feminismos. Nalgúns países nos que o catolicismo foi durante décadas a relixión de estado (pensemos nas ditaduras militares de América Latina, en réximes ditatoriais como o franquista ou en multitude de estados confesionais) a institución eclesiástica era a encargada de adoutrinar a mulleres e homes para que se comportasen segundo os papeis que a cada xénero asignaba a fe católica, de maneira que reforzaba así actitudes fondamente discriminatorias que en moitos casos deixaron unha forte pegada nos valores desas sociedades.

Co derrocamento de moitas destas ditaduras e con moitos Estados proclamándose laicos ou aconfesionais, a igrexa católica sóubose adaptar aos novos tempos e articular novos mecanismos de resistencia á loita pola igualdade e empoderamento das mulleres. Por unha banda, influíndo ostensibelmente no poder político mediante partidos confesionais afíns que defenden e promulgan as súas proclamas. E pola outra, reencarnándose no Vaticano para gozar do status de país dentro da ONU. Isto, por suposto, supón unha clara ameaza á liberdade relixiosa e un agravio respecto a outras relixións con representación nas Nacións Unidas, como o Consello Mundial das Igrexas, que teñen unha condición igual á doutras organizacións non gobernamentais. Pero ademais resulta especialmente grave porque a santa sé adquire deste xeito unha voz poderosa como país recoñecido que usa para intentar (e conseguir) influír nas políticas públicas internacionais limitando o acceso á planificación familiar e ao uso de contraceptivos (nin sequera métodos de barreira que impidan a expansión da sida), presionando para que non se permita a interrupción voluntaria do embarazo (nin sequera en casos de violación, malformación fetal ou risco de morte para a nai) e moito menos a plena legalización do aborto, condenando o dereito á reprodución asistida ou facendo chamamentos á obxección para non impartir materias de educación sexual nas aulas.

As voces que se alzan en contra desta realidade opresora e deste sexismo inherente á doutrina católica que a igrexa intenta preservar adoitan vir dos feminismos laicos, que como dixemos rexeitan a relixión como marco de referencia. No entanto, alén deles desde a teoloxía feminista cristiá ofreceuse un estudo exhaustivo de como o fenómeno dos feminismos podía ter efectos liberadores no catolicismo que o arredasen do seu sexismo e discriminación sistemática, propondo unha reconsideración das tradicións, prácticas e escrituras relixiosas desde un punto de vista feminista. Deste xeito, a teoloxía feminista marcouse como obxectivo cambiar os padróns culturais e relixiosos vixentes na sociedade, aumentando o papel das mulleres nas autoridades eclesiásticas e defendendo o dereito a sacerdocio das mulleres (que si recoñecen algunhas correntes cristiás, como a protestante), reinterpretando a imaxinaría das mulleres nos textos sagrados, desenmascarando como as mulleres estiveron subordinadas nos contextos teolóxicos e, en suma, iniciando cambios para que a teoloxía católica non subordine as mulleres. Un dos exemplos máis temperáns da reinterpretación non androcéntrica dos textos sagrados áchase na tradución non sexista da biblia, que en 1890 traduciu/escribiu a sufraxista estadounidense Elizabeth Cady Staton, vendo con lucidez como o éxito da loita feminista por conseguir o voto para as mulleres nunha sociedade altamente relixiosa pasaba por reinterpretar a biblia de forma que as mulleres non quedasen excluídas e puidesen considerarse tamén feitas á imaxe e semellanza dun deus varón.

Dentro desta teoloxía sitúanse as feministas católicas, que desde os anos 70 se agruparon en organizacións como Católicas polo Dereito a Decidir para reafirmar a súa vontade de conxugar os valores feministas coa súa fe católica, aínda comprendendo que moitas outras mulleres decidan deixar a igrexa por dignidade ou por canseira de ver como a institución avanza cara a postulados cada vez máis retrógrados. As feministas católicas manteñen pois a súa fe, pero cuestionan abertamente a xerarquía eclesiástica á que acusan de hipócrita por condenar a sexualidade sen fins de procreación cando dentro da institución se permiten os abusos e violacións encubertas a monxas e permanecen impunes os crimes pederastas dalgúns dos seus membros, e por equiparar o aborto co homicidio antepondo o dereito á vida do feto ao dereito á vida digna das mulleres. Con estas posturas críticas, as feministas católicas convértense en organizacións moi incómodas para os xerarcas católicos. Xa que logo, ademais de atacar ás feministas laicas acusándoas de ser o movemento máis destrutivo e fanático do último século en tanto que busca destruír a relixión, a sociedade, a moralidade e a natureza humana, a xerarquía católica tamén ataca ás teólogas feministas culpándoas de traballar desde dentro do catolicismo para cambiar a igrexa de forma que acabarán rexeitando a doutrina de fe e propondo un produto final absolutamente diferente á orixinaria palabra de deus.

O caso do xudaísmo presenta similitudes importantes, aínda que a historia crítica tende a contarse desde os anos 70 coa publicación do artigo de Rachel Adler «O xudeu que non estaba: Halakhah e a muller xudía», onde esta autora puña de manifesto a exclusión das mulleres da oración, do rabinato ou o feito de que as mulleres non poden actuar de testemuñas relixiosas ou iniciar o divorcio segundo a lei do halakhah. A axitación desta época tivo efectos no chamado Movemento Conservador, que malia o seu nome decidiu no ano 1983 proporcionar o acceso ás mulleres á escola rabínica e aceptar aumentar as concesións á igualdade. Aínda así, o xudaísmo ortodoxo amosou unha actitude diferente, e dentro deste formáronse grupos que se autodenominaron feministas, aínda que estes grupos en realidade non pretendían cambiar a tradición relixiosa por outra nova máis inclusiva, senón que se centraban en cuestións de tipo práctico (como que exista un espazo específico para as mulleres oraren) ou mesmo na educación das mulleres (para exercer correctamente os mandatos da relixión). Aínda con este enfoque certamente timorato, as chamadas feministas ortodoxas son criticadas polos sectores de homes ao entender que non teñen lexitimidade nin sequera para facer tales reclamacións. Este tipo de debates cobran importancia fundamental no estado de Israel e en relación co conflito palestino, que fixo que moitas feministas rexeitasen a identificación coas instancias relixiosas do seu país e buscasen vías de entendemento interrelixioso alternativas e fóra dos canons patriarcais.

Os debates existentes no seo do Islam foron xa deliñados na parte dedicada ao Magreb, oriente medio e os países árabes. Neste caso, como xa explicamos, son moitas as veces nas que o denominado feminismo islámico ten que argumentar nunha mestura de relixión e lei, pois ao estar reguladas algunhas sociedades pola lei islámica, para poder obter dereitos para as mulleres hai que utilizar a argumentación da relixión. Gran parte do traballo das feministas islámicas ten tamén que ver coa defensa do Islam como relixión ante os ataques occidentais e as asociacións recentes desta relixión con fenómenos como o terrorismo. Para as feministas islámicas resulta fundamental recuperar a historia das mulleres dentro da súa relixión, como fixo Fatima Mernissi, resaltando aqueles exemplos de poder das mulleres en diferentes períodos históricos ou as vantaxes legais comparativas que as mulleres do Islam tiveron desde que se fundou a súa relixión en comparación co sometemento doutras (a cristiá nomeadamente). Así, as mulleres musulmás tiveron acceso á propiedade privada e á herdanza moito antes de que estes dereitos se recoñecesen no mundo cristián. De feito, a orixe do Islam pode verse como un proceso de reforma onde a situación das mulleres tiña un papel central, e onde estas foron capaces de adquirir certos dereitos e proteccións como a abolición do infanticidio feminino ou a limitación da poligamia, que eran medidas innovadoras para o seu tempo e que respondían ás circunstancias de vida de homes e mulleres que rodeaban ao profeta.

Como nas outras relixións abordadas neste libro, o Islam inclúe unha ampla variedade de ensinanzas que poden ser aproveitadas polas feministas porque presentan visións contraditorias e alternativas. Así, mentres que o corán estabelece que os homes son superiores ás mulleres, tamén se estabelece que homes e mulleres son iguais ante deus. A escolla dunha opción ou doutra ten que ver co tipo de narrativa que se estabelece socialmente. As feministas islámicas utilizan a imaxe das poderosas mulleres do profeta para arreporse aos modelos de feminidade impostos posteriormente, e autoras como Nazira Zayn al-Din recoñecen o dano feito polos escritos que se foron engadindo á fe en épocas posteriores á do profeta. As feministas islámicas buscan tamén a orixe de prácticas como o veo ou a reclusión das mulleres para desmontalas historicamente e cambialas na actualidade.

Aínda así, como xa se comentou anteriormente, son moitas as feministas do eido islámico que non comparten este tipo de enfoques e claman polo secularismo como único xeito de conseguir a promoción dos dereitos das mulleres. Tal é a postura de Taslima Nasrin ou de Nawal El Saddawi, que ve a opresión das mulleres non na relixión en si mesma, senón no sistema patriarcal e de clase xeral dominante no mundo enteiro.

Finalmente, cómpre falar das relixións non monoteístas como o hinduísmo, o confucianismo, o sintoísmo ou as relixións africanas, entre moitas outras. Estas adoitan presentar tamén importantes trazos de discriminación das mulleres que como vimos foron obxecto de crítica naqueles países onde se practican. Aínda así, e malia a apropiación da relixión para fins como a construción nacional (como no caso da India) e a existencia de movementos ortodoxos tamén nestes campos, se cadra a apertura é maior ao haber máis fontes e máis discursos e narrativas posíbeis das que tirar man. Así, moitas feministas non só da India, senón do mundo enteiro, recorren ás imaxes das deusas do hinduísmo como figuras de poder, ou en menor medida ás deusas africanas, como exemplos dunha suposta esencia feminina que crea e se achega á terra. Aínda así son moitas as críticas das feministas laicas a estes usos por exaltar ás veces algunhas relixións concretas fronte a outras (como por exemplo, os problemas que existen na India co uso de imaxes de deusas hindús, que exclúen as mulleres musulmás da representación do poder). Igualmente, nestas relixións conviven imaxes altamente opresoras das mulleres, como as sentenzas de Confucio, as leccións de Sita (que tivo que pasar polo lume sete veces para demostrar a súa castidade despois de ser secuestrada e aínda así foi abandonada por Rama no bosque) e moitas outras historias de mulleres que buscan facer encaixar a estas nuns modelos de feminidade que están lonxe dun suposto divino e máis ben resumen a forma patriarcal de organizar a sociedade humana.

A MODO DE PECHE

Ao longo deste libro fomos presentando unha visión de conxunto do que entendemos por feminismos, aquelas correntes políticas, pensamentos teóricos e movementos sociais que desde a súa pluralidade e diversidade integradora máis teñen transformado as vidas das persoas. O feminismo é pois unha inmensa revolución pacífica que día a día muda todas as sociedades para facelas máis democráticas, para permitir que mulleres e homes poidamos ter unha vida plena e libre que non estea marcada nin limitada de antemán por uns papeis de xénero sempre constrinxentes.

A visión de conxunto, agora que chegamos ao final deste volume, segue facéndonos ver que a discriminación existe a todos os niveis e que repousa sobre os papeis de xénero que cada sociedade construíu ao longo do tempo. O magnífico desta visión de conxunto é tamén comprobar que estes papeis poden cambiarse, e que o movemento que os cambia existe desde sempre en todos os lugares, cada día máis imparábel, aínda que tamén en ocasións con abondos retrocesos. Se en algo contribúen os feminismos en toda a súa diversidade é a manter unha postura crítica fronte ao que se nos presenta, así como a non aceptar o que existe sen poñelo en dúbida. O que existe pode ser a nosa posición occidental, a militarización, as políticas agrícolas ou as relacións que mantemos nas nosas familias. O xénero traspásao todo sen remisión, pero tamén o fai a intelixencia feminista colectiva, baseada no diálogo e no tecermos xuntas. Nese diálogo e nese tecer todas as voces e todas as mans son necesarias e deben traballar arreo. Chegamos ao remate desta por forza breve contribución, pero esperamos que o seu maior éxito sexa abrir novas portas. Por iso, o noso desexo de que este punto non sexa o final, senón o principio.

BIBLIOGRAFÍA RECOMENDADA

Todas as obras mencionadas ao longo deste libro aparecen citadas en galego, independentemente de que estean ou non traducidas a este idioma. No apartado bibliográfico, porén, só aparecen recollidos os títulos en galego cando efectivamente dispomos da tradución á nosa lingua. En todos os outros casos optamos por indicar o título orixinal ou, de ser o caso, a tradución consultada.

AAVV. (1995) *Women's Participation in the News: Global media monitoring project.* Toronto: MediaWatch.

AAVV. (1997) *As mulleres na historia. Materiais.* Vigo: Xerais.

AAVV. (2000) *Mujeres en la Historia de España: Enciclopedia Biográfica.* Barcelona: Planeta.

ADAMSON, Nancy; BRISKIN, Linda e McPAHIL, Margaret (eds.). (1989) *Feminist Organizing for Change: The Contemporary Women's Movement in Canada.* Oxford e Nova York: Oxford University Press.

ADÁN VILLAMARÍN, Carme. (2003) *Feminismo e coñecemento. Da experiencia das mulleres ao cíborg.* A Coruña: Espiral Maior.

AFZAL-KHAN, Fawzia. (2005) *Shattering the Stereotypes. Muslim Women Speak Out.* Massachusetts: Olive Branch Press.

AGARWAL, Bina. (1988) *Some Questions on Feminism and its Relevance to South Asia.* Nova Delhi: Kali for Women.

AGRA ROMERO, María Xosé. (1990) «Feminismo e política». *A Trabe de Ouro* 3, 11-27.

AGRA ROMERO, María Xosé (coord.). (1997) *Corpo de muller. Discurso, poder, cultura.* Santiago de Compostela: Laiovento.

AHMED, Leila. (1992) *Women and Gender in Islam.* New Haven: Yale University Press.

AKATSA-BUKACHI, Marren. (2005) «African Feminism, does it exist?». Dispoñíbel en: http://www.eassi.org/uploaded-files/1127997170African%20Feminism%SB1%SD.doc (Última consulta: 20/03/2009).

ALCOFF, Linda. (1988) «Cultural Feminism versus Post-Structuralism: The Identity Crisis in Feminist Theory». *Signs* 13(3), 405-436.

ALCOFF, Linda. (2000) «What Should White People Do?». Sandra Harding e Uma Narayan (eds.). *Decentering the Center. Philosophy for a Multicultural, Postcolonial and Feminist Perspective.* Bloomington: Indiana University Press.

ALIC, Margaret. (1986) Hypatia's Heritage. *A History of Women in Science from Antiquity through the Nineteenth Century.* Londres: The Women's Press.

ÁLVAREZ, Sonia. (1997) «Articulación y transnacionalización de los feminismos latinoamericanos». Debate Feminista 15, 146-170.

AMADIUME, Ife. (1987) *Male Daughters, Female Husbands.* Londres: Zed Books.

AMIRIAN, Nazanin e ZEIN, Martha. (2008) *El Islam sin velo.* Barcelona: Planeta.

AMORÓS, Celia (coord.). (1994) *Historia de la Teoría Feminista.* Madrid: Instituto de Investigaciones Feministas de la Universidad Complutense.

AMORÓS, Celia (dir.). (2002) *10 palabras clave sobre mujer.* Estella (Navarra): Editorial Verbo Divino.

AMORÓS, Celia e DE MIGUEL, Ana (eds.). (2005) *Teoría feminista. De la Ilustración a la globalización.* Madrid: Cátedra.

ANDERSON, Bonnie e ZINSSER, Judith. (1988) A *history of their own. Women in Europe from Prehistory to the Present.* Nova York: Harper & Row Publishers.

ANZALDÚA, Gloria. (1987) *Borderlands/La Frontera: The New Mestiza.* San Francisco: Aunt Lutte Books.

ANZALDÚA, Gloria (ed.). (1990) *Making Face, Making Soul, Haciendo caras. Creative and Critical Perspectives by Feminists of Color.* San Francisco: Aunt Lutte Books.

ARNFRED, Signe. (2004) *African Gender Scholarship: Concepts, Metholodologies and Paradigms.* Dakar: Codesria.

ASTELARRA, Judith. (2005) *Veinte años de políticas de igualdad.* Madrid: Cátedra.

AGUSTÍN PUERTA, Mercedes. (2003) *Feminismo: identidad personal y lucha colectiva. Análisis del movimiento feminista español en los años 1975 y 1985.* Granada: Universidad de Granada.

BACH ARÚS, Marta; ALTÉS RUFIAS, Elvira; GALLEGO AYALA, Joana; PLUJÀ CALDERÓN, Marta; e PUIG MOLLET, Montserrat. (2000) *El sexo de la noticia: Reflexiones sobre el género en la información y recomendacio-*

nes de estilo. Barcelona: Icaria.

BADEN, Sally e GOEZTZ, Anne Marie. (1997) «Who Needs [Sex] When You Can Have [Gender]?». Feminist Review 56, 3-25.

BADRAN, Margot. (1995) *Feminists, Islam and Nation*. Princeton: Princeton University Press.

BAKARE-YUSUF, Bibi. (2004) « 'Yorubas Don't Do Gender': A Critical Review of Oyeronke Oyewumi's *The Invention of Women: Making an African Sense of Western Gender Discourses*». Signe Arnfred (ed.). *African Gender Scholarship: Concepts, Metholodologies and Paradigms*. Dakar: Codesria, 61-81.

BAR CENDÓN, Mónica. (2010). *Feministas galegas. Claves dunha revolución en marcha*. Vigo: Xerais.

BARLOW, Tony. (1993) *Gender Politics in Modern* China. Durham e Londres: Duke University Press.

BARRADAS, Ana. (1998) *Dicionário Incompleto de Mulheres Rebeldes*. Lisboa: Antígona.

BARRY, Kathleen. (1979) *Female Sexual Slavery*. Nova Jersey: Prentice-Hall.

BASU, Amrita. (1995) *The Challenge of Local Feminisms*. Oxford: Westview Press.

BEAUVOIR, Simone de. (2008) *O segundo sexo*. Vigo, Xerais e Secretaría Xeral de Igualdade.

BEBEL, August. (2005) «Women and Socialism». Dispoñíbel en: http://www.marxists.org/archive/bebel/1879/woman-socialism/index.htm (Última consulta: 10/05/2009).

BELTRÁN PEDREIRA, Elena; MAQUIEIRA D'ANGELO, Virginia; ÁLVAREZ, Silvina e SÁNCHEZ MUÑOZ, Cristina. (2001) *Feminismos. Debates contemporáneos*. Madrid: Alianza Editorial.

BENERÍA, Lourdes. (2003) *Gender, Development and Globalization. Economics as if All People Mattered*. Londres e Nova York: Routledge.

BENHABIB, Sheila. (2002) *The Claims of Culture. Equality and Diversity in the Global Era*. Oxford-Princeton: Princeton University Press.

BERGVALL, Victoria; BING, Janet e FREED, Alice (eds.). (1996) *Rethinking Language and Gender Research: Theory and Practice*. Londres: Longman.

BLANCHARD, Eric. (2003) «Gender, International Relations, and the Development of Feminist Security Theory». *Signs, Journal of Women in Culture and Society* 28(4), 1289-1312.

BLANCO, Carmen. (1995) *O contradiscurso das mulleres. Historia do feminismo,* Vigo: Nigra.

BLANCO, Carmen. (2006) *Sexo e Lugar*. Vigo: Xerais.

BOURDIEU, Pierre. (1998) *La domination masculine*. París: Seuil.

BOIX, Montserrat; FRAGA Cristina e SENDÓN, Victoria. (2001) *El viaje de las internatuas. Una mirada de género a las nuevas tecnologías*. Madrid: Ameco.

BRIDENTHAL, Renate e KOONZ, Claudia (eds.). (1975) *Becoming Visible. Women in European History*. Boston: Houghton Miffin.

BRYSON, Valerie. (2003) *Feminist political theory: an introduction*. Basingstoke, Palgrave Macmillan.

BUCKLEY, Mary. (1997) *Post-Soviet Women: from the Baltic to Central Asia*. Cambridge: Cambridge University Press.

BUNCH, Charlotte e CARRILLO, Roxanna. (1991) *Gender Violence: A Development and Human Rights Issue*. New Brunswick: Center for Women's Global Leadership.

BUSTELO, María e LOMBARDO, Emanuela. (2007) *Políticas de igualdad en España y en Europa. Afinando la mirada*. Madrid: Cátedra.

BYRD, Rudolph; COLE, Johnnetta Betsch e GUY-SHEFTALL, Beverly. (2009) *I Am Your Sister: Collected and Unpublished Writings of Audre Lorde*. Nova York: Oxford University.

CAINE, Barbara e PRINGLE, Rosemary (eds.). (1995) *Transitions: New Australian Feminism*. Sydney: Allen & Unwin.

CAMERON, Deborah. (1985) *Feminism & Linguistic Theory*. Basingstoke e Londres: MacMillan.

CAMERON, Deborah (ed.). (1998a) *The Feminist Critique of Language*. Londres e Nova York: Routledge.

CAMERON, Deborah. (1998b) «Feminist Linguistic Theories». Stevi Jackson e Jackie Jones (eds.). *Contemporary Feminist Theories*. Nova York: New York University Press, 147-161.

CAMPBELL, Epcy e CARREAGA, Gloria (eds.). (2002) *Poderes Cuestionados. Sexismo y Racismo en América Latina. PUEG y Red de Mujeres afrocaribeñas y afrolatinoameriocanas*. San José: Diseño Editorial.

CAMPOAMOR, Clara. (2001) *Mi pecado mortal. El voto femenino y yo*. Sevilla, Instituto Andaluz de la Mujer.

CARBALLO DE LA RIVA, Marta. (2006) *Género y desarrollo. El camino hacia la equidad*. Madrid: Libros de la Catarata.

CANTARERO, Joan. (2007) *Los amos de la prostitución en España*. Barcelona: Ediciones B.

CARBONELL, Neus e TORRAS, Meri (eds.). (1999) *Feminismos Literarios*. Madrid: Arco Libros.

CARDOZA, Melissa. (2005) «Desde un balcón de lesbianas». Ochy Curiel,

Jules Falquet e Sabine Masson (coords). *Feminismos Disidentes en América Latina* y *El Caribe. Nouvelles Questions Feministas*, 24(2): 12-20.

CARNEIRO, Sueli. (2005) «Ennegrecer al feminismo. La situación de la mujer negra en América Latina desde una perspectiva de género». Ochy Curiel, Jules Falquet e Sabine Masson (coords). *Feminismos Disidentes en América Latina* y *El Caribe. Nouvelles Questions Feministas*, 24(2): 21-26.

CARRASCO, Cristina (ed.). (1999) *Mujeres y economía. Nuevas perspectivas para viejos y nuevos problemas*. Barcelona: Icaria.

CASTELLANOS, Rosario. (1975) *El eterno femenino*. México: Fondo de Cultura Económica.

CASTELLS, Carme. (1996) *Perspectivas feministas en teoría política*. Barcelona: Paidós.

CASTELLS, Manuel. (2000) *La era de la información. Economía, sociedad y cultura, vol. 2. El poder de la identidad*. Madrid: Alianza.

CERVERA I IGLESIAS, Anna. (2007) *Outro mundo é posíbel: O reino da necesidade de Vandana Shiva*. A Coruña: Baía Edicións.

CHADWICK, Whitney. (2007) *Women, Art and Society*. Nova York: Thames and Hudson.

CHANDA, Ipshita. (2003) *Packaging Freedom. Feminism and Popular Culture*. Calcuta: Street.

CHAUDHURI, Maitrayee. (2004) *Feminism in India*. Delhi: Kali for Women.

CHODOROW, Nancy. (1978) *The Reproduction of Mothering. Psychoanalysis and the Sociology of Gender*. Berkeley: University of California Press.

COBO BEDÍA, Rosa. (2006) *Interculturalidad, feminismos y educación*. Madrid: Ministerio de Educación y Ciencia.

Committee on Women's Studies in Asia. (1994) *Changing Lives. Life Stories of Asian Pioneers in Women's Studies*. Nova York: The Feminist Press.

COTT, Nancy. (1987) *The Grounding of Modern Feminism*. New Haven, Yale University Press.

CREAGER, Angela; LUNBECK, Elizabeth e SCHIEBINGER, Londa. (2001) *Feminism in Twentieth-Century Science, Technology and Medicine*. Chicago: The University of Chicago Press.

CREEDON, Pamela. (1989) *Women in Mass Communication*. Londres: Sage.

CROLL, Elisabeth. (1980) *Feminism and Socialim in China*. Nova York: Socken Books.

CRUZ, Jacqueline e ZECCHI, Bárbara (eds.). (2004) *La mujer en la España actual. ¿Evolución o involución?* Barcelona: Icaria.

CURIEL, Ochy. (2007) *Perfiles del Feminismo Iberoamericano, vol. III.* Bos Aires: Catálogos.
DALY, Mary. (1991) *Beyond God the Father: Toward a Philosophy of Women's Liberation.* Londres: The Women's Press.
DAVIS, Angela. (1981) *Women, Race and Class.* Nova York: Random House.
DAVIS, Kathy; EVANS, Mary e CORBER, Judith (eds.). (2006) *Handbook of Gender and Women's Studies.* Londres: Sage.
DE LAURETIS, Teresa. (1987) *Technologies of Gender, Essays on Theory, Film and Fiction.* Bloomington: Indiana University Press.
DE LAURETIS, Teresa (ed.). (1988) *Feminist Studies / Critical Studies.* Londres: McMillan Press.
DELAMONT, Sara. (2003) *Feminist sociology.* Londres: Sage.
DESAI, Gaurav. (1997) «Out in Africa». Thomas Foster, Carol Siegel e Ellen E. Berry (eds.). *Sex Positives? The Cultural Politics of Dissident Sexualities.* Nova York: New York University Press, 120-143.
DESHPANDE, Shashi. (2003) *Writing from the Margin and Other Essays.* Nova Delhi: Viking.
ECHOLS, Alice. (1989) *Daring to Be Bad. Radical Feminism in America 1967-1975.* Minneapolis, University of Minnesota.
ECKERT, Penelope e McCONNELL-GINET, Sally. (1999) «Communities of practice: where language, gender and power all live?». Jennifer Coates (ed.). *Language and Gender: a reader.* Oxford: Blackwell, 484-494.
ESCARIO, Pilar; ALBERDI, Inés e LÓPEZ-ACOTTO, Ana. (1996) *Lo personal es político. El movimiento feminista en la transición.* Madrid: Instituto de la Mujer.
EVANS, Mary. (1997) *Introducción al pensamiento feminista contemporáneo* (trad. Rosalía Pereda). Madrid: Minerva Ediciones.
FADERMAN, Lillian. (1997) *Surpassing the Love of Men.* Londres: The Women's Press.
FALUDI, Susan. (1992) *Backlash: The Undeclared War Against American Women.* Nova York: Doubleday.
FANON, Franz. (2002) *Les dames de la terre.* París: La Découverte.
FARIÑA BUSTO, María Jesús; MAYOBRE RODRÍGUEZ, Purificación e SUÁREZ BRIONES, Beatriz (eds.). (2007) *O reto da igualdade. Feminismo, xénero, universidade.* Vigo: Universidade de Vigo e Editorial Galaxia.
FEMENÍAS, Maria Luisa (comp.). (2002) *Perfiles del feminismo iberoamericano.* Bos Aires: Catálogos.
FERGUSON, Moira. (1998) *Nine Black Women: An Anthology of Nineteenth-Century Writers from the United States, Canada, Bermuda and the Ca-*

ribbean. Nova York e Londres: Routledge.

FERNÁNDEZ BUJÁN, Inés. (2008) *As mulleres na filosofía*. A Coruña: Baía.

FREEDMAN, Estelle B. (2002) *No Turning Back. The history of feminism and the future of women*. Nova York: Ballantine Books.

FIRESTONE, Shulamit. (1971) *The Dialectic of Sex*. Londres: Jonathan Cape.

FREIRE LESTÓN, Xosé Vicenzo. (1993) *Lembranzas dun mundo esquecido. Muller e sociedade na Galicia contemporánea 1900-1939*. Santiago: Laiovento.

FRIEDAN, Betty. (1963) *The Feminine Mystique*. United States: Norton & Company.

FULFORD, Margaret (ed.). (1993) *The Canadian Women's Movement, 1960-1990: Guide to Archival Resources. Le Mouvement Canadien Des Femmes, 1960-1990: Guide De Ressources Archivistiques*. Toronto: ECW Press.

FUSS, Diana (ed.). (1991) *Inside/Out: Lesbian Theories, Gay Theories*. Londres e Nova York: Routledge.

GALLAGHER, Margaret. (2001) *Gender Setting: New agendas for media monitoring and advocacy*. Londres: Zed Books.

GALLAGHER, Margaret. (2006) «Perspectivas feministas sobre os media». Maria João Silveirinha (coord.). *Representações Mediáticas de Mulheres; ex æquo Revista da Associação Portuguesa de Estudos sobre as Mulheres* 14, 11-34.

GALLAGHER, Margaret e QUINDOZA-SANTIAGO, Lilia (eds.). (1994) *Women Empowering Communication: A resource book on women and the globalisation of media*. Londres/Manila/Nova York: WACC/Isis Internacional/IWTC.

GALLEGO AYALA, Joana (dir.); ALTÉS RUFIAS, Elvira; CANTÓN, María José e SORIANO, Jaume. (2002) *La prensa por dentro. Producción informativa y transmisión de estereotipos de género*. Barcelona: Los libros de la frontera.

GLICKMAN, Robert Jay. (1996) *Vestales del Templo azul: notas sobre el feminismo hispanoamericano en la época modernista*. Toronto: Canadian Academy of the Arts.

GNÜG, Hiltrud e MÜHRMANN, Renate. (1989) *Schreibende Frauen*. Stuttgart: Suhrkamp.

GNÜG, Hiltrud e MÜHRMANN, Renate. (2003) *Frauen Literatur Geschichte*. Stuttgart: Suhrkamp.

GOLDBERG, Anette. (1989) «Feminismo no Brasil contemporâneo: o percurso intelectural de um ideário político». *Cadernos Bib* 28, 42-70.

GÓMEZ SÁNCHEZ, Anxo e GARCÍA NEGRO, Pilar. (1996) *Literatura feminina e feminista da segunda metade do século XIX: antoloxía.* Vigo: ASPG.
GÓMEZ SUÁREZ, Águeda e PÉREZ FREIRE, Silvia. (2009) *Prostitución: clientes e outros homes.* Vigo: Xerais.
GONZÁLEZ FERNÁNDEZ, Helena. (2005) *Elas e o paraugas totalizador. Escritoras, xénero e nación.* Vigo: Xerais.
GOODMAN, Lizbeth. (2005) *The Routledge Reader in Gender and Performance.* Londres e Nova York: Routledge.
GOUGES, Olimpia de. (1791) *Declaración dos dereitos da muller e da cidadá.*
GREER, Germaine. (1999) *The whole woman.* Londres: Vintage.
GRIEVE, Norma e BURNS, Ailsa (eds.). (1994) *Australian Women: Contemporary Feminist Thought.* Oxford e Nova York: Oxford University Press.
GROSENICK, Uta. (2001) *Mujeres Artistas de los siglos XX y XXI.* Köln: Taschen.
Grup de Recerca GRÈC. (2001) *Els papers socials de les dones (I).*Tarragona: Silva Editorial.
HALL, Catherine. (1992) *White, Male and Middle Class. Explorations in Feminism and History.* Londres: Polity Press.
HANS, Asha e PATRI, Annie. (2003) *Women, Disability and Identity.* Nova Delhi: Sage Publications.
HARAWAY, Donna. (1991) *Simians, Cyborgs and Women: The reinvention of nature.* Nova York: Routledge.
HARDING, Sandra. (1986) *The Science Question in Feminism.* Ithaca: Cornell University Press.
HARDING, Sandra. (1998) *Is Science Multi-cultural? Postcolonialisms, Feminisms, and Epistemologies.* Bloomington: Indiana University Press.
HARDING, Sandra e NARAYAN, Uma (eds.). (2000) *Decentering the Center. Philosophy for a Multicultural, Postcolonial and Feminist Perspective.* Bloomington: Indiana University Press.
HARDISSON, Ana e Guerra, María José. (2006) *Veinte pensadoras del siglo veinte.* Oviedo: Ediciones Nobel.
HASAN, Zoya e MENON, Ritu. (2005) *In a Minority. Essays on Muslim Women in India.* Nova Delhi: Oxford University Press.
HELLINGER, Marlis e BUSSMANN, Hadumod (eds.). (2001) *Gender Across Languages. The linguistic representation of women and men.* Vol 1 & 2. Amsterdam e Philadelphia: John Benjamins.
HELLINGER, Marlis e PAUWELS, Anne. (2007) «Language and sexism». Marlis Hellinger e Anne Pauwels (eds.). *Handbook of Language and Com-*

munication. Diversity and Change. Berlín e Nova York: Mouton de Gruyter, 651-684.

HOAD, Neville. (2007) *African Intimacies. Race, Homosexuality and Globalization*. Minneapolis: University of Minnesota Press.

HOLMES, Janet e MEYERHOFF, Miriam (eds.). (2003) *The handbook of Language and Gender*. Oxford: Basil Blackwell Publishers.

HOOKS, bell. (1981) *Ain't I a Woman? Black women and feminism*. Boston: South End Press.

HOOKS, bell. (2000) *Feminism is for Everybody. Passionate Politics*. Cambridge: South End Press.

HUGHES, Christina. (2002) *Key concepts in feminist theory and research*. Londres: Sage.

HULL, Gloria; BELL SCOTT, Patricia e SMITH, Barbara. (1982) *All The Women Are White, All The Blacks Are Men, But Some Of Us Are Brave: Black Women's Studies*. Nova York: The Feminist Press.

HUMM, Maggie. (1992) *Feminisms. A Reader*. Londres e Nova York: Harvester Wheatsheaf.

IMAM, Ayesha. (2006) «Fundamentalism and Women's Rights in Africa». Dispoñíbel en: http://www.africanfeministforum.org/v3/files/Fundamentalism%20and%20women%20rights.pdf (Última consulta: 10/05/2009).

JACKSON, Stevi e JONES, Jackie (eds.). (1998) *Contemporary Feminist Theories*. Nova York: New York University Press.

JAD, Islah. (1995) «Claiming Feminism, Claiming Nationalism: Women's Activism in the Occupied Territories». Amrita Basu (ed.). *The Challenge of Local Feminisms*. Oxford: Westview Press, 226-250.

JAIN, Jasbir e RAI, Sudha. (2002) *Films and Feminism. Essays on Indian Cinema*. Jaipur: Rawat Publications.

JAYAWARDENA, Kumari e ALWIS, Malathi de. (1996) *Embodied Violence*. Londres e Nova Jersey: Zed Books.

JEFFREYS, Sheila. (1993) *The Lesbian Heresy: A Feminist Perspective on the Lesbian Sexual Revolution*. Melbourne, Spinifex Press.

JELIN, Elizabeth (ed.). (1990) *Women and Social Change in Latin America*. Londres: Zed Books/UNRISD.

JOACHIM, Jutta. (2007) *Agenda Setting, The UN, and NGOs. Gender Violence and Reproductive Rights*. Washington: Georgetown University Press.

KELLER, Evelyn Fox e LONGINO, Helen E. (2003a) *Feminism and Science*. Oxford: Oxford University Press.

KELLER, Evelyn Fox e GRONTKOWSKI, Christine R. (2003b) «The Mind's Eye». Evelyn Keller e Helen Longino (eds.). *Feminism and Science*. Oxford:

Oxford University Press, 187-202.
KELLY-GADOL, Joan. (1976) «The Social Relation of the Sexes: Methodological Implications of Women's History». *Signs, Journal of Women in Culture and Society* (4)1: 809-823.
KELLY-GADOL, Joan. (1984) *Women, History and Theory. The Essays of Joan Kelly*. Chicago: University of Chicago Press.
KEMPADOO, Kamala e DOEZEMA, Jo. (1998) *Global Sex Workers. Rights, Resistance and Redefinition*. Londres e Nova York: Routledge.
KEMPADOO, Kamala. (2005) *Trafficking and Prostitution Reconsidered.* Londres: Paradigm Publishers.
KENDALL. (1998) « 'When a Woman Loves a Woman' in Lesotho: Love, Sex, and the (Western) Construction of Homophobia». Stephen Murray e Will Roscoe (eds.) *Boy-Wives and Female Husbands. Studies in African Homosexualities*. Nova York: Palgrave, 223-242.
KING, Ynestra. (1981) «Feminism and the Revolt of Nature». *Heresies* 4(1), 12-16.
KO, Dorothy e WANG, Zheng. (2007) *Translating Feminisms in China.* Malden: Blackwell Publishing.
KRAMARAE, Cheris e SPENDER, Dale. (1991) *The Knowledge Explosion: Generations of Feminist Scholarship*. Oxford: Pergamon.
KUEHNAST, Kathleen & NECHEMIAS, Carol. (2004) *Post-Soviet Women Encountering Transition*. Washington: John Hopkins University Press.
LAKOFF, Robin Tolmach. (1975) *Language and Woman's Place*. Nova York: Harper & Row.
LAKOFF, Robin Tolmach. (2004). *Language and Woman's Place: Text and Commentaries* (ed. e comp. Mary Bucholtz). Oxford: Oxford University Press.
LAKSHMI, C.S. (2000) *The Singer and the Song. Conversations with women musicians*. Nova Delhi: Kali for Women.
LAKSHMI, C.S. (2003) *Mirrors and Gestures. Conversations with women dancers*. Nova Delhi: Kali for Women.
LAGARDE, Marcela. (1999) *Una mirada feminista en el umbral del milenio*. Heredia (Costa Rica): Instituto de Estudios de la Mujer e Universidad Nacional.
LARUMBE GORRAITZ, María Ángeles. (2004) *Las que dijeron no. Palabra y acción del feminismo en la Transición*. Zaragoza: Prensas Universitarias de Zaragoza.
LAVRÍN, Asunción (comp.). (1985) *Las mujeres latinoamericanas. Perspectivas históricas*. México: Fondo de Cultura Económica.

LERNER, Gerda. (1979) *The Majority Finds its Past: Placing Women in History*. Nova York: Oxford University Press.

LERNER, Gerda. (1986) *The Creation of Patriarchy*. Nova York: Oxford University Press.

LEWIS, Reina. (1996) *Gendering Orientalism: Race, Femininity and Representation*. Londres: Routledge.

Librería Mujeres de Milán. (2006) *La cultura patas arriba*. Madrid: horas y Horas.

LIENAS, Gemma. (2005) *Rebels, ni putes ni submises*. Barcelona: Empúries.

LLOYD, Genevieve. (2003) «Reason, Science and the Domination of Matter». Evelyn Keller e Helen Longino (eds.). *Feminism and Science*. Oxford: Oxford University Press, 41-56.

LOMAS, Carlos (ed.). (2003) *¿Todos los hombres son iguales? Identidad masculina y cambios sociales*. Barcelona: Paidós.

LONZI, Carla. (1974) *Sputiamo su Hegel: La donna clitoridea e la donna vaginale e altri scritti, Scritti di Rivolta Femminile*. Milano: Lliberia delle Donne de Milano.

LÓPEZ, Irene e ALCALDE, Ana Rosa. (1999) *Relaciones de género y desarrollo*. Madrid: Libros de la Catarata.

LÓPEZ DÍEZ, Pilar (ed.). (2001) *Representación de género en los informativos de radio y televisión*. Madrid: IORTV e Instituto de la Mujer.

LÓPEZ DÍEZ, Pilar (ed.). (2004) *Manual de información en género*. Madrid: IORT e Instituto de la mujer.

LÓPEZ GONZÁLEZ, María. (2008) *Mujeres con discapacidad. Mitos y realidades en las relaciones de pareja y en la maternidad*. Madrid: Narcea Ediciones.

LÓPEZ PARDINA, Teresa. (1999) *Simone de Beauvoir (1908-1986)*. Madrid: Ediciones del Orto.

LORDE, Audre. (1984) *Sister Outsider. Essays and Speeches*. Freedom, CA: The Crossing Press.

LUKE, C. (comp.) (1999) *Feminismos y pedagogías en la vida cotidiana*. Madrid: Ediciones Morata.

MACEDO, Ana Gabriela e AMARAL, Ana Luísa (orgs.). (2005) *Dicionário da Crítica Feminista*. Porto: Edições Afrontamento.

MAMA, Amina. (1995) «Feminism or Femocracy? State Feminism and Democratisation in Nigeria». *African Development 20(1)*, Codesria.

MARCO, Aurora. (1993) *As precursoras. Achegas para o estudo da escrita feminina (Galiza 1800-1936)*. A Coruña: Biblioteca Gallega e La Voz de Galicia.

MARCO, Aurora. (2007) *Dicionario de Mulleres Galegas. Das orixes a 1975.* Vigo: A Nosa Terra.

MARTÍN-GAMERO, Amalia (comp.) (2002). *Antología del feminismo*. Sevilla: Instituto Andaluz de la Mujer.

MARTÍN LUCAS, Belén e BRINGAS LÓPEZ, Ana (eds.) (2003) *Nacionalismo e globalización: lingua, cultura e identidade*. Vigo: Universidade de Vigo.

MARX, Karl e ENGELS, Friedrich. (2007) *O Manifesto Comunista*. Vigo: Xerais.

MEAD, Margaret. (1963) *Sex and Temperament in Three Primitive Societies.* Nova York: Apollo Editions/Morrow.

MENON, Nivedita. (2007) *Sexualities*. Nova Delhi: Kali for Women.

MERCHANT, Carolyn. (1980) *The Death of Nature: Women, Ecology and the Scientific Revolution*. San Francisco: Harper and Row.

MERCHANT, Carolyn. (1996) *Earthcare: Women and Environment*. Nova York: Routledge.

MEYERS, Marian. (1997) *News Coverage of Violence Against Women*. Londres: Sage.

MICHEL, Andrée. (1987) *Fuera moldes. Hacia una superación del sexismo en los libros infantiles y escolares*. Barcelona: Unesco & La Sal.

MIKELL, Gwendolyn. (1997) *African Feminism. The Politics of Survival in Sub-Saharan Africa*. Philadelphia: University of Pennsylvania Press.

MILL, John Stuart. (1869) *The Subjection of Women*. Libro electrónico publicado pola University of Adelaide, South Australia. Dispoñíbel en: http://ebooks.adelaide.edu.au/m/mill/john_stuart/m645s/ (Última consulta: 03/03/2009)

MILLS, Sara. (1995) *Feminist Stylistics*. Londres e Nova York: Routledge.

MILLS, Sara. (2008) *Language and Sexism*. Cambridge: Cambridge University Press.

MINH-HA, Trinh, T. (1989) *Woman Native Other: Writing Postcoloniality and Feminism*. Bloomington: Indiana University Press.

MILLET, Kate. (1975) *Sexual Politics*. Nova York: Doubleday.

MIRAYES, Alicia. (2003) *Democracia feminista*. Madrid: Cátedra.

MITCHELL, Juliet e OAKLEY, Ann (eds.). (1986) *What is Feminism?* Oxford: Blackwell.

MOHANTY, Chandra Talpade. (1991) «Under Western Eyes: Feminist Scholarship and Colonial Discourses». Chandra Talpade Mohanty, Ann Russo e Lourdes Torres (eds.). *Third World Women and the Politics of Feminism.* Indianápolis: Indiana University Press.

MOHANTY, Chandra Talpade. (2003a) «Under Western Eyes Revisited: Feminist Solidarity through Anticapitalist Struggles». *Signs, Journal of Women in Culture and Society*, 28(2): 499-535

MOHANTY, Chandra Talpade. (2003b) *Feminism without Borders: Decolonizing Theory, Practicing Solidarity*. United States of America: Duke University Press.

MOLYNEUX, Maxine. (2003) *Movimientos de mujeres en América Latina. Estudio teórico comparado*. Madrid: Cátedra.

MONGELLA, Gertrude. (1996) «Moving Beyond Rhetoric». United Nations (ed.). *Women: Looking Beyond 2000*. Nova York: ONU, 121-126.

MORAGA, Cherríe e ANZALDÚA, Gloria (eds.). (1981) *This Bridge called my Back: Writings by Radical Women of Color*. Watertown: Persephone Press.

MORANT, Isabel (dir.). (2005) *Historia de las mujeres en España y América Latina*. Madrid: Cátedra.

MORENO MARIMÓN, Montserrat (ed.). (1992) *Del silencio a la palabra. Coeducación y reforma educativa*. Madrid: Instituto de la Mujer.

MORENO MARIMÓN, Montserrat. (1993) *Cómo se enseña a ser niña en la escuela*. Barcelona: Icaria.

MOREY, Patricia e REINERO, Liliana. (1993) *Paradigmas de género. Un panorama de las polémicas actuales*. Córdoba (Arxentina): Centro de Intercambio y Servicios Cono Sur Argentina CISCSA.

MORGAN, Robin (ed.). (1970) *Sisterhood is Powerful*. Nova York: Vintage.

MULLERES NACIONALISTAS GALEGAS. (2008) *Por Umha Sociedade Laica Polo Nosso Direito a Decidir*. Vigo: Imagraf.

MURRAY, Stephen e ROSCOE, Will. (1998) *Boy-Wives and Female-Husbands. Studies in African Homosexualities*. Nova York: Palgrave.

NARAYAN, Uma. (1997) *Dislocating Cultures. Identities, Traditions and Third World Feminism*. Nova York: Routledge.

NARTOVA, Nadezda. «Lesbians in Modern Russia: Subjectivity or Soviet Practices of «Hypocrisy»?». Dispoñíbel en: http://www.genderomania.ro/book_gender_post/part3/Nadezda_Nartova.pdf (Última consulta: 10/05/2009).

NASH, Mary. (2004) *Mujeres en el mundo. Historia, retos y movimientos*. Madrid: Alianza.

NASH, Mary e TAVERA, Susana. (1994) *Experiencias desiguales, conflictos sociales y respuestas colectivas*. Madrid: Síntesis.

NASTA, Shusheila (ed.). (1991) *Motherlands: Black Women's Writings from Africa, the Caribbean and South Asia*. Londres: The Women's Press.

OBLIGADO, Clara. (2004) *Mujeres a contracorriente. La otra mitad de la historia*. Barcelona: Plaza & Janés.

OKIN, Susan Moller. (1999) *Is Multiculturalism Bad for Women?* Princeton: Princeton University Press.

ONLYWOMEN. (1981) *Love Your Enemy? The Debate Between Heterosexual Feminism and Political Lesbianism*. Londres: Onlywomen Press.

OYEWÙMÍ, Oyèrónkè. (2005) *African Gender Studies*. Nova York: Palmgrave MacMillan.

PAUWELS, Anne. (1998) *Women Changing Language*. Londres e Nova York: Longman.

PEARSONS, Judy; TURNER, Lynn e TODD-MANCILLAS, William. (1993) *Gender and Communication*. Dubuque (Iowa): William Brown Publishers.

PIORE, Mary del (org). (2006) *História das Mulheres no Brasil*. São Paulo: Contexto.

PIZAN, Christine de. (2004) *A cidade das mulleres*. Santiago de Compostela: Sotelo Blanco.

QUEIZÁN, María Xosé. (1977) *A muller en Galicia*. Sada: Ediciós do Castro.

QUEIZÁN, María Xosé. (2008) *Anti Natura*. Vigo: Xerais.

QUEIZÁN, María Xosé; SAU SÁNCHEZ, Victoria; FRAGA, Cristina; DE LOS RISCOS, Engracia; MENÉNDEZ, Isabel. (2002) *Mujeres en medio. Repaso crítico a los medios de comunicación y su lenguaje*. Madrid: Ameco. Red Internacional de Mujeres de la Comunicación.

RAI, Shirin M. (2008) *The Gender Politics of Development*. Nova Delhi: Zubaan Books.

REGUANT, Dolors. (1996) *La mujer no existe*. Bilbao: Maite Canal.

RICH, Adrienne. (1977) *Of Women Born: Motherhood as Experience and Institution*. Londres: Virago.

RICH, Adrienne. (1980) «Compulsory Heterosexuality and Lesbian Existence». *Signs, Journal of Women in Culture and Society* 5(4), 631-660.

RIOS BERGANTINHOS, Noa. (2001) *A Mulher no nacionalismo galego (1900-1936)*. Santiago de Compostela: Laiovento.

RIVERA GARRETAS, Milagros. (1994) *Nombrar el mundo en femenino*. Barcelona: Icaria.

RODRÍGUEZ GALDO, María Xosé (coord.). (1999) *Textos para a historia das mulleres en Galicia*. Consello da Cultura Galega. Dispoñíbel en liña en: http://www.usc.es/smucea/IMG/pdf/mulleres.pdf (Última consulta: 30/09/2008).

ROWBOTHAM, Sheila. (1973) *Hidden from History. 300 Years of Women's Oppression and the Fight Against It.* Londres: Pluto Press.

RUBIN, Gayle. (1975) «The Traffic in Women: Notes on the 'Political Economy' of Sex». Rayna Reiter (ed.). *Toward an Anthropology of Women.* Nova York: Monthly Review Press, 157-210.

RUDDICK, Sara. (1989) *Maternal Thinking. Towards a Politics of Peace.* Londres: The Women's Press.

RUÍDO, María (ed.). (2003) *Corpos de produción. Miradas críticas e relatos feministas entorno ós suxeitos sexuados nos espazos públicos.* Santiago: Centro Galego de Arte Contemporánea.

SALAS, Mary e COMABELLA, Merche (coords.). (1999) «Asociaciones de mujeres y movimiento feminista». *Españolas en la transición.* Madrid: Biblioteca Nueva.

SAMIUDDIN, Abida e KHANAM, Rashida. (2002) *Muslim Feminism and Feminist Movement.* Nova Delhi: Global Vision Publishing House.

SÁNCHEZ BELLO, Ana. (2006) *Políticas públicas de igualdade: perspectiva de xénero.* Ames: Laiovento.

SÁNCHEZ NÉSTOR, Martha. (2005) «Mujeres indígenas en México: acción y pensamiento. Construyendo otras mujeres en nosotras mismas». Ochy Curiel, Jules Falquet e Sabine Masson (coords). *Feminismos Disidentes en América Latina y El Caribe. Nouvelles Questions Feministas*, 24(2), 41-53.

SANG, Tze-lan. (2003) *The Emerging Lesbian: Female Same-Sex Desire in Modern China.* Chicago e Londres: The University of Chicago Press.

SANTOS CASTROVIEJO, Nanina. (1995) «Feminismo: vinte anos é moito e non é nada. 1975-1995». *Andaina*, revista galega de pensamento feminista, 13, 28-31.

SAU, Victoria. (1990) *Diccionario ideológico feminista.* Barcelona: Icaria.

SAU, Victoria. (2000) *Reflexiones feministas para principios de siglo.* Madrid: Horas y horas.

SCOTT, Joan Wallach. (1988) *Gender and the Politics of History.* Columbia: Columbia University Press.

SCOTT, Joan Wallach. (1986) «Gender: A Useful Category of Historical Analysis». *American Historical Review* 91(5), 1053-1075.

SCHNEIR, Miriam. (1994) *Feminism. The Essential Historical Writings.* Nova York: Ballantine Books.

SENDÓN DE LEÓN, Victoria. (2002) *Marcar las diferencias. Discursos feministas ante un nuevo siglo.* Barcelona: Icaria.

SENDÓN DE LEÓN, Victoria. (2003) *Mujeres en la era global. Contra un patriarcado neoliberal.* Barcelona: Icaria.

SHIVA, Vandana. (1988) *Staying alive: Women, Ecology and Development.* Londres: Zed Books.

SHONG, Xueping. (2007) «Who Is a Feminist? Understanding the Ambivalence towards Shanghai Baby, 'Body Writing' and Feminism in Post-Women's Liberation China». Dorothy Ko e Zheng Wang (eds.). *Translating Feminisms in China.* Malden: Blackwell Publishing, 215-246.

SHOWALTER, Elaine. (1989) *Speaking of gender.* Londres e Nova York: Routledge.

SJOBERG, Laura e GENTRY, Caron E. (2007) *Mothers, Monsters, Whores. Women's Violence in Global Politics.* Londres: Zed Books.

SMITH, Barbara (ed.). (1983) *Home Girls: A Black Feminist Anthology.* Nova York: Women of Color Press.

SMITH, Dorothy. (1990) *The Conceptual Practices of Power: a Feminist Sociology of Knowledge.* Toronto: University of Toronto Press.

SOMMERS, Christina Hoff. (1995) *Who Stole Feminism? How Women Have Betrayed Women.* Nova York: Simon & Schuster.

SPEARS, George; SEYDEGARD, Kasia e GALLAGHER, Margaret. (2000) *Who Makes the News? Global media monitoring project 2000.* Londres: World Association for Christian Communication.

SPELMAN, Elizabeth. (1988) *Inessential Woman: Problems of Exclusion in Feminist Thought.* Boston: Beacon Press.

SPENDER, Dale. (1980) *Man Made Language.* Londres: Pandora.

SPERLING, Valerie. (1999) *Organising Women in Contemporary Russia.* Cambridge: Cambridge University Press.

SPIVAK, Gayatri Chakravorty. (1986) *In Other Worlds: Essays in Cultural Politics.* Nova York: Methuen.

SPIVAK, Gayatri Chakavorty. (1988) «Can the Subaltern Speak?». Cary Nelson e Lawrence Grossberg (eds.). *Marxism and the Interpretation of Culture.* Urbana: University of Illinois Press, 271-313.

SPIVAK, Gayatri Chakavorty. (1999) *A Critique of Postcolonial Reason. Toward a History of the Vanishing Present.* Londres: Harvard University Press.

STEPAN, Nancy Leys. (2003) «Race and Gender: the Role of Analogy in Science». Evelyn Keller e Helen Longino (eds.). *Feminism and Science.* Oxford: Oxford University Press, 121-136.

STILTES, Richard. (1978) *The Women's Liberation Movement in Russia.* Princeton: Princeton University Press.

STOLLER, Robert. (1968) *Sex and Gender.* Nova York: Science House.

STONE, Lynda (ed.). (1994) *The Education Feminism Reader.* Londres, Routledge.

SUÁREZ BRIONES, Beatriz; MARTÍN LUCAS, Belén e FARIÑA BUSTO, María Jesús (eds.) (2000) *Escribir en femenino. Poéticas y políticas.* Barcelona: Icaria.

SUDO, Mizuyo. (2007) «Concepts of Women's Rights in Modern China». Dorothy Ko e Zheng Wang (eds). *Translating Feminisms in China.* Malden: Blackwell Publishing, 13-34.

SWEETMAN, Caroline. (2008) «Feminist Economics». Dispoñíbel en: http://www.oxfam.org.uk/resources/downloads/FP2P/FP2P_Feminist_Economics_BP_ENGLISH.pdf (Última consulta: 11/05/2009).

TARRÉS, María Luisa (ed.). (1998) *Género y cultura en América Latina.* México, Colegio de México.

THÉBAUD, Françoise (dir.). (1992) *Histoire des femmes. Vol. 5,* Le XXe siècle. París: Pion.

THÉBAUD, Françoise. (1998) *Écrire l'histoire des femmes.*París: ENS Éditions.

THÉBAUD, Françoise. (2004) *Le Siècle des féminismes.* París: Éditions de l'Atelier.

TIYAMBE ZELEZA, Paul. (1993) *A Modern Economic History of Africa.* Dakar: Codesria.

TIYAMBE ZELEZA, Paul. (2005) «Gender Biases in African Historiography». Oyeronke Oyewumi (ed.). *African Gender Studies.* Nova York: Palgrave MacMillan, 207-232.

TOME, Amparo e RAMBLA, Xavier. (2001) *Contra el sexismo. Coeducación y democracia en la escuela.* Madrid: Síntesis.

TONG, Rosemarie. (1989) *Feminist Thought: A Comprehensive Introduction.* Oxford: Westview Press.

TORTOSA, José María. (2001) *Pobreza y perspectiva de género.* Barcelona: Icaria.

TORRES, Carmen (ed.). (2000) *Género y comunicación. El lado oscuro de los medios.* Santiago de Chile: Isis Internacional.

TOTH, Elizabeth e ALDOORY, Linda (eds.). (2001) *The Gender Challenge to Media. Diverse voices from the field.* Nova Jersey: Hampton Press.

TOURÉ, Abibatou; BARRY, Mamadou Cellou e DIALLO, Pounthioun. (2003) «The two faces of African Feminism». Dispoñíbel en: http://www.codesria.org/Links/Publications/bulletin/Toure_etal.pdf (Última consulta: 11/05/2009).

VALCÁRCEL, Amelia. (1997) *La política de las mujeres.* Madrid: Cátedra.

VALCÁRCEL, Amelia. (2000) *Rebeldes. Hacia la paridad.* Barcelona: Plaza & Janés.

VALDIVIA, Angharad (ed.). (1995) *Feminism, Multiculturalism and the Media: Global diversities*. Thousands Oaks: Sage.

VALLE, Norma; HIRIART, Berta; AMADO, Ana María. (1996) *El abc del periodismo no sexista*. Santiago de Chile: Fempress.

VAN ZOONEN, Liesbet. (1994) *Feminist Media Studies*. Londres: Sage.

VARELA, Nuria. (2002) *Íbamos a ser reinas*. Barcelona: Ediciones B.

VARELA, Nuria. (2005) *Feminismo para principiantes*. Barcelona: Ediciones B.

VARGAS, Virginia. (1998) *Los nuevos derroteros de los feminismos latinoamericanos en la década de los 90. Estrategias y discursos*. Lima: Mimeo.

VENEY, Cassandra Rachel e TIYAMBE ZELEZA, Paul. (2001) *Women in African Studies Scholarly Publishing*. Lawrenceville: African World Press.

VIDAL CLARAMONTE, María Carmen África. (2002) *La feminización de la cultura. Una aproximación interdisciplinar*. Salamanca: Consorcio Salamanca.

WALTER, Natasha. (1998) *The New Feminisms*. Londres: Little Brown.

WALKER, Alice. (1984) *In Search of our Mother's Gardens*. Londres: The Women's Press.

WERNECK, Jurema. (2005) «De Ialodês y Feministas. Reflexiones sobre la acción política de las mujeres negras en América Latina y El Caribe». Ochy Curiel, Jules Falquet e Sabine Masson (coords). *Feminismos Disidentes en América Latina y El Caribe. Nouvelles Questions Feministas*, 24(2): 27-40.

WOLF, Naomi. (1991) *The Beauty Myth: How Images of Beauty Are Used Against Women*. Nova York: Anchor Books.

WOLLSTONECRAFT, Mary. (2004) *Vindicación dos dereitos da muller*. Santiago de Compostela: Sotelo Blanco.

ÍNDICE ANALÍTICO

ÍNDICE